Helga Lauten

DIE DEUTSCHE SPRACHE · IHR ZAUBER UND IHR VERMÖGEN

Helga Lauten

DIE DEUTSCHE SPRACHE

IHR ZAUBER UND IHR VERMÖGEN

Verlag am Goetheanum

Der Verlag am Goetheanum im Internet
www.goetheanum-verlag.ch

Satz: Höpcke, Hamburg
Umschlag: Wolfram Schildt, Berlin
Druck und Bindung: Majuskel Medienproduktion GmbH, Wetzlar
ISBN 978-3-7235-1669-0

Für Gerhart Johannes Palmer,
den Initiator dieser Schrift,
in dankbarem Gedenken

Danksagung

Mein ganz herzlicher Dank gilt besonders Frau Dr. Ariane Eichenberg für ihr umsichtiges, souveränes und hilfreiches Lektorat. Frau Dr. Magdalena Zoeppritz danke ich – leider erst posthum – ebenfalls herzlich für ihre fruchtbaren und humorgewürzten Denkanstöße bei der Durchsicht dieser Arbeit.

Und natürlich gilt mein aufrichtiger Dank den beiden Hauptverantwortlichen des Verlages, Frau Dr. Christiane Haid und Herrn Thomas Didden dafür, dass dieses Buch im Verlag am Goetheanum erscheinen kann.

INHALT

ANHANG

VORWORT

Es mag unzeitgemäß erscheinen, über Zauber und Vermögen der deutschen Sprache nachzudenken in einer Zeit, in der diese Sprache ihre Ausdruckskraft zunehmend einzubüßen scheint.

Schon vor Jahren wurde ernsthaft die Frage laut: *Sind wir mit unserem Deutsch am Ende?*[1] In zwei Weltkriegen, so hört man, habe diese Sprache ihre Stärke in der Welt verspielt.[2] Heute wird die wachsende Überfremdung des Deutschen durch englische Sprache und Kultur allenthalben als größte Gefahr für den Erhalt und die weitere Entfaltung des Deutschen angeprangert und gegeißelt.

Indessen haben sich – wie schon einmal in früheren Jahrhunderten – eine ganze Reihe von Sprachgesellschaften des Schutzes dieser Sprache angenommen.[3] Sogar eine endgültige Verankerung des Deutschen im deutschen Grundgesetz wurde in jüngster Zeit[4] heiß diskutiert und ist bis heute nicht abgerissen. Doch hat es bisher in Deutschland keine politische Instanz gegeben, die irgendwelche Reglements im sprachlichen Bereich durchgesetzt hätte, wenn man einmal absieht von den vielleicht notwendigen Regelungskompetenzen, die der Kultusministerkonferenz z. B. zur Durchführung der neuen deutschen Rechtschreibung[5] überlassen werden mussten.

Fragen muss man allerdings, ob all die wohlgemeinten Schutzmaßnahmen, so wirksam sie im Einzelnen sein mögen, unserer jeweils individuellen sprachlichen Identität wirklich gerecht werden können, da sie letztlich doch von außen gesteuerte Maßnahmen sind und nicht vom persönlichen Ausdruckswillen Deutsch sprechender Menschen ausgehen.

Gewiss kann es in einer Welt der heute gelebten und auch bejahten Globalisierung nicht darum gehen, das Rad der Entwicklung rückwärts drehen zu wollen und mit einem Male alle inzwischen sinnvoll in unsere Sprache integrierten Anglizismen und Globalismen zugunsten eines sprachlichen Purismus abzuschaffen. Stattdessen gilt es, verantwortlich einen Weg nach vorn ins Auge zu fassen; nicht um sich mit einer unabänderlichen Überfremdung endgültig abzufinden und die eigene Identität mehr oder weniger unfreiwillig aufzugeben, sondern um diese, innerlich stabil und ausgestattet mit der gewachsenen Kraft einer jahrhundertelangen Entwicklung, einzubringen in ein neu entstehendes übergeordnetes Ganzes, die Mehrsprachigkeit im eigenen Lande. Das hat in jüngster Zeit z. B. Karlheinz Göttert einleuchtend formuliert:

> Die Zukunft des Deutschen liegt jedenfalls darin, sich in einem vielsprachigen Europa und einem mehrsprachigen Deutschland zu behaupten. [...] Einheit *und* Vielfalt [müssen] heute zusammengedacht werden. [...]
>
> Gut, dass die deutsche Sprache dies in einem Moment erlebt, in dem sie selbst gefestigt ist. [...] Die deutsche Sprache [...] ist für die Zumutung der Mehrsprachigkeit im eigenen Lande durchaus gerüstet.[6]

Eine Sorge aber nimmt mit drängender Brisanz zu. Es ist die Sorge, auf die z. B. Rudolf Steiner bereits zu Beginn des vorigen Jahrhunderts wieder und wieder hingewiesen hat, dass nämlich Sprache in unserer Zeit ganz allgemein *abstrakt, materialistisch, verstandesmäßig geworden* sei. *Aber Geisteswissenschaft wird ein neues künstlerisches Schaffen heraufbringen [...], wobei wir durch das unmittelbare Ergreifen wiederum des Spirituellen auch mitergreifen das Wort [...] dass gewissermaßen das Geistige sich ausdrückt, mitschwingt in den Worten.* [...][7]

Inmitten des gegenwärtigen Wandlungsprozesses mag daher ein Innehalten zur Besinnung auf Qualitäten der eigenen Sprachwelt und des eigenen Sprachvermögens als inneres Anliegen gelten, um zugleich das Wahrnehmungsvermögen für andersgeartete Spracheigenheiten heranzubilden, unseren eigenen Ausdruckswillen lebendig zu erhalten und damit vor allem unsere Wachsamkeit zu stärken im Hinblick auf eine Zukunft, in der es weiterhin gelingen sollte, unsere Worte mit spirituellem Gehalt zu erfüllen.

1. EINE WERDENDE SPRACHGEMEINSCHAFT ERKENNT UND FINDET SICH DURCH DIE SPRACHE

Der Mensch erfand sich selbst Sprache [...] Und was ist also *die ganze Bauart der Sprache anders, als* eine *Entwicklungsweise seines Geistes, eine Geschichte seiner Entdeckungen!*[8]

Es ist bis zum heutigen Tage nicht genau auszumachen, wann sich die Entstehung der deutschen Sprache wirklich ereignet hat, denn eigentlich hat sie sich im Verborgenen vollzogen, gleichsam „hinter dem Rücken der Beteiligten“,[9] und dies muss etwa in der Zeit zwischen Chlodwig (466–511) und Karl dem Großen (747–814) stattgefunden haben, also zur selben Zeit, in der die endgültige Lautgestalt des Althochdeutschen bzw. seiner noch sehr unterschiedlichen Dialekte allmählich in Erscheinung trat.

Dabei ist das Deutsche wohl die jüngste, weil noch am wenigsten ausgereifte unter den heute in Europa gesprochenen Sprachen, wenngleich die romanischen Sprachen historisch etwa zur selben Zeit entstanden sind.

Als das noch zur Zeitenwende den ganzen Mittelmeerraum

Das Römische Weltreich zur Zeit seiner größten Ausdehnung, ca. 115 n. Chr.

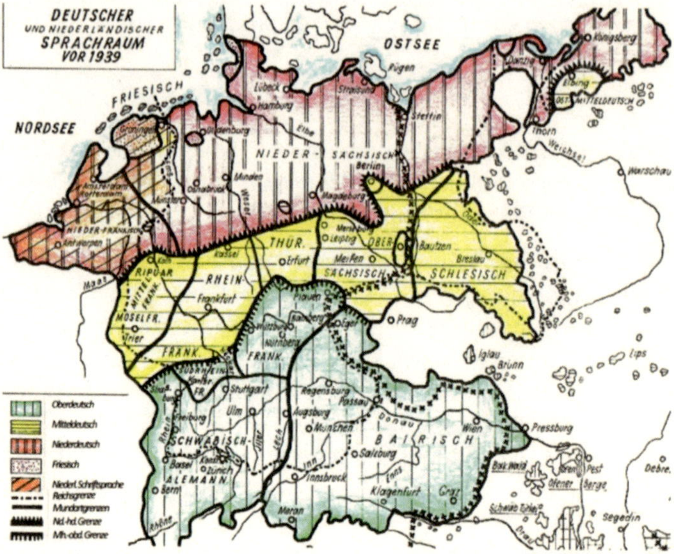

Karte nach Hugo Moser: *Annalen der deutschen Sprache*, Stuttgart 1961

umfassende Römische Weltreich[10] nach und nach von eindringenden Germanenstämmen durchsetzt worden und dann gegen Ende des 6. Jahrhunderts ganz auseinandergebrochen war, hörte damit auch das in diesem Raum gesprochene Latein, das sog. Vulgärlatein,[11] auf zu existieren, indem es sich in die romanischen Sprachen (u. a. das Französische, das Spanische, Portugiesische, Italienische und Rumänische) auseinander gliederte.

In genau umgekehrter Abfolge verlief der Entstehungsprozess des Deutschen, und er dauerte weitaus länger. Denn während sich die romanischen Sprachen als selbstständige Volkssprachen durch Auseinandergliederung einer aussterbenden Sprache (des Vulgärlateins), entwickelten, entstand das Deutsche als Sprachgemeinschaft durch Zusammenfügung der durch die hochdeutsche Lautverschiebung[12] neu entstandenen Vielzahl von althochdeutschen Dialekten. Den deutschen Sprachträgern aber wurde diese regionale Vielfalt erst allmählich als neue Einheit bewusst. Dabei hat es eine einheitliche althochdeutsche Schriftsprache ja nie gegeben.[13] An muttersprachlichen Dialekten umfasste der althochdeutsche Sprachraum nach der zweiten, der sog. hochdeutschen Lautverschiebung (ca. 8. Jh.), zunächst das hochdeutsche Sprachgebiet, nämlich das Oberdeutsche (Bairisch, Alemannisch, Ostfränkisch, Südrheinfränkisch) dann das Mitteldeutsche (Rheinfränkisch, Mittelfränkisch [Moselfränkisch, Ripuarisch] und Thüringisch). Hier hatten sich die betroffenen Lautveränderungen ganz (im Oberdeutschen) oder teilweise (im Mitteldeutschen) durchgesetzt; im Niederdeutschen Gebiet schließlich hatten sie sich gar nicht ausgewirkt.

Es war das „alles überdachende"[14] klassische Latein, das neben den gesprochenen Volksdialekten bis weit in die Neuzeit hinein als Hoch- und Schriftsprache die Funktion einer „zentralen ersten Fremdsprache"[15] einnahm und sich als führende Sprache in Kirche, Politik, Wissenschaft, Recht und Literatur gleichsam als *Vatersprache*[16] neben den muttersprachlichen Dialekten etablierte. Behielt es doch in letzten Ausläufern sogar bis ins vorige Jahrhundert hinein seine Bedeutung.[17]

Die Tatsache, dass im Frankenreich zeitweilig z. T. vier Sprachen gleichzeitig nebeneinander gesprochen wurden, nämlich Latein, Vulgärlatein (als Französisch), Germanisch (Stammessprachen) und „Althochdeutsch" (Stammesdialekte), zeigt, wie verwickelt und uneinheitlich die sprachliche Situation damals war und wie lange sich die Geburtswehen der deutschen Sprache hinzogen.

Einmalig im gesamten Entstehungsprozess der europäischen Sprachen aber ist, dass hier nicht zuerst ein Volk existierte, welches sich seine Sprache bildete, sondern offensichtlich in der Sprache selbst die Kraft lebte, gemeinschafts- und volksbildend zu wirken, indem sich die nebeneinander deutsche Dialekte sprechenden Stämme allmählich ihrer Zusammengehörigkeit als Volk an der Sprache bewusst wurden.

Eine solche in der Sprache lebende Kraft aber nennen wir mit Humboldt *eine sich ewig wiederholende Arbeit des Geistes*. Denn in seinem Sinne ist die Sprache *kein Werk (ἔργον/'Ergon)*, kein bereits Vorhandenes, woher auch immer Gegebenes, *sondern* sie ist *eine Thätigkeit (ἐνέργεια/Enérgeia), [...] weil sich das Daseyn des Geistes überhaupt nur in Thätigkeit und als solche denken lässt.*[18] Diese *ewig sich wiederholende Tätigkeit des Geistes* aber ist die charakteristische Eigenheit der Individualität, des menschlichen Ich.

Von dieser in der deutschen Sprache lebenden Geisteskraft soll im Folgenden die Rede sein.

2. VOM ENTSTEHEN DES WORTES *DEUTSCH* – EIN IDENTIFIKATIONSPROZESS

Das Band der Sprache [...] vereinigt die Menschen auf eine starke, wenn auch unsichtbare Weise und bewirkt eine Art Verwandtschaft.[19]

Es waren freilich nicht nur die Geburtswehen dieser Sprache, die so lange anhielten, sondern schon allein ihr Name brauchte eine lange Zeit der Reifung, bis er endlich eindeutig zur gültigen Bezeichnung der Sprache und schließlich auch des Volkes und des Landes werden konnte.

Denkwürdig ist, dass eine Vorform des Wortes *deutsch* sich zum allerersten Male bereits in einem der wenigen noch aus germanischer Zeit erhaltenen Schriftdokumente, nämlich im Galaterbrief der gotischen Bibelübersetzung des Bischofs Wulfila (360 n. Chr.),[20] findet. Und dies, obwohl noch keine einheitliche deutsche Sprache, kein einheitliches deutsches Volk und auch geografisch kein deutsches Land existierte. Vielmehr sollte es noch weitere sieben Jahrhunderte dauern, bis dieses Wort sich endgültig als Identifikationsmerkmal der deutschen Sprache und überhaupt des deutschen Wesens im Verständnis der Menschen verankert und eingelebt hatte und im täglichen Umgang zu seiner vollen Bedeutung herangereift war.

Es war das griechische Wort ἐθνικῶς (ethnikos), *zum Volke gehörig, heidnisch*, das Bischof Wulfila mit gotisch *þiudisko* übersetzte, welches in etymologischer Hinsicht kein anderes als das spätere Wort *deutsch* ist. Das dazugehörige Substantiv heißt got.**þiuda* (das Volk) und leitet sich her von idg. **teuta* (Stamm, Volk).

Allerdings ist in Wulfilas Übersetzung der genannten Bibelstelle noch nicht von einer bestimmten Volkszugehörigkeit die Rede, sondern der Begriff *þiudisko* dient dem Übersetzer zunächst lediglich als Bezeichnung des Gegensatzes zu *jüdisch* (siehe Tabelle auf der folgenden Seite: Galather 2, 14 in gotischer, griechischer und neuhochdeutscher Sprache).

Der lange Weg zur endgültigen Bedeutungsfindung, den dieses Wort noch jahrhundertelang zu durchlaufen hatte, lässt sich im Grunde als allmählicher Identifikationsprozess des Deutschen verstehen. Einige Wegemarken seien im Folgenden aufgezeigt.

Beurkundet ist zunächst die Tatsache, dass das Wort im Jahre 786 n. Chr. erstmalig in lateinischer Übersetzung als *theodisce* in einem Brief des päpstlichen Nuntius Gregor von Ostia Verwendung fand, in dem dieser seinem Papst Hadrian I. von den Beschlüssen zweier englischer Synoden berichtete. Diese seien laut verlesen worden, so heißt es, und zwar in Latein und auch in der Volkssprache, damit jedermann, also die Lateinkundigen und auch das Volk, sie verstehen sollten.[21] Die Volkssprache, von der hier die Rede ist, war allerdings im konkreten Falle kurioserweise die altenglische(!), denn das Wort meinte vorerst nur ganz allgemein die „Volkssprache" und wurde vor Ort als die eigene verstanden.

GALATER 2, 14

1. In Gotisch:

ake biþe ik gasaƕ þatei
ni raiktaba gaggand du
sunjai aiwaggeljons,
qaþ du Paitrau* faura
allaim: jabai þu Iudaius
wisands **Þiudisko** libais
jah ni iudaiwisko, ƕai-
wa þiudos baideis iu-
daiwiskon?
(*Kephas)

Wulfila: *Die Gotische Bibel*, hg. von Wilhelm Streitberg, Heidelberg 1919, S. 355. https://archive.org/details/diegotischebibe02stregoog, Internet 18.11.2016.

2. In Griechisch

ἀλλ' ὅτε εἶδον ὅτι οὐκ
ὀρθοποδοῦσιν πρὸς τὴν
ἀλήθειαν τοῦ εὐαγγε-
λίου, εἶπον τῷ Κηφᾷ
ἔμπροσθεν πάντων εἰ-
σὺ Ἰουδαῖος ὑπάρχων
ἐθνικῶς καὶ οὐχὶ Ἰου-
δαϊκῶς ζῇς, πῶς τὰ
ἔθνη ἀναγκάζεις ἰου-
δαΐζειν.

Das Neue Testament Griechisch und Deutsch, hg. von Barbara und Kurt Aland, Stuttgart ^{27}1995.

3. In Neuhochdeutsch:

Als ich aber sah, dass sie
nicht richtig handelten
nach der Wahrheit des
Evangeliums, sprach ich
zu Kephas öffentlich vor
allen: Wenn du, der du
ein Jude bist, **heidnisch**
lebst und nicht jüdisch,
warum zwingst du dann
die Heiden, jüdisch zu
leben?

Text der Luther Revision von 1984. *Das Neue Testament Griechisch und Deutsch*, hg. von Barbara und Kurt Aland, Stuttgart ^{27}1995

Entsprechend begegnen uns weitere Belege aus diesem und dem folgenden Jahrhundert, in denen das Wort „theodisce" dann z. B. das Bairische oder das Fränkische u. a. bezeichnet. Eine eindeutige Zuordnung des Begriffes „theodisce" zu einem der althochdeutschen Dialekte hat es wohl nie gegeben. Umgekehrt findet man die Sprache der Franken noch im 9. Jahrhundert auch einmal als „frankiskon" benannt, was später „französisch" hieß;[22]

und Otfrid von Weißenburg (ca. 790–875) verwendet neben *theodisce* auch *frenkisg* für dasselbe Wort.[23]

Die unterschiedlichen Bedeutungen, welche das Wort *þiudisko* je nach Ort und Gelegenheit in den schriftlich dokumentierten Ereignissen der folgenden Jahrhunderte annimmt, weisen jedenfalls auf ein wachsendes Bemühen der einzelnen Sprachgruppen um gemeinsame Verständigung.

So wurde z. B., als im Jahre 788 auf dem Reichstag zu Ingelheim die Verurteilung des Baiernherzogs Thassilo stattfinden sollte, ausdrücklich Wert darauf gelegt, dass der Grund seiner Verurteilung auch in der Volkssprache (hier wohl der bairischen) genannt werden sollte, nämlich das Verbrechen „quod theodisca lingua harisliz dicitur" (welches in der Volkssprache „Heeresspaltung" genannt wird.)[24]

Auch ein Bericht des Konzils von Tours aus dem Jahre 813 ist noch zu nennen, denn darin wird die Aufforderung an die Geistlichen erwähnt, das Wort Gottes fortan nicht nur in Lateinisch zu verkünden, sondern auch in *rusticam Romanam linguam* (romanischer Sprache) für die ortsansässigen Romanen und desgleichen in *theodisca lingua* (deutscher Sprache) für die ebenfalls einheimischen salischen Franken.[25]

Im Hinblick auf eine größer werdende Bereitschaft zur Würdigung und Einbeziehung aller Volkssprachen in ein wachsendes überregionales Sprachbewusstsein stellen auch die Synodalbeschlüsse von Mainz und Reims aus demselben Jahr 813 einen entscheidenden weiteren Schritt dar. Hier heißt es allgemein, jedem solle in seiner eigenen Sprache (*sua propria lingua)* gepredigt werden, also nicht *theodisce*, sondern wohl den Franken auf Fränkisch, den Bayern auf Bairisch usw.[26]

Einen einschlägigen Beweis für den allenthalben durchbrechenden Willen zur Verständigung liefern die sog. Straßburger Eide von 842: Als nämlich Ludwig der Deutsche und Karl der Kahle sich im Jahre 842 gegen ihren Bruder Lothar verbündeten, schworen sie an der Spitze ihrer Gefolgschaften ihre Eide in der Sprache des jeweils anderen Heeres, die sie beide gleichermaßen beherrschten, also Ludwig, der Herrscher des germanischen Ostreiches, in Romanisch (Französisch) und Karl, der Herrscher des romanischen Westreiches, in Fränkisch (Teodisca), damit jeder auf beiden Seiten verstanden werden konnte.[27]

Notker der Deutsche
um 1000 n. Chr.

Das zeugt freilich noch immer nicht von einem überregionalen gesamtheitlichen Sprachbewusstsein. Und doch führte das zunehmende Bestreben nach gegenseitigem sprachlichem Verstehen letztlich fast unbemerkt dazu, dass die einheitlich nebeneinander lebenden und miteinander bestehenden Bevölkerungsgruppen schließlich auch lebensmäßig zu einer übergeordneten Einheit zusammenwuchsen, nämlich zum Volk der Deutschen.

Erst bei Notker dem Deutschen (950–1022) erscheint das Wort *deutsch* zum ersten Mal in einem nichtlateinischen Text, nämlich als althochdeutsches *diutisc.*[28] Auch dieses bezieht sich noch ausschließlich auf die Sprache, denn als Volksnamen verwendet Notker daneben das lateinische *vir Teutones.*[29]

Endlich aber im Annolied, etwa zwischen 1077 und 1081 von einem Siegburger Mönch verfasst, meint *diutisch* nun wirklich die *gemeinsame deutsche Sprache* und nicht mehr ausgrenzend fränkisch oder bairisch oder alemannisch oder sächsisch u.a.m. Außerdem wird diese Bezeichnung jetzt eindeutig auch auf Land und Leute gleichermaßen angewandt. Das Wort ist somit am Ziel seiner Entwicklung angekommen. Denn nun heißt es z. B.:

In Diutschemi lande (Annolied VII)
Diutschin sprecchin (Annolied XX)
Diutsche liute lerin (Annolied XXVIII)[30]
Sidir warin Diutschi man Ci Rome.[31]

Wiederum bemerkenswert bleibt auch hier die Tatsache, dass der Name *Deutsch* zuerst als Sprachname auftauchte, lange bevor er zum Namen für Land und Leute wurde und dass ein Volk zuerst in der Sprachgemeinschaft seinen einheitlichen geistigen Zusammenhalt erkannte und sich daran seiner selbst bewusst wurde, ehe es sich im Lebensgefüge des Volkes begreifen lernte.

Dies sei hier festgehalten als Hinweis darauf, dass der Humboldt'sche Begriff von der *Energeia* (der *ewig sich wiederholenden Arbeit des Geistes)* offensichtlich bis hin in die Bedeutungsentfaltung des Wortes „deutsch" wirksam geworden ist. Dabei mag die Tatsache, dass das Wort bereits gegen Ende des 8. Jahrhunderts n. Chr. als mittellateinisches Wort (*theodiscus*) auftauchte, durchaus ein Beleg dafür sein, dass das Deutsche sehr wohl schon eine eigene Bedeutung in der europäischen Welt errungen hatte, auch wenn eine gesamtdeutsche Einheitssprache erst Jahrhunderte später entstehen konnte.

3. DIE DEUTSCHE WORTWELT

a) Eine Besonderheit des geschriebenen Wortes

Wie eines jeden Menschen Handschrift Wesenszüge seines Charakters offenbart, so lässt auch das Schriftbild eines gedruckten deutschen Textes schon in seiner formalen Gestalt etwas vom Wesen der Sprache erkennen, die er enthält.

Freilich sind wir zunächst geneigt, den provokativen Hinweis, den Mark Twain zur Erhellung des Phänomens der Großschreibung deutscher Hauptwörter äußert, lächelnd zur Kenntnis zu nehmen:

> In German all the nouns begin with a capital letter. [...] I consider this capitalizing of nouns a good idea, because by reason of it you are almost always able to tell a noun the minute you see it.[32]
>
> (Im Deutschen beginnen alle Hauptwörter mit einem Großbuchstaben. [...] Ich betrachte diese Großschreibung von Hauptwörtern als einen guten Einfall, weil man dadurch fast immer in der Lage ist, ein Hauptwort als solches schon in dem Augenblick zu erkennen, wenn man es sieht.)

Doch auch die Aufklärung darüber, wie es im Laufe der Sprachentwicklung im Deutschen überhaupt zur Großschreibung der Substantive gekommen ist, hilft dem Verständnis dieser Tatsache nicht recht weiter:

> Seit dem 14. Jahrhundert macht sich im geschriebenen Deutsch eine Eigenheit der Schreibung bemerkbar, die bedeutsam werden sollte. Nicht bloß am Satz-, Strophen- und Versanfang (wie z. T. bereits im Frühmittelalter) und auch nicht nur bei Eigennamen (wie besonders schon im 13. Jahrhundert) finden sich Großbuchstaben, sondern diese können nun zur Hervorhebung von Substantiven, bald auch von Adjektiven verwendet werden.[33]

So Hugo Moser. Doch liest man dann:

> Neuere Erkenntnisse weisen allerdings darauf hin, dass die Großschreibung das Lesen vereinfacht und die Lesegeschwindigkeit erhöht, da die Großbuchstaben der Substantive den Augen eine wichtige Orientierungshilfe bieten.[34]

Das klingt der Aussage Mark Twains nicht unähnlich. Doch kommen inzwischen auch ganz andere Gesichtspunkte u. a. bei den neueren Sprachwissenschaftlern zur Geltung: Es wird darauf hingewiesen, dass schließlich die Majuskel bis in die Barockzeit hinein im Wesentlichen noch ein grafisches Mittel zur freien Textgestaltung gewesen sei wie die Initiale oder der Typenwechsel, nämlich für den Satzanfang, für die Hervorhebung von Eigennamen, besonders der sakralen.[35]

Ferner werden Wörter, die etwas Verehrungswürdiges bezeichnen – vor allem aus dem religiösen Bereich (Christ, Geist, Evangelium, Sacrament, Unser Vater) – früh mit großen Anfangsbuchstaben geschrieben. Bei den Nomina sacra verwendet man des Öfteren mehrere Majuskeln, vgl.: AMEN, GOTT, HErr. In Verlautbarungen von Vertretern des Hochadels werden die Personalpronomen (1. Sgl. und Pl.) bis in die Neuzeit großgeschrieben (pluralis majestatis): *So wollen Wir, daß in dem von Uns gestifteten Waysenhause* [...] (Friedrich Wilhelm I., 1724).[36]

In seinem eindrucksvollen Werk *Vom Genius Europas* schreibt Herbert Hahn, der profunde Kenner europäischer Länder und Sprachen, der in zwei Weltkriegen als Dolmetscher in ganz Europa eingesetzt war:

die Großschreibung der Hauptwörter [sei] ebenso geistig-organisch begründet wie die Großschreibung des englischen I [...], [und er spricht von den großgeschriebenen Hauptwörtern als von etwas wie leichten Bewusstseins- und Ichstützpunkten.[37]

Wie dem auch sei, die Diskussion um die Großschreibung der Substantive ist hierzulande noch immer nicht endgültig abgeschlossen, obwohl andere europäische Länder, die sie auch hatten, sich lange schon für die Abschaffung entschieden haben; Norwegen bereits im Jahre 1869 die Niederlande folgten und zuletzt Dänemark im Jahre 1948. Ob sich die momentan noch einzig in deutschsprechenden Ländern geltende Großschreibregel halten wird, ist die Frage. Stellt sie doch auch eine über die Leseerleichterung hinausgehende, dem deutschen Sprachempfinden entsprechende Besonderheit dar. Denn da ja im Deutschen über die Großschreibung der Substantive hinaus ein Schreiber die Möglichkeit hat, nach stilistischem Bedarf und persönlich freier Entscheidung auch Wörter aus anderen Wortarten (z.B.

Adjektive, Verben oder ggf. auch Partikeln) in den Stand von Substantiven zu versetzen, werden folglich auch diese großgeschrieben und grammatisch wie Substantive behandelt. So fallen sie im Schriftbild eines Textes als Hervorhebung auf, wenn auch als freie Setzung eines Individuums. Handelt es sich also dementsprechend bei der Großschreibung doch um *leichte Bewusstseins- und Ichstützpunkte,* welche dem Leser als Anstoß zum Aufmerken dienen können?

b) In der Mitte der Wortwelt ein Zauberwort

Der als *enfant terrible* des vergangenen Jahrhunderts berüchtigte und nicht unumstrittene Schauspieler, Klaus Kinski, fand die folgenden Worte, um seinen Eindruck von der Wirkung der deutschen Sprache zu beschreiben.

> Die deutsche Sprache ist eine der schönsten und ausdrucksvollsten aller Sprachen – *wenn man sich ihrer Kraft bedient.*[38]

Der Kraft der deutschen Sprache? Der Kraft ihres Klanges, ihres Rhythmus', ihrer Worte, ihrer Sätze? Oder müssen wir uns dieser Kraft doch wieder erinnern als einer unserer Sprache von Anfang an immanenten, *sich ewig wiederholenden Arbeit des Geistes,* von der bereits die Rede war? Ist es zugleich die Kraft, die sich in dem Zauberwort offenbart, von dem auch der Dichter Eichendorff einst sprach als von dem Wort, das die Welt zum Singen erwecke, wenn man es denn träfe?[39]

Tatsächlich hält ja die deutsche Sprache ein solches Zauberwort bereit; es steht jedermann zur Verfügung, und das nicht im Geheimen und Verborgenen, sondern so offen und allgegenwärtig, dass es im alltäglichen Sprachgebrauch fast unbemerkt und unbeachtet bleibt. Und doch ist es gewiss kein Zufall, dass gerade dieses Wort einen so vorrangigen, ja vor kurzem noch den allerersten Platz in der Liste der am häufigsten gebrauchten deutschen Verben einnimmt.[40] Und es hat – anders als in anderen europäischen Sprachen – eine ganz zentrale und umfassende Bedeutung im Deutschen.

Es ist das Wort *werden,* welches über die genannte quantitative Präsenz hinaus zugleich eine in unserem ganzen Lebensgefüge tief verankerte innere Qualität unserer Sprache und unseres Wesens offenbart. Und diese ist es, welche sich bei näherem Hinschauen als der zentrale Wesenskern des Deutschen erweist, als eine immer impulsierende geistige Kraft, die *Werdekraft*.

Seiner Herkunft nach geht das Wort *werden* zurück auf eine idg. Wurzel (**uert)* mit der Bedeutung *drehen, wenden,*[41] und dieser Wortsinn hat sich bis heute z. B. in Zusammensetzungen mit *–wärts* erhalten, die ja immer eine Richtung angeben. Als richtunggebend, eine Wende anzeigend, treten in unserer Sprache im Wesentlichen zwei Bedeutungsnuancen hervor: Da ist zum einen die Bedeutung des Geschehens, Sich-Änderns, Sich-Entwickelns, Sich-Wandelns (zu etwas);[42] zum andern die des Entstehens, des Aufkeimens, Sich-Gestaltens, Sich-Herausbildens.[43]

Ein aufschlussreiches Beispiel, welches auf die Ambivalenz beider Bedeutungen hindeutet, findet sich bereits im gotischen Vaterunser (4. Jh. n. Chr.). Da heißt es in der Zeile, die wir im Neuhochdeutschen als „Dein Wille *geschehe*" kennen, *wairþai wilja þeins* (Dein Wille *werde*). Eine Formulierung, die auch im altsächsischen Heliand von 840 n. Chr. auftaucht[44] sowie im Althochdeutschen[45] und im Altenglischen (9. Jh.).[46] Und obwohl Notker (ca. 1000 n. Chr.) das Wort bereits mit *gescehe* übersetzt,[47] erscheint es noch im Mittelhochdeutschen[48] und in der ersten deutschen Bibel von 1466 n. Chr. als *werden*.[49]

Dabei wirkt der schöpferische Impuls beim Imperativ des Wortes *werden* in diesem Zusammenhang ungleich stärker als bei *geschehen*. Gegenüber dem mehr passiv anmutenden *geschehe* impulsiert *werde* eher eine kraftvolle, in die Zukunft gerichtete aktive Bewegung, ja, etwas wie einen fortdauernden Prozess, (der hier rhythmisch noch durch den Willensstoß des Stabreims **w–w** *[wairþai wilja]* hervorgehoben wird). In dieser Weise kennen wir ja auch das *Es werde* in seiner Wirksamkeit als Schöpferwort aus der Genesis (z. B. *Es werde Licht! Und es ward Licht.*).[50] Goethe formuliert eine ähnliche Willensbewegung in seinem *West-Östlichen Diwan*:

> Als die Welt im tiefsten Grunde
> Lag an Gottes ewger Brust,
> Ordnet' er die erste Stunde
> Mit erhabner Schöpfungslust,

Und er sprach das Wort: Es werde!
Da erklang ein schmerzlich Ach!
Als das All mit Machtgebärde
In die Wirklichkeiten brach.[51]

Seiner Bedeutung entsprechend hat das Wort *werden* im Deutschen auch grammatisch eine bemerkenswerte Mehrfachfunktion, die als solche einen weit gespannten zeitlichen Bogen anzeigt. Neben seiner Funktion als vollgültiges Verb dient es als Hilfszeitwort sowohl zur Bildung des Passivs als auch des Futurs: So kann es, passivisch gebraucht, ein Geschehen beinhalten, das uns trifft oder auch betroffen macht. Futur bildend kann es zum Ausdruck bringen, was wir möglicherweise in Konsequenz dieses Geschehens in der Welt bewirken oder an uns selbst tun wollen.

Wenn jemand ein Erlebnis zu bewältigen hat, das ihm widerfahren ist, z. B. *Mir ist übel mitgespielt worden, ich bin schwer verletzt worden, mein Hab und Gut ist mir genommen worden,* so wird er das erlittene Leid innerlich durchzustehen, es zu verarbeiten suchen und dann eine Folgerung für sein künftiges Leben daraus ziehen wollen. Würde er seine innere Werdekraft nicht zukunftsgerichtet einsetzen, dann könnte er resigniert sagen: *Jetzt werde ich wohl nie wieder auf die Beine kommen und werde elendiglich zugrunde gehen.* Setzt er sie aber ein, so kann er entschlossen sagen: *Nun werde ich mein Leben ändern und werde von vorne anfangen.* Er kann dabei selbst ein anderer Mensch werden.

Beide Aussagen sprechen von Veränderung, im einen Falle von passiver Betroffenheit, im anderen von aktiver selbstgewollter Veränderung zu künftigem Tätigsein.

Im Grimm'schen Wörterbuch wird dazu vermerkt:

Es scheint nicht verwunderlich, dass *werden* in allen germanischen Sprachen früh in die Rolle eines Hilfsverbs zur Passivumschreibung gerät, wo es gilt, eine ‚Wendung', Veränderung unter äußerer Einwirkung, das Hineingeraten in einen anderen Zustand, auszudrücken.[52]

Während jedoch die meisten der aus dem Germanischen hervorgegangenen Sprachen das Passiv inzwischen entweder mit *sein* (vgl. engl. *to be,* frz. *être*) oder in den skandinavischen Sprachen mit *bleiben* (vgl. norw. *bli,* dän. *blive,* schwed. *bliva)* bilden, hat sich das Passiv mit *werden* im Deutschen umso tiefer verankert, als es in dieser Sprache gleichzeitig Futur bildend eingesetzt wird. Gerade durch diesen Zusammenschluss aber gelangt der im Deutschen *ursprüngliche Charakter* des Wortes *werden* als *Verb der Bewegung*[53] zu seiner eigentlichen Bedeutung.

In diesen fortdauernden Werdeprozess sprachlich und damit auch existenziell eingebunden, erscheint der Mensch als ein stets in innerer Bewegung Existierender, in die Zukunft Orientierter; und dies ist offensichtlich im Deutschen als charakteristischer Wesenszug verankert; nicht allein im Sinne von immerwährender Unvollkommenheit, sondern als innere Qualität menschlichen Strebens, und damit als Möglichkeit ichbewusster Schicksalsbereitschaft und stets gegenwärtigem Willen zur Neu- und Umgestaltung der Daseinsverhältnisse.

Bemerkenswert ist die Tatsache, dass aus der idg. Wurzel **uert* auch die beiden Wörter *wert/Wert*[54] und *Würde*[55] hervorgegangen sind, die nicht nur in diesem etymologischen, sondern auch in einem inneren Sinnzusammenhang mit dem Wort *werden* stehen.[56]

Daneben lässt sich unschwer auch eine geistige Gemeinsamkeit der drei Wörter erkennen, die in ihrer Sinnverwandtschaft begründet ist. Ist doch die Würde des Menschen ein hoher Persönlichkeitswert: zugleich Ergebnis vorangegangener Entwicklung und noch immer andauernder innerer Werdeprozess.

Erfährt die Würde eines Menschen auch von außen eine *Wertschätzung*, indem ihr, der Bedeutung ihrer inneren Qualität entsprechend, eine öffentlich geltende Rangbezeichnung zuteilwird oder ein Titel zuerkannt wird, so sprechen wir von diesem Menschen als von einem *Würdenträger.*

Die eigentliche Bedeutung und innere Zusammengehörigkeit von *werden, wert und Würde* zeigt sich allerdings erst im gemeinsamen Sinngehalt der drei Wörter.

Diese existierte eigentümlicherweise nur im Hochmittelalter, und auch da nur für kurze Zeit.[57] Da gab es das Wort *werdekeit* als Bezeichnung dieser gemeinsamen Qualität. Laut Grimms Wörterbuch war das Wort im 15. und 16. Jahrhundert noch sehr verbreitet, dann aber hat seine Verbreitung nachgelassen und ist im 19. Jahrhundert auslaufend gewesen.[58]

c) Das Zauberwort einst und jetzt

Das Wort *werdekeit* umfasste seinerzeit den ganzen Bedeutungskomplex von *werden*, *wert* und *Würde*,[59] indem hier das Suffix *-heit* bzw. *-keit*[60] seiner Bedeutung als Eigenschafts- und Zustandsbezeichnung entsprechend[61] alle drei zu einer Wesenseinheit (*heit/keit* meint *Wesen*) zusammenschloss.

Zwar hatte das Wort zunächst ein breites Bedeutungsspektrum. Es konnte den äußeren Rang, die Stellung und das Ansehen des Menschen bezeichnen sowie Wert, Ehre, Würde und Ruhm. Es konnte Verehrung, Gunst, Gnade heißen. Schließlich aber gewann es innerhalb von nur vier Jahrzehnten (um das Jahr 1200), dem entscheidenden Zeitraum seiner Entwicklung,[62] die Bedeutung der inneren Werthaftigkeit und des ehrenhaft-ethischen Verhaltens, wie sie als ritterliches Tugendideal in der Zeit des Minnesangs erstrebt wurden.

Es war die glanzvolle Epoche des Rittertums, in der Leben und Dichten in Deutschland einem hohen ethischen, christlich-humanen Kulturideal verpflichtet war. Wer zum Ritter geschlagen wurde, strebte fortan danach, dem damit gesetzten Tugendideal zu dienen und sich in den ritterlichen Tugenden zu üben.

Unserem heutigen Sprachverständnis sind Wort und Begriff der Tugend freilich nicht mehr unmittelbar zugänglich. Ist uns doch Tugendhaftigkeit eher suspekt geworden als womöglich engstirniges sog. korrektes Benehmen, etwa im bürgerlichen Sinne von Ordnungsliebe, Pünktlichkeit, Sauberkeit und Fleiß; doch solches allein auf rechtschaffenes Verhalten im Alltag gegründetes Verhalten reicht an das, was den mühevollen Schulungsweg des ritterlichen Tugendstrebens beinhaltete, nicht heran.

Vielmehr musste ein Ritter, der sich den *Kranz der Tugenden (der werdekeite kranz)*[63] erkämpfen wollte, einen strengen seelischen Übungsweg gehen. Zwölf Tugenden waren es, die ihm zu erringen auferlegt waren: die Demut *(diemüete)*, das innere Gleichgewicht *(mâze)*, die Standhaftigkeit *(stæte)*, die Selbstlosigkeit *(schame)*, die Freigiebigkeit *(milte)*, die Höflichkeit *(zuht/hövescheit)*, die Keuschheit *(kiusche)*, die Geduld *(gedulde)*, die Kontrolle der Gedanken, der Sprache *(des rehten vrâgens)*, der Mut *(muot)*, die Verschwiegenheit *(bescheidenheit)* und die Liebe *(minne)*.

Den bedeutendsten Dichtern des Hochmittelalters,[64] allen voran Wolfram von Eschenbach (ca. 1170 – ca. 1220), galt die *Werdekeit* als Inbegriff aller höfischen (ritterlichen) Tugenden, d. h. allen menschlichen Strebens nach innerer Vollkommenheit,[65] einer Vollkommenheit, die niemals den Charakter einer Endstufe des inneren Bemühens annehmen konnte, sondern selbst auf der höchsten Stufe des Erreichten noch in immerwährendem Werden begriffen war.

So schildert Wolfram von Eschenbach in seinem großen Epos *Parzival* (1200/1220) den *Werde*gang des Parzival von der Unerfahrenheit *(tumbheit)* über den Zweifel (zwîvel) zum höchsten Seelenheil *(sælde)*. Er nennt dies die Suche nach dem Gral und macht dieselbe zum zentralen Thema seines Werkes.

Der Mensch, der durch seine inneren Errungenschaften auf geistigem Felde („im Himmel“) Bedeutung gewonnen, d. h. sich einen Namen gemacht hat durch die Schulung in der eigenen *Werdekeit*, kann zum Gral gelangen. Und das ist ein Stufenweg (das Wort *Gral* geht vermutlich zurück auf mlat. *gradalis, stufenweise*), an dem der Grad der Vollkommenheit von denen, die ihn selber kennen, abgelesen werden kann.

Und so erhebt Wolfram es am Ende seines Epos sogar zum Menschheitsideal:

swes leben sich sô verendet,
daz got niht wirt gephendet
der sêle durch slîbes schulde,
und der doch der werlde hulde
behalden kan mit *werdekeit*,
daz ist ein nütziu arbeit.[66]

Wessen Leben sich so vollendet,
dass Gott nicht wird verpfändet,
die Seele nicht durch Leibes-Schuld,
der dennoch in der Welt
zu stehn vermag mit *Werdekeit*,
das ist wohl jeder Mühe wert.

Dass diese Worte ihren Wahrheitsgehalt um nichts eingebüßt haben, wenngleich die deutsche Sprache nicht aufgehört hat, eine andere zu werden, dafür stehen beispielhaft die Verse Goethes aus der späteren Hochblüte deutscher Dichtung, der Klassik:

> Und so lang du das nicht hast,
> Dieses: Stirb und werde!
> Bist du nur ein trüber Gast
> Auf der dunklen Erde.[67]

oder auch aus zeitnäherer Sicht Worte von Christian Morgenstern:

> Die beständige Bewegung alles Werdenden,
> das Werden selbst ist Harmonie, muss Harmonie
> sein. Wer es hören könnte! Sie zu denken schon
> ist Göttlichkeit![68]

Lässt sich im Sinne dieses Dichterwortes die Kraft des Stirb und Werde im Menschen als der schöpferische göttliche Funke denken, der in uns wirkt?

Im Neuhochdeutschen ist zwar das Wort *Werdekeit* nicht mehr gebräuchlich, wohl aber das Wort *Würde,* das früher ja z. T. bedeutungsgleich mit *Werdekeit* verwendet wurde. Auch heute gilt sein Bedeutungsumfang noch ungeschmälert; nur beinhaltet er nicht mehr vorrangig den Prozess des menschlichen Strebens nach innerer Vollkommenheit wie *Werdekeit,* sondern ist Ausdruck geworden der unverwechselbaren Identität des Menschen mit sich selbst, mit seiner Ichheit.

Letztere wird heute sogar verfassungsrechtlich als unveränderliches, ja unantastbares Grundrecht des Menschen erachtet. Daher heißt es im ersten Artikel des deutschen Grundgesetzes:

> Die Würde des Menschen ist unantastbar. Sie zu achten und zu schützen ist Verpflichtung aller staatlichen Gewalt.[69]

Eine einzigartige Formulierung im gesamten Kanon europäischer Grundrechte! Bemerkenswert auch die Initialstellung des Wortes *Würde* im unverbrüchlichen Zusammenhang mit der Individualität, der Ichheit des Menschen.

d) Vom Lautwandel in der deutschen Wortwelt

Wie aber wirkte diese Kraft während des langen Entwicklungsprozesses, den die deutsche Sprache bisher zu durchlaufen hatte?

Auch während dieses Umwandlungsprozesses muss wiederum die Kraft der *Enérgeia*, der *sich ewig wiederholenden Arbeit des Geistes* gewirkt haben, um eine weitere Sprachentwicklung von innen her zu steuern.

Nach der Entdeckung der indogermanischen Urverwandtschaft der Sprachen durch Franz Bopp[70] und, nachdem es in der Folge Jacob Grimm gelungen war, den lautlichen Entwicklungsgesetzen der also verwandten Sprachen auf die Spur zu kommen, schilderte er die von ihm entdeckten Gesetze als eine Art ewigen Kreislaufs (sie sind im Anhang als Schema mit Beispielen veranschaulicht):

> Man mag die Lautverschiebung passend Wagen vergleichen, die in einem Kreise umlaufen: sobald ein Rad die Stelle des vorangehenden erreicht ist seine eigne bereits von einem folgenden eingenommen, aber keins ereilt das andere. Bei ihrer Bewegung kann nirgend Raum bleiben, der nicht alsbald ausgefüllt würde.[71]

Seither sind im Umgang mit diesen Gesetzen auch manche Fragen aufgeworfen sowie diese und jene Ergänzung hinzugefügt worden. Der geniale Sprachforscher Arnold Wadler fasst in seinem Werk *Turm von Babel* die Verdienste der bisherigen Forschung so zusammen:

> Und dennoch hat schon *Franz Bopp* richtig geahnt, dass seine Entdeckung der Urverwandtschaft der indoeuropäischen Sprachfamilie etwas zu tun habe mit dem Mythos vom babylonischen Turmbau, mit der Sprachenverwirrung. Mit sicherem Gefühl suchte er der gewaltigen Sprachenkette von Indien bis Irland auch noch die *semitischen* und andere Idiome anzugliedern. Er hatte ja in Wahrheit nichts anderes gefunden als ein Fragment jener Menschheitssprache, der *Ursprache,* von der die Genesis der Hebräer so gut wie der Sagenschatz der Alten und Neuen Welt gekündet. [...][72] So ist jegliches Wort einer Volkssprache in seiner lautlichen Konfiguration im Grunde nur *Urgut der Menschheit, Leihgut* aus der Ursprache, durch Metamorphose von Laut und Sinn, durch Umformung allein von dem Urwort verschieden, das in fernen Zeiten schon als sein Vorbild lebte.[73]

Da sind zunächst die entscheidenden Veränderungen im Bereich des konsonantischen Lautbestandes der Sprache zu nennen, welche durch die sog. 1. und 2. Lautverschiebung von der Grundstufe des Indogermanischen über die germanische zur hochdeutschen Lautstufe geführt haben (siehe Anhang).

Äußere Ursachen für diesen Vorgang sind bis heute nicht auszumachen, auch wenn es immer wieder Versuche gegeben hat und noch heute gibt, den materiellen Ursprung der Sprache beweisen zu wollen. Wissen wir doch bereits seit Max Planck, dem vielleicht bedeutendsten Atomphysiker des vergangenen Jahrhunderts, dass es *keine Materie an sich gibt. [...] Alle Materie ensteht und besteht nur durch eine Kraft, welche die Atomteilchen in Schwingung bringt und sie zum winzigsten Sonnensystem des Alls zusammenhält. [...] Da es im ganzen Weltall aber weder eine intelligente noch eine ewige Kraft gibt, [...] so müssen wir hinter dieser Kraft einen bewussten intelligenten Geist annehmen. Dieser Geist ist der Urgrund aller Materie.*[74] Es müssen also innere, d.h. geistige, im Wesen der Sprache selbst begründete Impulse gewesen sein, welche die großen Umwandlungsprozesse in Gang gesetzt haben.[75] Sind es doch Prozesse, wie wir sie in analoger Weise von den natürlichen Vorgängen in jeder Embryonalentwicklung kennen. Denn auch dort wird vorhandenes Erbgut zunächst einmal umgeschmolzen und umorganisiert, um dem Werden neuer Individualkräfte den Weg freizumachen.

Wir können uns heute nur rückblickend vergegenwärtigen, was sich durch den Prozess der zweimaligen Umbildung unserer sog. Verschlusslaute durch die Lautverschiebungen qualitativ im Wesen dieser Laute, unserer Wörter, und damit der ganzen Sprache, verändert hat.

Wenn wir voraussetzen, dass die Kraft der in Rede stehenden Vorgänge in den historischen Lautverschiebungen ungebrochen weiter wirksam geblieben ist, so mag es erlaubt und auch aufschlussreich sein, die betreffenden Laute, welche sich im Nacheinander der historischen Entwicklung auseinander entwickelt haben, zunächst einmal im zeitlichen Nebeneinander zu betrachten, um dem Gesetz dieser Entwicklung auf die Spur zu kommen. Das erscheint deshalb möglich, weil die betreffenden Konsonanten sich ja nicht nur in der dreistufigen Entwicklungsreihe als eine Artikulationsverschiebung von den Gaumen- zu den

Lippenlauten verändert haben, sondern ebenso auf jeder Sprachstufe gleichzeitig vorhanden sind, unabhängig davon, ob sie gerade auf der ersten, zweiten oder dritten Entwicklungsstufe stehen.

Da ist z. B. der Wortstamm ***b**her-*. Wir finden ihn auf derselben indogermanischen bzw. lateinischen Sprachstufe in drei verschiedenen Wörtern nebeneinander, einmal mit dem Anlaut ***b*** in *bher,* dann mit dem Anlaut ***p*** in *portare* und schließlich mit dem Anlaut ***f*** in *ferre:*

idg. ***b**her-* lat. ***p**or-tare* lat. ***f**er-re*

Diese Laute zeigen uns nebeneinander auf derselben Sprachstufe einen derjenigen Konsonanten, die wir im Vollzug der Lautverschiebungen nacheinander auf der indogermanischen Stufe im *b,* dann nach der ersten Lautverschiebung auf der germanischen Stufe des *p* und zuletzt auf der althochdeutschen Stufe des *f* antreffen.

Die Stammsilbe, die auf indogermanischer Stufe als ***b**her-*[76] erschlossen ist, bedeutet – eine gewisse Bedeutungsbreite vorausgesetzt „tragen, bringen", auch „Leibesfrucht tragen" sowie „aufheben, erheben". Lateinisch ***p**ortare*[77] dagegen hat einerseits die rein äußere Bedeutung von „fortschaffen, führen, tragen, fahren (auf der Schulter, in einer Sänfte, im Wagen, durch Pferde"); andererseits aber gilt das Wort auch in übertragener Bedeutung und heißt „führen, tragen, bringen". Und ***f**erre*[78] schließlich findet sich in so vielerlei Bedeutung, dass dieses Wort gar nicht von vornherein auf eine Bedeutungsebene zu fixieren ist. Seine allgemeine Bedeutung ist „tragen bringen,". Es heißt aber auch im übertragenen Sinne „ertragen, erdulden, eintragen, herbeibringen, vorbringen, überbringen" und, darüber hinaus, „etwas mit sich bringen", ja es kann sogar bedeuten „als Frucht seiner Arbeit und Bemühung oder seines Vorgehens für sich davontragen".[79] Übertragen auf den geschichtlichen Prozess scheint hier eine umfangreiche und stetige Erweiterung im Bereich der Wortbedeutung geschehen zu sein, die offensichtlich über eine rein sinnlich erfassbare Qualität hinausgeht, also sowohl seelische als auch geistige Aussagefunktionen mit einschließt.

Eine andere Wortwurzel, die Wurzel dh*un-,* begegnet uns

ebenfalls auf ein und derselben Sprachstufe im Nebeneinander dreier sinnverwandter Wörter, nämlich in:

idg. ***dhun-*** lat. *t**on-are*** lat. *son-are*

Auch hier deutet die etymologische Folge von **d, t** und **s** auf derselben Sprachstufe (indogermanisch/lateinisch) betrachtet, im Wortanlaut bei bedeutungsähnlichen Wörtern auf eine entsprechende Entwicklung hin.

Idg. ***dhun-***[80] bedeutete ursprünglich wohl nur „dröhnen, tönen"; *tonare*[81] hat sowohl die Bedeutung „donnern" als auch „ertönen, erschallen" und bei *sonare*[82] begegnen wir schließlich wiederum einer Fülle verschiedenartigster Bedeutungen. Das Wort heißt u. a. „(er)schallen, klingen, ertönen, rauschen, brausen, prasseln, krachen, dröhnen, schwirren, klirren, knistern, einen Widerhall geben, hören lassen", aber auch „durch die Stimme verraten, anzeigen, besingen, rühmen". Hier erscheint jetzt eine Bedeutungserweiterung in kaum überschaubarer Vielfalt; denn der Sinn dieses Wortes umfasst nunmehr Klänge und Geräusche der allerverschiedensten Art und Lautstärke, sowohl solche, die von außen an den Menschen herandringen und von ihm wahrgenommen werden können, als auch solche, die nur vom Menschen selbst hervorgebracht werden können.

In den beiden letztgenannten Beispielen fällt also ein weit gespannter Bedeutungsumfang des Wortes auf, indem Letzteres schließlich sowohl eine mehr im Äußeren erlebte konkrete Tätigkeit oder Wahrnehmung als auch die Bezeichnung von eher im Inneren des Menschen stattfindender oder von dort ausgehender Betätigung oder Wahrnehmung umfasst.

Das folgende Beispiel, der Wortstamm *-lor/-lar* jedoch lässt den Wandel der Aussagequalität in der Lautentwicklung noch deutlicher erkennen. Auch diesen Lautwandel finden wir ebenfalls auf derselben Sprachstufe, nämlich der indogermanischen Stufe des Lateinischen, in drei verschiedenen Wörtern nebeneinander: einmal mit dem Anlaut ***g*** in ***g**loria*, dann mit dem Anlaut ***k*** (geschrieben ***c***) in ***c**larus* und schließlich mit dem Anlaut ***h*** in ***h**ilaris.* Wieder haben wir in diesen Anlauten einen derselben Konsonanten vor uns, die wir im Gange der Lautverschiebungen nacheinander auf der indogermanischen Stufe des ***g,*** dann nach der ersten Lautverschiebung auf der germanischen Stufe des ***k*** und zuletzt auf der althochdeutschen Stufe im ***h*** antreffen:

g-lor-ia *c-lar-us* *h(i)-lar-is*

Den drei Wörtern *gloria, clarus* und *hilaris* liegt eine gemeinsame Bedeutungsqualität zugrunde. Es ist die des Glanzes.[83] Sie tritt zunächst in *gloria* als „Ruhm" und „Ehre", auch „Ruhmestat" in Erscheinung[84], ist also hier ganz auf den äußeren Glanz hin ausgerichtet. Große Eigenschaften und die durch hervorragende Leistungen erworbene Anerkennung und Lobpreisung gehören dazu.[85] Das Wort *clarus*[86] „klar, hell, glänzend, leuchtend" hat gleichermaßen Bezug zur Außen- wie zur Innenwelt des Menschen, denn es bedeutet auch „geistig klar, deutlich, verständlich". *Hilaris*[87] endlich meint ausschließlich einen inneren Glanz nämlich „heiter, fröhlich, vergnügt", bezeichnet also eine Geisteshaltung des Menschen. Auf diese Weise erfährt die gemeinsame Bedeutungsgrundlage im Wortstamm *lor-/lar* durch die Anbindung an die Lautqualitäten des ***g***, des ***k*** und des ***h*** eine entscheidende Sinnänderung von der Benennung einer äußeren, konkreten Errungenschaft hin zur Charakterisierung einer inneren Seelenhaltung des Menschen. Und dies ist gewiss nicht mehr allein eine Bedeutungserweiterung, wie sie sich bereits in den beiden vorangegangenen Beispielen gezeigt hat, sondern es weist nunmehr deutlich auf einen ganz eigenen Zugewinn im Ausdrucksvermögen besonders des Deutschen hin, nämlich auf die Möglichkeit, nun auch seelisch-geistige Qualitäten adäquat in Worte fassen zu können.

Ist dies nicht darüber hinaus ein Hinweis darauf, dass wir auch den langen lautlichen Umschmelzungsprozess der deutschen Sprache als ein diesen Vorgängen analoges Geschehen annehmen müssen? Deutet doch besonders das letztgenannte Beispiel in die Richtung einer nunmehr möglich gewordenen Zunahme an abstrakten Ausdrucksmitteln im Bereich unseres seelisch-geistigen Vermögens, der sich in ähnlicher Weise auch im zeitlichen Nacheinander abgespielt haben muss, wie dies am Beispiel des Nebeneinander der indogermanischen, hier der lateinischen Sprache, zu beobachten ist.

Dies war eine entscheidende Veränderung und eine Errungenschaft, welche das Deutsche im Grunde zwar unauffällig, aber doch ganz maßgeblich in seinem Bedeutungsumfang und in seiner Substanz geprägt haben.

Auch im Bereich der Vokale haben natürlich über die Jahrhunderte hin immer wieder Veränderungen stattgefunden. Dies geschah – anders als bei den Konsonanten – wie eine große Atembewegung in rhythmisch pulsierendem Wechsel zwischen Dehnung und Zusammenziehung: Diphthongierung und Monophthongierung langer Vokale, ausgehend von einer im frühen Althochdeutschen beginnenden Diphthongierung[88] (von έ zu *ua* oder *uo* und ***ē*** zu *ia* oder *ie*).

z. B.:

got. *fõtus* > ahd. *fuoz („Fuß“);*
got. *brõþar* > ahd. *bruoder* („Bruder“);
got. *sõkjan* > ahd. *suohhan* („suchen“)   und

as. *mēda* > ahd. *miata / mieta* („Lohn“)
got. *hēr* > ahd. *hiar / hier* („hier“)
lat. *tēgula* > ahd. *ziagal /ziegal* („Ziegel“) [noch in der heutigen Schreibweise trotz veränderter Aussprache so erhalten.]

Sodann setzte im Frühneuhochdeutschen, beginnend im 11. Jahrhundert vom Südosten des deutschen Sprachraumes her, wieder der umgekehrte Prozess, nämlich eine Monophthongierung der Diphthonge (ie [**i**ə], uo [**uə**] und üe [**yə**] zu ie [**i**:], u [**u**:] und ü [**y**:] ein, bei der die Diphthonge allerdings in oberdeutschen Dialekten bis heute auch großenteils erhalten blieben.

Für diesen Vokalwandel gelten unter Kennern die Merkworte:

mhd. *liebe [i:] guote [**uə**] brüeder [**yə**]* > nhd. *liebe [**i:**] gute [u:] Brüder[ü].*

Daneben entwickelte sich beinahe zu gleicher Zeit auch wieder eine entscheidende Diphthongierung der Langvokale *î, û* und *iu* (sprich ü) zu *ei, au* und *eu/äu*, die ja bis heute gültig ist.

Hierfür haben sich dann die folgenden Merkworte eingebürgert:

mhd. *mîn [i:] niuwez [ü] hûs [u:]* > nhd. *mein [ei] neues [eu] Haus [au].*

Doch sind die Ursachen auch für die Entwicklung der vokalischen Lautveränderungen bis heute nicht eindeutig geklärt.

e) Die Qualität der drei Genera

Das Deutsche gehört zu den Sprachen, die in ihrem Sprachbestand noch über drei Sprachgeschlechter (Maskulinum, Femininum und Neutrum) verfügen, wohingegen etwa die Hälfte aller Sprachen, die in unserer Welt gesprochen werden, überhaupt kein Genus kennt. Doch stammen die drei Genera offensichtlich bereits aus indogermanischer Urzeit. So hören wir z. B. von dem schwedischen Sprachforscher Elias Wessén:

So wie die Kasusflexion ist auch das grammatische Geschlecht der Substantive ein Erbe der indogermanischen Ursprache. Die Gruppierung der Substantive in Maskulina, Feminina und Neutra erscheint schon in den ältesten Formen der indogermanischen Sprache, die wir kennen, vollständig ausgebildet, nämlich in der altindischen Sprache der Vedalieder und bei Homer im Griechischen.[89]

Für Nichtdeutsche liegt bereits ein schier unübersehbares Verwirrspiel z. B. im richtigen Verständnis des Pronomens ***sie.*** Wieder ist es Mark Twain, der diese Schwierigkeit auf seine Weise schildert:

For instance, the same sound, **sie,** means **you**, and it means **she**, and it means **her**, and it means **it**, and it means **they,** and it means **them**. [...] think of the exasperation of never knowing which of these meanings the speaker is trying to convey[90]

(Derselbe Laut z. B. **sie,** heißt **Sie,** und er heißt **sie,** und er heißt **ihr**, und er heißt **es,** und er heißt **sie (alle)**, und er heißt **ihnen (allen)**. Denken Sie nur an die Verzweiflung, in der man ist, wenn man nie weiß, welche dieser Bedeutungen der Sprecher nun gerade meint.

Weit größere Probleme aber bereitet Nichtdeutschen die Zuweisung eines Artikels zu einem Nomen, denn das Deutsche kennt eben für Maskulinum, Femininum und Neutrum je einen bestimmten und einen unbestimmten Artikel, und darüber hinaus auch noch den sog. Nullartikel [= keinen Artikel]. So hängt es davon ab, ob die jeweilige Muttersprache nur, wie z. B. das Französische oder das Italienische, über zwei Artikel oder, wie das Englische, über bloß einen Artikel verfügt, oder ob sie gar keinen Artikel für die Nomina kennt, wie z. B. das Russische. Und selbst wenn den Himmelskörpern auch in einer nichtdeutschen Sprache ein grammatisches Geschlecht zugestanden wird, muss es nicht notwendig mit der deutschen Bezeichnung übereinstimmen.

Der ganze, wahrhaftig nicht unkomplizierte Umgang mit dem Gebrauch des deutschen Artikels erscheint aus der Sicht des schon öfter zitierten Amerikaners wie folgt:

Every noun has a gender, and there is no sense or system in the distribution; so the gender of each must be learned separately and by heart. There is no other way. To do this one has to have a memory like a memorandum-book. In German, a young lady has no sex, while a turnip has. Think what overwrought reverence that shows for the turnip, and what callous disrespect for the girl.

(Jedes Nomen hat ein Geschlecht, und in der Verteilung desselben liegt weder Sinn noch System, sodass das Geschlecht eines jeden gesondert auswendig gelernt werden muss. Es gibt keinen anderen Weg. Um dies zu tun, muss man schon ein Gedächtnis haben wie ein Elefant. Im Deutschen hat eine junge Dame kein Geschlecht, während eine Rübe dies sehr wohl hat. Man denke nur, welch übertriebene Verehrung eine Rübe genießt und welch gefühllose Nichtachtung ein Mädchen.)[91]

Das ist die ironisch pointierte Sicht eines Amerikaners, dessen englische Sprache nur einen einzigen Artikel – sowohl in bestimmter wie auch in unbestimmter Form – zur Bezeichnung des grammatischen Geschlechtes eines Nomens besitzt.

Ist es aber nicht auch für muttersprachliche Schulkinder eine beträchtliche Herausforderung, zu akzeptieren, dass eine Sprache für jedes Wesen und jedes Ding, grammatisch also für jedes Nomen und seine Vertreter, nicht nur ein biologisches, sondern darüber hinaus auch noch ein grammatisches Geschlecht besitzen kann, das oft nicht einmal mit dem natürlichen übereinstimmt? Und dann auch noch der scheinbar alles nivellierende feminine Artikel für sämtliche Pluralformen aller Geschlechter!

Warum sagen wir z. B. *der* Hund, *das* Tier, *die* Fliege *der* Elefant, *das* Kamel? Warum heißt es *der* Zug, aber *die* Eisenbahn, *die* Züge, warum *das* Boot, *das* Schiff, aber *die* Titanic oder *die* Admiral Schneider? Und warum *das* Mädchen, aber *die* Göre, *die* Dirne? Und *die* Amsel, *die* Drossel, *der* Fink, *der* Star, aber in dem bekannten Lied nur Amsel, Drossel, Fink und Star und die ganze Vogelschar?

Aber auch: *die* Frau, *die* Dame, jedoch *das* Taschentuch *der* Dame? Und wie klassifizieren wir das bekannte Milchprodukt?

Der oder *die* oder *das* Joghurt? Heute gelten dafür tatsächlich alle drei Artikel, während der Duden von 1921 nur *das* angab und das Wort *Joghurt* im Duden von 1933 ganz verschwunden war.

Warum dies alles so ist, darüber lässt sich freilich in den wenigsten Fällen eine für jedermann einleuchtende Aussage machen, obwohl ja die Grammatiken durchaus Regeln angeben, nach denen die richtige Zuordnung der grammatischen Genera vorgenommen werden kann.

Was aber etwa seit Beginn der achtziger Jahre immer größeren Raum in der öffentlichen Diskussion einnimmt, ist das wohl besonders vonseiten der feministischen Linguistik betonte Problem der Sexusneutralität generischer (verallgemeinernder) Maskulina. Sogar die Dudenredaktion veröffentlichte vor Kurzem (2017) ein eigenes Nachschlagewerk,[92] das der in weiten Kreisen entstandenen Verunsicherung darüber abhelfen soll, ob möglicherweise eine Anrede (wie z. B. *Liebe Kollegen)* im generischen Maskulinum als Degradierung des anderen Geschlechts aufgefasst werden könnte.

VERBREITUNG DER BESTIMMTEN UND UNBESTIMMTEN ARTIKEL IN EUROPA[93]

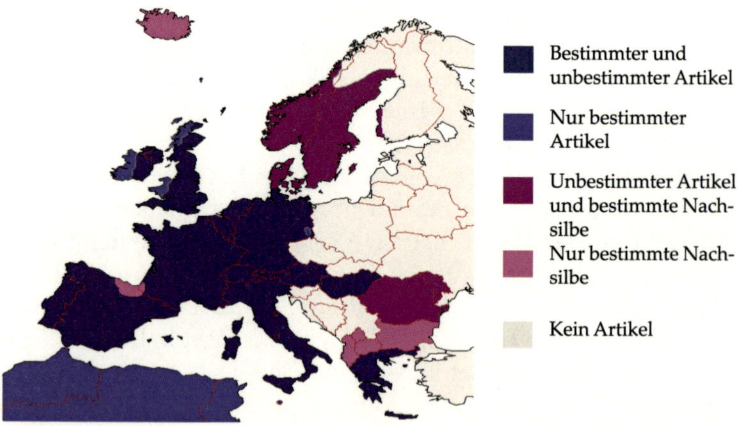

Hier ist nun gewiss nicht der Ort, einem solchen Problem weiter nachzugehen. Es soll aber gezeigt werden, dass die deutsche Sprache in ihrer schönsten Ausprägung, nämlich in der Dichtung, staunenswerte und beeindruckende Hinweise auf die Eigenheiten der drei Genera mit ihren Artikeln bereithält. So sei im Folgenden neben die unbeantwortbare Frage nach dem Warum eine kurze Betrachtung ihrer inneren Qualitäten, dem dreifachen Wie, gestellt.

Dazu wenden wir uns noch einmal an den Altmeister der deutschen Sprache, Goethe. Er lässt Faust bei der ersten Begegnung mit Gretchen sagen: *Beim Himmel, dieses Kind ist schön.* Das ist Fausts erster Eindruck vom Wesen dieses jungen Menschen. Und Faust spricht dabei im Neutrum. *So etwas* (immer noch Neutrum) *hab ich nie gesehn.*[93a] Doch dann steigert sich der Betrachter beim näheren Anschauen sogleich auch in die Wahrnehmung der Weiblichkeit dieses Menschenkindes; und schon spricht er im Femininum:

> Sie ist so sitt- und tugendreich
> Und etwas schnippisch doch zugleich.
> Der Lippe Rot, der Wange Licht,
> Die Tage der Welt vergeß ichs nicht!
> Wie sie die Augen niederschlägt,
> Hat tief sich in mein Herz geprägt;
> Wie sie kurz angebunden war,
> Das ist nun zum Entzücken gar![94]

Offensichtlich hat sich Fausts Empfinden gegenüber dem Mädchen in eine erste Zuneigung zu dieser jungen Frau gewandelt, die in dem Augenblick, als Mephisto, der Verführer, auftritt, sogar in Begehrlichkeit umschlägt, und wir hören Faust sagen:

> Hör, du mußt mir die Dirne schaffen![95]

Darauf Mephisto, der Gretchen längst am Beichtstuhl belauscht hat:

> Da, die? Sie kam von ihrem Pfaffen,
> Der sprach sie aller Sünden frei; […]
> Über die hab ich keine Gewalt!

Interessant ist, dass der Verführer, der einzig in sinnlichen Kategorien denkt, zwar zunächst im Femininum spricht, doch dann auch im Neutrum redet, wenn er über Gretchens unschuldiges Wesen sagt:

> Es ist ein gar unschuldig Ding,
> Das eben für nichts zur Beichte ging;

Doch dann wieder folgt unmittelbar der schon oben zitierte Satz:

> Über die hab ich keine Gewalt!

Über ein Mädchen, das sich noch nicht wirklich der Weiblichkeit erschlossen hat, das sich im Grunde noch Kindheitskräfte bewahrt hat, hat offensichtlich auch der Verführer noch keine Macht. Doch Faust schätzt Mephistos Möglichkeiten sicherlich zutreffend ein, wenn er kontert:

> Ist über vierzehn Jahr doch alt.[96] [...]
> Hätt ich nur sieben Stunden Ruh,
> Brauchte den Teufel nicht dazu,
> So ein Geschöpfchen zu verführen.[97]

Und jetzt ist es Faust, der von Gretchen als weiblichem Geschöpf spricht; dies aber zunächst auf der Ebene des unverfänglichen Neutrums, wenn auch in der Verkleinerungsform, die anzudeuten scheint, dass hier ein Verführer im Grunde leichtes Spiel haben könnte. Dass Faust jedoch nur Mephisto gegenüber eine solche Art zu sprechen an den Tag legt, zeigt der Fortgang des Dramas. Davon soll hier jedoch nicht weiter die Rede sein.

Ein Blick auf das Ende der Kerkerszene führt uns auf sprachlicher Ebene noch in eine andere Richtung. Da ruft Gretchen voller Entsetzen:

> Was steigt aus dem Boden herauf?

Ihre Furcht gilt dem plötzlich aus der Anonymität heraufsteigenden Wesen des Bösen, dessen Anwesenheit sie zu überwältigen droht:

> Der! der! Schick' ihn fort!
> Was will der an dem heiligen Ort?
> Er will mich![98]

In diesem dreimal wiederholten *Der! Der! Der!* personifiziert sich für Gretchen (im Maskulinum!) gleichsam das Böse zu dem Bösen, der, wie sie spürt, an diesem heiligen Ort (sie meint den Kerker) wohl fehl am Platze ist, zumal Mephisto, wie sie glaubt, eine direkte Attacke auf ihre Person beabsichtigt. Hatte doch Gretchen gegenüber Faust ihre heftige Abwehr gegen dieses Wesen bereits in jenem Gespräch über die Religion (*Nun sag: wie hast dus mit der Religion?*[99]) geäußert:

> Der Mensch, den du da bei dir hast,
> Ist mir in tiefer, innrer Seele verhaßt![100].

Doch so tief ihr auch der Böse zuwider ist, so nah und Hilfe spendend erlebt sie *das Gericht Gottes,* in dessen Hände sie sich aus freien Stücken gibt und dessen höchsten Richter, den *Vater*gott, sie zu ihrer Rettung anruft.

Das Gericht Gottes ist demgegenüber sprachlich ein Neutrum, und sachlich eine unabhängige, übergeordnete, ja höchste geistige Instanz, der hier als richterlicher Hoheit das eigene Schicksal anvertraut wird.

So stehen sich hier der Böse und der Vatergott gleichsam als Weltenmächte gegenüber, deren Kraft ihrem Wesen nach auf einem starken Willensgrund basiert und sprachlich durch das Maskulinum, charakterisiert ist.

Am Ende von Faust II begegnet uns dann etwas wie das weibliche Gegenstück hierzu: die Mater Gloriosa. Dr. Marianus, (früher Faust), wendet sich ihr zu mit den Worten :

> Blicket auf zum Retterblick,
> Alle reuig Zarten,
> Euch zu seligem Geschick
> Dankend umzuarten!
> Werde jeder bessre Sinn
> Dir zum Dienst erbötig!
> Jungfrau, Mutter, Königin,
> Göttin, bleibe gnädig.[101]

Mit diesen Worten erwacht nach all dem Schicksalsleid, das Faust mit Gretchen zusammen durchlebt hat, jetzt eine völlig verwandelte, geläuterte und in übersinnliche Dimensionen erhöhte Anschauung der weiblichen Wesenheit in ihm. Er spricht sie als eine Weiblichkeit an, die für ihn stufenweise erlebbar wird (sprachlich hier noch im Femininum): *Jungfrau, Mutter, Königin, Göttin.* Ganz im Einklang damit wird zugleich die tief verehrende Gebetshaltung des Faust bemerkbar: *Auf dem Angesicht anbetend* heißt es in der Regieanweisung. Welch ein Unterschied zu jenen einst an Mephisto gerichteten Worte *Hör, du musst mir die*

Dirne schaffen!. Sollten wir die jetzt errungene geläuterte Seelenhaltung das *Ewigmännliche,* nennen, welches hier vernehmbar wird?

Eine letzte grandiose Steigerung wird noch möglich; sie wird in den das ganze Faustdrama abschließenden Worten des Chorus Mysticus ausgesprochen:

> Alles Vergängliche
> Ist nur ein Gleichnis;
> Das Unzulängliche,
> Hier wird's Ereignis;
> Das Unbeschreibliche,
> Hier ist's getan;
> Das Ewigweibliche
> Zieht uns hinan.[102]

Hier erscheinen in fortschreitender Steigerung sechs Neutra, wie in einem endgültigen Schicksalsertrag summiert: *Alles Vergängliche, ein Gleichnis, das Unzulängliche,* das *Ereignis, Das Unbeschreibliche* und zuletzt an oberster Stelle *Das Ewigweibliche.* Kein Maskulinum und auch im eigentlichen Sinne kein Femininum, sind hier mehr gegenwärtig, sondern einzig ein alles überhöhendes Neutrum, welches sich als identisch mit dem *Ewigweiblichen* erweist.

Auch ist nicht mehr allein von einem diesseitigen fortwährenden Streben nach oben die Rede, sondern nun auch von einer Handreichung aus der Höhe, die als die erhebende Seelenkraft des Ewigweiblichen diesem Streben entgegenkommt. Und wie anders hören wir jetzt dieses Neutrum im Vergleich zu jenem ersten, noch schicksallos neutralen *Dieses Kind ist schön! [...] Es ist ein gar unschuldig Ding.* Und welche Schicksalshöhen und -tiefen umspannt die Zeit, die Gretchen und Faust in ihrem Dasein als weiblicher und männlicher Mensch durchlebten! Jenseits aller irdischen Schicksalsgebundenheit tritt hier auf einer allerhöchsten, einer gleichsam *neutralen* Stufe, die ewige Wesenheit des Weiblichen als eine allgemein menschliche Seelenkraft, die *uns hinanzieht,* in Erscheinung.

So wird im Bereich der Dichtung fassbarer, was sich auf dem Felde der Grammatik nicht ohne Weiteres ergründen lässt: dass nämlich Maskulines, Feminines und Neutrales als selbstständige geistige Qualitäten in jedem Menschen veranlagt sind, unabhängig von seinem natürlichen Geschlecht und dass sie darüber hinaus auch als objektive Weltenkräfte wirksam sein können.

Erstaunlich ist freilich, dass die Differenziertheit solcher Qualitäten zunächst der deutschen Sprache als einer der wenigen Sprachen in der Welt gegeben ist. Sollte auch diese Gegebenheit eine besondere Aufgabe für die Sprecher dieser Sprache bereithalten?

f) Worte und Wörter

Wörter, Wörter, Wörter,[103] antwortet Hamlet in Shakespeares Drama klug auf die Frage des intriganten Horchers Polonius *Was leset Ihr, mein Prinz?* Es ist deutlich, dass Hamlet hinter seiner Antwort just das verbirgt, was Polonius gerade von ihm wissen möchte. Zwar präzisiert er auf Drängen des Polonius seine Antwort am Ende des Gespräches auf das vielsagende Wort, das A. W. Schlegel so treffend mit *Schändlichkeiten,*[104] übersetzt, wobei Hamlet damit zwar die Wahrheit zur Sprache bringt, allerdings wiederum, ohne das preiszugeben, was ihn innerlich zutiefst bewegt, nämlich seine nahezu gewisse Ahnung von den Vorgängen, die sich abgespielt haben müssen bei dem bisher unaufgeklärten heimtückischen Mord an seinem königlichen Vater.

Worte sollten, so könnte ein Unbefangener zunächst meinen, die unumstößliche Grundeigenschaft eines eindeutigen Wahrheitsgehaltes besitzen, den jeder des Sprechens, Hörens und Begreifens kundige Mensch unmittelbar verstehen und in sein Wissensspektrum aufnehmen kann.

Der tägliche Umgang mit der Sprache wie auch das Leben und Wirken mit den Worten aber zeigt uns, dass Wahrheit und Unwahrheit nicht aus der Sprache selbst hervorgehen, sondern dass es einzig der Verantwortung des Sprechenden obliegt, ob er mit Worten wahr oder falsch spricht und welche Worte er für geeignet hält, um einem Hörer etwas mitzuteilen.

Dass letztlich eine umfassende und jedem Menschen innerlich zugängliche Charakteristik des Wesens Wort im Grunde aus der Weltsicht und der Geisteshaltung dessen hervorgeht, der sie vermittelt, wird offenkundig, wenn man Charakteristiken des Wortes aus verschiedenen Quellen nebeneinanderhält.

So spricht z. B. Walter F. Otto, der Altphilologe und profunde Kenner der altgriechischen Mythologie vom Mythos als dem wahren Wort, welches von dem kündet, was *ist*, ja, was unmittelbar aus dem Göttlichen geoffenbart ist:

Mit Mythos ist ursprünglich das wahre Wort, die unbedingt gültige Rede gemeint, die Rede von dem, was *ist*. Daher gilt Mythos hauptsächlich von den göttlichen Dingen, die keines Beweises bedürfen, sondern unmittelbar gegeben oder geoffenbart sind.[105]

Wenn Walter F. Otto wohl auch im Anschluss an Platons *Kratylos* dieses schreibt, hat er allerdings eine Zeit vor Augen, die Jahrhunderte vor unserer Zeitrechnung liegt und in dieser ihre selbstverständliche Gültigkeit hatte.

Ganz anders hören wir etwa ein Jahrhundert n. Chr. den Schreiber des Johannes-Evangeliums sprechen:

Im Uranfange war das Wort,
und das Wort war bei Gott,
und ein Gott war das Wort,
dieses war im Uranfang bei Gott.
Alles ist durch dasselbe geworden,
und außer durch dieses ist auch nicht Eines
von dem Entstandenen geworden.
In ihm war das Leben,
und das Leben war das Licht der Menschen;
und das Licht scheint in die Finsternis,
und die Finsternis nahm es nicht auf.[106]

Also nicht mehr nur als *unmittelbar gegeben oder geoffenbart* wird das Wort hier beschrieben, sondern es wird wesenhaft schöpferisch wirkend in den erhabenen Dimensionen des Göttlich-Geistigen selbst wahrgenommen als Urbeginn allen Daseins und Werdens. *Unser menschliches Sprechen als Äußerung unseres Geistes ist Bild für das göttliche Sprechen und Schaffen,* so heißt es in den Anmerkungen des Übersetzers.[107]

Werfen wir nun, auch wenn dies ein wenig abrupt erscheinen mag, einen Blick auf die Darstellung eines Konversationslexikons aus der Mitte des 19. Jahrhunderts, so lesen wir hier zu jedermanns allgemeiner Information über den Begriff Wort in der deutschen Sprache:

Nur dem Menschen ist das eigenthümliche Vermögen gegeben, die Töne, welche seine Brust ausstößt, mittels der Sprachwerkzeuge gliedern oder articuliren zu können. Solche articulirte Töne nun, deren jeder aus vom Ohre leicht zu unterscheidenden Theilen oder Gliedern besteht, die sich daher auch in diesen mittels der Buchstabenschrift für das Auge darstellen lassen und die irgend eine innere Thätigkeit verlautbaren, sind alle *Wörter,* wie der Gebrauch der Mehrzahl von Wort gebildet wissen will, wenn sie blos der Zahl nach in Betracht kommt und die Wörter ohne Zusammenhang sind, während im entgegengesetzten Falle, wenn sie zusammen eine Vorstellung ausdrücken, *Worte* zu sagen ist. [...] Die ersten Wörter waren durch eine Empfindung, eine Anschauung, ein Vernehmen hervorgerufene Naturlaute, die z. B. Ton und Klang eines damit bezeichneten Gegenstandes nachahmten, wie das etwa in den Ausdrücken für Donner [...] anklingt. Allmählig kamen zu jenen Naturlauten künstliche hinzu und so lernte man nicht blos Dinge bezeichnen, welche klanglos auftreten, sondern auch der sinnlichen Wahrnehmung Unzugängliches und blos Gedachtes durch Wörter ausdrücken. So ward das Wort zum Träger und Bewahrer der Gedanken und zum Vermittler alles geistigen und lebendigen Verkehrs der Menschen.[108]

Wohl wird hier noch in feinsinniger Weise auf die nur im Deutschen mögliche Unterscheidung des Wortes zwischen dem quantitativen Begriff (Plural *Wörter*) und dem qualitativen Begriff *Wort* (Plural *Worte*) aufmerksam gemacht, doch liegen Welten zwischen der Schilderung des Johannesevangeliums und dieser; denn dort wird aus göttlich-geistiger Perspektive gesprochen, hier aus einer menschlich-irdischen. Letztere kennt das Wort immerhin noch in seiner Funktion als *Träger und Bewahrer der Gedanken und zum Vermittler alles geistigen und lebendigen Verkehrs der Menschen.*

Nur wenige Jahre zuvor hatte auch Schiller schon in ähnlicher Weise formuliert:

> Mein unermeßlich Reich ist der Gedanke,
> Und mein geflügelt Werkzeug ist das Wort.[109]

Auch im Sinne dieses Dichters dient das Wort, wenngleich jetzt auf höchster menschlicher Ebene, im Reich des Gedankens, doch dem geistigen Dasein des Menschen.

Nur gute eineinhalb Jahrhunderte später jedoch als das eben zitierte Lexikon aus dem 19. Jahrhundert, welches das Wort noch als *Träger und Bewahrer der Gedanken und* als *Vermittler alles geistigen und lebendigen Verkehrs der Menschen* beschrieb, erfahren wir aus einem deutschen *Lexikon der Sprachwissenschaft* der jüngsten Gegenwart, dass in der Sprachwissenschaft heute weder mehr von einem geistigen Gehalt noch von dem Terminus *Wort* überhaupt mehr die Rede ist. Es ist, wie es heißt,

> vielfachen terminologischen Differenzierungen unterworfen oder ganz zugunsten von Begriffen wie —> Morphem, —> Lexem, —> Formativ aufgegeben worden.[110]

Was kann da geschehen sein, dass ausgerechnet in der Wissenschaft vom Wort der Name des Wortes *aufgegeben worden ist* und nicht einmal mehr erwähnt wird?

g) Von der Wortbildung

Der Begriff Wortbildung mag Unbefangenen zunächst als Synonym für Wortschöpfung gelten, wie auch das Duden-Synonymwörterbuch[111] es angibt. In der Duden-Grammatik dagegen lesen wir, dass aus grammatischer Sicht erst einmal Wortbildungen und Nicht-Wortbildungen zu unterscheiden seien und dass der Prozess der Bildung neuer Wörter aus vorhandenen sprachlichen Einheiten nur nach bestimmten Modellen erfolgen könne. Insofern *gilt auch die sogenannte Wortschöpfung oder Urschöpfung […] nicht als Wortbildung.*[112]

Für detaillierte Auseinandersetzungen mit diesen Definitionen ist hier nicht der Ort, da es in unserer Betrachtung eher um ungrammatische Gesichtspunkte gehen soll, d. h. um schöpferische Qualitäten des Sprechers, wie sie z. B. Wilhelm von Humboldt formuliert hat:

> Die aus ihrer inneren Tiefe und Fülle in den Lauf der Weltbegebenheiten eingreifende Geisteskraft ist das wahrhaft schaffende Princip in dem verborgenen und gleichsam geheimnissvollen Entwicklungsgange der Menschheit. […] Denn die sie hervorbringende Kraft wirkt mit der Spannung ihres ganzen Strebens und in ihrer vollen Einheit, zugleich aber wahrhaft schöpferisch.[113]

Wenn Kleinkinder anfangen, auf eigenen Füßen zu stehen und erste eigene Wörter zu bilden, so empfinden wir Letztere oft als *wahrhaft schöpferische* Gebilde, die erwachsene Sprecher erst verstehen lernen müssen. So z. B. wenn ein Kind seinen geliebten Spielgefährten, einen Stoffelefanten, mit dem Namen *Himpambam* anspricht oder ein anderes begeistert *Muttlach* ruft und dabei auf ein offensichtlich fröhlich lachendes Wesen zeigt, das einmal hier, einmal da in irgendwelchen Zimmerecken – nur diesem Kinde sichtbar – herumspringt.

Gewiss haben die ersten Kinderwörter immer den Charakter von Neuschöpfungen, weil sie etwas Erstmaliges, Ursprüngliches, ja auch Einmaliges darstellen. Doch entstehen sie als natürliche Errungenschaften auf einer frühen Stufe der kindlichen Entwicklung.

Hier haben wir es mit einer charakteristischen Erscheinung der Tatsache zu tun, dass jeder Mensch existenziell mit der sprachbildenden Kraft verbunden ist, die einer jeden Sprache eigen ist.

Wenn Jugendliche sich heute untereinander verständigen, so geschieht auch dies oft mit einem besonderen eigenen, rasch wieder vergessenen und neu ergänzten Vokabular. Dieses besteht z. T. aus originellen, zuweilen auch dem Englischen nachempfundenen Wortneubildungen, wie z. B. *Atze* (Kumpel), *assig* (doof), *bashen* (besiegen), *chillen* (sich ausruhen), *dissen* sich abfällig äußern), *Swaggernaut* (extrem *coole* Person); aber auch witzig-ironische Bildungen sind häufig anzutreffen, wie z. B. *Tintling* (Tätowierter), *Alkoholschwangerschaft* (Bierbauch), *Fleischdesigner* (Chirurg), *Rotzbremse* (Schnurrbart), *Vollpfosten* (besonders dumme Person) u. a. m. Letztere sind zwar als Nominalkomposita[114] im Sinne des heutigen grammatischen Verständnisses Wortneubildungen, doch wird man ihnen, wenn sie keine neuen Wurzeln oder Bilder enthalten, keine wirklich originelle sprachschöpferische Leistung zugestehen wollen.

In diesem Zusammenhang soll eine Erzählung des Schweizer Dichters Peter Bichsel nicht unerwähnt bleiben. In einer seiner Kurzgeschichten[115] beschreibt er einen einsamen alten Mann, der, in der Absicht, sein Leben zu ändern, beschließt, die ihn umgebenden Dinge seines Zimmers umzubenennen:

Zu dem Bett sagte er Bild. Zu dem Tisch sagte er Teppich. Zu dem Stuhl sagte er Wecker. Zu der Zeitung sagte er Bett. Zu dem Spiegel sagte er Stuhl. Zu dem Wecker sagte er Fotoalbum. Zu dem Schrank sagte er Zeitung. Zu dem Teppich sagte er Schrank. Zu dem Bild sagte er Tisch. Und zu dem Fotoalbum sagte er Spiegel.

Also: Am Morgen blieb der alte Mann lange im Bild liegen, um neun läutete das Fotoalbum, der Mann stand auf und stellte sich auf den Schrank, damit er nicht an den Füßen fror, dann nahm er seine Kleider aus der Zeitung, zog sich an, schaute in den Stuhl an der Wand, setzte sich dann auf den Wecker an den Teppich, und blätterte den Spiegel durch, bis er den Tisch seiner Mutter fand.

Der Alte besitzt nun auf diese Weise eine neue Sprache ganz für sich allein. Doch vergisst er dabei die alte Sprache, und so kann weder er seine Mitmenschen mehr verstehen, noch diese ihn. Dadurch aber gerät er schließlich in die völlige Vereinsamung.

Eine erschreckende Sprache, in der schlichtweg alle Substantive, dann schließlich auch die Verben untereinander vertauscht werden, keine einzige Wortneuschöpfung überhaupt angestrebt oder realisiert wird und so schließlich der eigentliche Sinn der Sprache ein *verrückter* in des Wortes doppelter Bedeutung wird. Das Gespräch zwischen Mensch und Mensch muss verstummen.

Von originellen Wortschöpfungen kann also auch hier in gar keiner Weise die Rede sein. Wortneuschöpfung jedoch, auch Neologismus genannt, steht hinsichtlich der Möglichkeiten zur Erweiterung und Erneuerung des Sprachschatzes einer Sprache auch heute noch an erster Stelle.

Denken wir nur an Christian Morgensterns Erfindungsreichtum, wenn er z. B. folgende, schon durch die Lautgestalt ein wenig unheimlich anmutende Verse dichtet:

> Der Flügelflagel gaustert
> durchs Wiruwaruwolz,
> die rote Fingur plaustert
> und grausig gutzt der Golz[116]

Auch lässt sich etwas von Morgensterns dichterischer *Leyer* erahnen, wenn er ein Wesen, namens *Nasobēm* kreiert oder einen Stiefel mit dem Namen *Gingganz* oder das *große Lalula,* das nur aus offensichtlich „bedeutungslosen" Lautzusammensetzungen besteht, und wenn er schließlich sogar ein Gedicht, *Fisches Nachtgesang,* erfindet, das ganz ohne hörbare Worte auskommt und allein durch imaginäre Mundgesten der Fische auf dem Papier erscheint.

Neben dem fortwährend stattfindenden Bedeutungswandel[117] vorhandener Wörter, der Bildung von Lehnwörtern,[118] und der Aufnahme von Fremdwörtern spielt aber im Deutschen die fast unerschöpfliche Neubildung von Komposita[119] jeglicher Art eine bedeutende Rolle.

So kennen wir allein aus dem modernen Alltag Wörter wie z. B. *Fensterflügel, Apfelbaum, Haustürschlüssel,* gebildet aus zwei oder drei Nomina. Es lassen sich auch Adjektive oder/ und Verben zusammen mit/oder ohne Nomen zu Komposita umbilden, wie etwa *feuerbeständig, reibfest* etc.

Hören wir nur einige der z. T. deftigen, zumindest aber äußerst treffenden Wortschöpfungen Luthers, wie z. B. die Worte *Dickkopf, Lästermaul, Machtwort* oder *Lückenbüßer, Feuereifer, Gewissensbisse*[120] oder gar das in höchstem Zorn geprägte Schimpfwort *Papstesel,* so zeigen diese Neuschöpfungen hier den Reformator, von dessen außergewöhnlicher Sprachbegabung an späterer Stelle noch die Rede sein wird, eindrucksvoll von seiner persönlich temperamentvollen Seite.

Nun ist hier nicht der Ort, das weite Feld der deutschen Neologismen und Komposita auszuleuchten. Fast überall, wo deutsch gesprochen und gedichtet wird, sind sie anzutreffen. So mag abschließend noch ein beeindruckendes Wortkompositum des jungen Goethe genannt werden. Es ist das Wort *Knabenmorgen-Blütenträume*[121]aus dem Gedicht *Prometheus,* und es ist zusammengesetzt aus vier Wörtern, die einzeln alle etwas Anfängliches, noch Unvollendetes bezeichnen: *Knabe,* das ist ein erst am Beginn seines Lebens stehender Mensch, *Morgen* ein erst begonnener Tag, *Blüte* eine noch unausgereifte Frucht, *Träume* etwas Ersehntes, aber noch nicht Verwirklichtes. Als Ganzes aber ist dieses aus vier Wörtern zusammengestzte Kompositum von geradezu überwältigender Dichte, sodass es nachvollziehbar erscheint, dass Goethe selbst sich später mit dem nur aus zwei Bestanteilen gebildete Kompositum *Blütenträume* begnügte.

Mark Twain allerdings fühlte sich veranlasst, geradezu von einer *compounding-disease,* einer Zusammensetzungskrankheit der

Deutschen zu sprechen.[122] Tatsächlich begegnen wir ja durchaus jenen schier unerträglichen Auswüchsen neu gebildeter Komposita wie etwa dem *Rentenversicherungsleistungsverbesserungs-Gesetz*[123] oder anderen, wiederum natürlich von Mark Twain angeprangerten, etwa *Waffenstillstandsunterhandlungen*[124] oder *Generalstaatsverordnetenversammlungen.*

Doch selbst der deutsche Dichter Jean Paul mokierte sich in einer ganzen Abhandlung über die im Deutschen möglichen Komposita u.a. mit seinem Vorschlag zu einem Wort aus 67 Buchstaben, die man nachzählen mag. Es heißt: *Wortbandwurmstockabtreibmittellehrbuchstempelkostenersatzberechnung.*[125]

Daran spätestens ist allerdings auch zu sehen, dass im Deutschen mit beliebigen Wortaneinanderreihungen solcher Art nur noch spaßeshalber und ohne jeglichen Sinn gespielt werden kann.

Liest man in Rainer Patzlaffs vor kurzem erschienenen Buch *Wort(w)ende*[126]seine Beschreibung von der *Urkatastrophe des 20. Jahrhunderts,* welche bereits zu Beginn des vorigen Jahrhunderts eine Generation junger Menschen mit hohlen Phrasen und Lügen verblendet, in den Ersten und dann sehr rasch auch in den Zweiten Weltkrieg getrieben habe, so begegnet man schnell dem erschreckenden Ernst der Tatsache, dass es sich nicht allein um den verdorbenen Klang der Sprache gehandelt hat, von dem im Folgenden noch die Rede sein wird, sondern dass zugleich eine infamerweise versteckte, aber wirksame Verlogenheit und ein Missbrauch der Sprache größten Ausmaßes im Gange war und noch ist.

Bereits Rudolf Steiner hatte ausdrücklich vor der bedrohlichen *Weltherrschaft der Phrase* gewarnt.[127] Rainer Patzlaff schreibt:

> Die leeren Sprachhülsen, in denen nicht mehr das wache Empfinden der Menschen lebte, blieben nicht leer; vielmehr nistete sich in sie ein zutiefst unmenschlicher Geist ein, eine schaurige Macht, die Hunderttausende in ihren Bann schlug und beispielsweise das Konzentrationslager Auschwitz unwidersprochen als Beitrag zur Erhaltung der Volksgesundheit propagieren konnte, weil sich dort der deutsche Volkskörper von krankmachenden Elementen und Parasiten reinige.[128]

Eine kleine Auswahl der von Uwe Pörksen als *Plastikwörter*[129] bezeichneten stereotypen Ausdrücke, die seither u.a. den Bereich der öffentlichen Berichterstattung beherrscht, mag dies hier stellvertretend veranschaulichen:

Akzeptanz, Alleingang, Betroffenheit, davon ausgehen, dass, Denkanstoß, Effizienz, einbringen, Element, Entwicklung, Faktor, flexibel, Funktion, gezielte Maßnahmen, habituell, hinterfragen, Information, innovativ, Kernkompetenz, Kommunikation, Lösung, Problem, Projekt, prozessorientiert, Ressource, Situation optimieren, Sozialkompetenz, Transparenz, Trendfolgemodell, Verschlankungspotential, zielorientiert u. a. m.

Uwe Pörksen schreibt dazu:

Sie [die Plastikwörter] übertragen, statt einer jederzeit assoziierbaren satzmäßigen Definition des Begriffs, seines Inhalts, die Autorität der Wissenschaftlichkeit in die Umgangssprache [...] Sie sind frei kombinierbar.[130]

Sie ersetzen und verdrängen den Reichtum an Synonymen. [...] Man weiß bis dahin, in welchen sachlichen und sozialen Zusammenhang welches Synonym gehört. Nun gibt es ein Mädchen für alles, ein Allerweltswort.[131]

Friedrich Nietzsche freilich hat schon 1876 einen tieferen Grund für das Heraufkommen dieser Wörter beschrieben:

Der Mensch kann sich in seiner Not vermöge der Sprache nicht mehr zu erkennen geben, also sich nicht wahrhaft mitteilen: bei diesem dunkel gefühlten Zustande ist die Sprache überall eine Gewalt für sich geworden, welche nun wie mit Gespensterarmen die Menschen faßt und schiebt, wohin sie eigentlich nicht wollen; sobald sie miteinander sich zu verständigen und zu einem Werk zu vereinigen suchen, erfaßt sie der Wahnsinn der allgemeinen Begriffe, ja der reinen Wortklänge, und infolge dieser Unfähigkeit, sich mitzuteilen tragen dann wieder die Schöpfungen ihres Gemeinsinns das Zeichen des Sich-nicht-Verstehens, insofern sie nicht den wirklichen Nöten entsprechen, sondern eben nur der Hohlheit jener gewaltherrischen Worte und Begriffe: so nimmt die Menscheit zu allen ihren Leiden auch noch das Leiden der Konnvention hinzu, das heißt des Übereinkommens in Worten und Handlungen ohne ein Übereinkommen des Gefühls.[132]

Das ist es wohl auch, was z. B. die originelle Schönheit der Wortbildungen bei Dichtern wie Morgenstern oder Goethe ausmacht dass von den Dichtern zugleich ein *Übereinkommen des Gefühls,* d. h. ein offenes Mitempfinden des Herzens für die Bedeutung der Worte wie auch eine feinsinnige Einfühlsamkeit in deren Lautgestalt vermittelt wird.

h) Von der Architektur des deutschen Satzbaus

Obwohl es bis heute trotz mancher entssprechender Versuche keine wissenschaftlich allgemein akzeptierte Definition des Satzes gibt,[133] weiß doch selbstverständlich jeder Sprecher und jeder Kenner einer Sprache, was ein Satz ist.

Und natürlich ist es nach wie vor unabdingbar, dass sich unsere Grammatiken von der einfachen Schulgrammatik bis zur ausgefeilten Differenziertheit der Dudengrammatik ausführlich mit dem Phänomen des Satzes befassen, indem sie Art und Form von Sätzen beschreiben sowie Kenntnisse über deren Struktur und Gestaltung u.a.m. vermitteln.

Auch die Linguistik kommt schließlich nicht ohne Satzdefinitionen aus. So findet sich z. B. in Hadumod Bußmanns *Lexikon der Sprachwissenschaft* die folgende, wenn auch wenig ausagekräftige Satzdefinition:

> Nach sprachspezifischen Regeln aus kleineren Einheiten konstituierte Redeeinheit, die hinsichtlich Inhalt, grammatischer Struktur und Intonation relativ vollständig und unabhängig ist.[134]

Es werden sogar Typen von Satzdefinitionen unterschieden. Da spricht man u. a. von einer orthografischen, einer phonologischen, einer strukturellen, einer logischen, psychologischen und noch vielen weiteren Satzdefinitionstypen.

Eine absurde Situation, in der es allerdings sinnvoll erscheint, sich zuallererst einmal an die Aussagen der Altmeister, Jacob und Wilhelm Grimm, der Begründer des *Deutschen Wörterbuches,* zu halten.

In diesem Wörterbuch[135] heißt es auch sogleich ganz lapidar und der Wortherkunft entsprechend, *Satz* bedeute alles, *was man festsetzt, einsetzt, anordnet, zusammenstellt,* sowohl *sinnlich* wie *übertragen.* Und dann folgt an erster Stelle die Aussage, dass *Satz in Beziehung auf die Redeteile* der Sprache die *kunstgemäße Anordnung der Worte* meine.

Im Weiteren sind noch Bedeutungen des Wortes angegeben

für die Bereiche der Mathematik, der Musik, des Drucker- und des Gerbergewerbes, der Jagd, der Fischerei, des Bergbaus u.a.m; ja selbst im Sinne von *Gesetz* hat dieses Wort seine Geltung, wenn auch heute in veralteter Bedeutung.

Es versteht sich im Grunde von selbst, dass der Satz einer Sprache nichts anderes enthält als eine irgendwie geartete Aussage, eine Frage, einen Ausruf oder eine Aufforderung. Er ist vor allem durch seinen Sinn bestimmt und hat als in sich abgeschlossene Sinneinheit in einem gesprochenen oder geschriebenen Textganzen Geltung und Bedeutung.

Beachtenswert ist jedoch der Hinweis des Grimm'schen Wörterbuches, dass *Satz* die *kunstgemäße Anordnung der Worte* meine; setzt diese Formulierung doch nicht nur eine vertiefte Sprachkenntnis, sondern zugleich ein selbstverständliches Zugeständnis an die individuelle Gestaltungskraft des Sprechers resp. des Schreibers voraus, das ihm allein, ungeachtet aller bestehenden Reglements, Festlegungen und Unsicherheiten die Freiheit einräumt, vollgültige Sätze, welcher Gestalt auch immer, zu bilden.

Dies gilt natürlich auch für komplexe Satzformen, die bekanntlich besonders häufig in der deutschen Sprache zu finden sind; denn Letztere stellt es uns weitgehend frei, eine Aussage, die wir machen wollen, ganz nach eigenem Gutdünken in unterschiedlichster grammatischer Ordnung vorzubringen, welche uns, der jeweiligen Situation des Inhalts entsprechend, am gemäßesten erscheint.

Schauen wir unter dieser Perspektive einmal auf den folgenden Satz. Er besteht, grammatisch gesehen, aus sechs Satzgliedern (Subjekt, Prädikat 1 und 2, Adverbial der Art und Weise, Adverbial des Ortes 1 und Adverbial des Ortes 2 mit Attribut zu Letzterem). Mehrere Anordnungen sind möglich:

1. Der alte Fährmann [*Subjekt*] lag *[Prädikat 1]*, und schlief [*Prädikat* 2] müde von der Anstrengung des Tages [*Adverbial der Art und Weise*], in seiner kleinen Hütte [*Adverbial des Ortes 1*] an dem großen Flusse [*Adverbial des Ortes 2]*, der eben von einem starken Regen geschwollen und übergetreten war [*Attribut zu Adverbial* 2].
2. Von der Anstrengung des Tages ermüdet, lag der alte Fährmann und schlief in seiner kleinen Hütte an dem großen Flusse, der eben von einem starken Regen geschwollen und übergetreten war.

3. In seiner kleinen Hütte an dem großen Flusse, der eben von einem starken Regen geschwollen und übergetreten war, lag der alte Fährmann, von der Anstrengung des Tages ermüdet, im Schlafe.

Die erste Version informiert ganz unspektakulär über den alten Fährmann, der nach getaner Tagesarbeit in seiner Hütte liegt und schläft. Eine alltägliche Situation. Dass der Fluss zu dieser Zeit gerade geschwollen und übergetreten war, wird wie eine Nebensache am Schluss dieser Mitteilung auch noch erwähnt, so, als könne das eben einmal vorkommen.

In der zweiten Fassung wird an erster Stelle hervorgehoben, dass es der Anstrengung des Tages zuzuschreiben ist, wenn jetzt der alte Fährmann ermüdet in seiner Hütte liegt und schläft; dass es im Übrigen eine *kleine* Hütte ist, die an dem *großen* Flusse gelegen ist, wo ja der alte Fährmann *schläft,* klingt fast, als drohe dem Fährmann diese Situation zur Gefahr zu werden.

Gelassen klingt dagegen die dritte Variante, so, als wäre es für den Fährmann gerade jetzt besonders angenehm, bei dem Hochwasser führenden Flusse geschützt drinnen in seiner kleinen Hütte zu liegen und schlafen zu dürfen. Daher wird auch der schützende Raum der Hütte [das *Adverbial des Ortes 1*] gleich zu Anfang genannt, dann erst gefolgt vom *Adverbial des Ortes 2,* das den Hochwasser führenden Fluss vor der kleinen Hütte ins Blickfeld des Lesers rückt.

Nichts von alledem erweist sich als der Intention des Dichters Goethe angemessen, der diesen Satz erdacht hat. Er formuliert ihn als Einleitung zu seinem *Märchen* am Ende der *Unterhaltungen deutscher Ausgewanderten* völlig anders:

An dem großen Flusse, der eben von einem starken Regen geschwollen und übergetreten war, lag in seiner kleinen Hütte, müde von der Anstrengung des Tages, der alte Fährmann und schlief.[136]

Durch die Tatsache, dass Goethe diesen Satz zum einen nicht mit dem Subjekt, sondern mit einem Adverbial *[Adverbial 2]* und dazugehörigem *Attributsatz* beginnen lässt, zum anderen dadurch, dass er das *Subjekt,* auf das ja der Leser von Anfang an wartet, erst am Schluss des Satzes nennt, spannt er einen Bogen vom Anfang bis zum Ende des ganzen Satzes; und dieser erfährt noch dazu genau in der Mitte eine weitere Dehnung dadurch, dass das doppelte *Prädikat (lag und schlief)* hier wiederum durch zwei aufeinanderfolgende Adverbiale *[Adverbial des Ortes 2 und Adverbial der Art und Weise]* auseinandergezogen wird.

Eine wahrhaft *kunstgemäße Anordnung der Worte,* durch die der Dichter seine Leser, auf die im Folgenden zu schildernden Ereignisse einstimmt, in denen eben diesem *großen Flusse* eine zentrale Bedeutung als Grenzfluss zweier Reiche zukommen wird.

Folgen wir noch einmal dem schon des Öfteren zitierten Kenner, Liebhaber und augenzwinkernden Kritiker der deutschen Sprache, Mark Twain, so brandmarkt er gerade diese hohe deutsche Sprachtugend auf seine Weise in maßloser Übertreibung als unzumutbar:

The Germans have another kind of parenthesis, which they make by splitting a verb in two and putting half of it at the beginning of an exciting chapter and the other half at the end of it. Can any one conceive of anything more confusing than that? These things are called „separable verbs." The German grammar is blistered all over with separable verbs; and the wider the two portions of one of them are spread apart, the better the author of the crime is pleased with his performance. A favorite one is reiste ab, which means departed. Here is an example which I culled from a novel and reduced to English:

The trunks being now ready, he DEafter kissing his mother and sisters, and once more pressing to his bosom his adored Gretchen, who, dressed in simple white muslin, with a single tuberose in the ample folds of her rich brown hair, had tottered feebly down the stairs, still pale from the terror and excitement of the past evening, but longing to lay her poor aching head yet once again upon the breast of him whom she loved more dearly than life itself, PARTED.[137]

(Die Deutschen haben noch eine andere Art von Parenthese, die sie bilden, indem sie ein Verb in zwei Teile spalten und die eine Hälfte an den Anfang eines aufregenden Absatzes stellen und die andere Hälfte an das Ende. Kann sich jemand etwas Verwirrenderes vorstellen? Diese Dinge werden *trennbare Verben* genannt. Die deutsche Grammatik ist übersät von trennbaren Verben wie von den Blasen eines Ausschlags; und je weiter die zwei Teile auseinandergezogen sind, desto zufriedener ist der Urheber des Verbrechens mit seinem Werk. [...] Hier folgt ein Beispiel, das ich aus einem Roman ausgewählt und ins Englische übertragen habe:

Da die Koffer nun bereit waren, REISTE er, nachdem er seine Mutter und Schwestern geküsst und noch einmal sein angebetetes Gretchen an den Busen gedrückt hatte, die, in schlichten weißen Musselin gekleidet, mit einer einzigen Teerose in den weiten Wellen ihres üppigen braunen Haares, kraftlos die Stufen herabgewankt war, noch bleich von der Angst und Aufregung des vergangenen Abends, aber voller Sehnsucht, ihren armen, schmerzenden Kopf noch einmal an die Brust dessen zu legen, den sie inniger liebte als ihr Leben, AB.[138]

Zugegeben: Zu lange deutsche Sätze dieser Art müssen in vielen Fällen wirklich als unerträgliche Schachtelsätze verurteilt werden. Doch gehört andererseits gerade der stilistische Kunstgriff des überschaubaren langen Satzes – ob Satzreihe oder Satzgefüge – zur hohen Kunst des deutschen Stils. Ermöglicht dieser doch dem Sprecher, auch einen komplexen Inhalt während des Sprechens als Gesamtheit zu überschauen, bereits bei Beginn des Sprechens auf das Ende hin orientiert zu sein, und auch am Ende noch den Anfang im Geiste präsent zu haben.

Doch ist es z.B. dem englischen Dichter und kongenialen Übersetzer von Goethes *Faust*,[139] Thomas Carlyle, sehr wohl gelungen, auch den oben erwähnten Anfangssatz des Goethe'schen Märchens bei der Übersetzung in seiner Komplexität zu belassen. Denn er konnte, indem er beide adverbialen Ortsbestimmungen gleich zu Beginn des Satzes aneinanderband, das Adverb der Art und Weise erst ganz ans Ende stellte, und außerdem die beiden Prädikate, wie es in diesem Falle die englische Lexik ermöglicht, in eines zusammenziehend, so übersetzen:

In his little hut by the great river, which a heavy rain had swollen to overflowing, lay the ancient Ferryman, asleep, wearied by the toil of the day.

Während in Goethes Originalversion das Märchen mit der Beschreibung des in Wallung geratenen Flusses beginnt, und somit der Blick des Lesers sogleich auf dieses zentrale Bild des Märchens gerichtet wird, erreicht es Carlyles Übersetzung immerhin auf ihre Weise, dem Hochwasser führenden Fluss (Adverbial 1) und dem daneben schlafenden Fährmann (Hauptsatz) die Mittelposition des Satzes als eine Art Höhepunkt zuzuweisen. Zumindest scheint der Gehalt der englischen Übersetzung auf diese Weise der Bedeutung des deutschen Satzes sehr nahe zu kommen.

Stellen wir eine französische Übersetzung dazu:

Sur la berge du large fleuve, qu'une forte pluie avait enflé et fait déborder, se dressait une cabane, où le vieux passeur, accablé par les travaux de la journée, s'était allongé et dormait.

Der Satz ist sorgfältig übersetzt, wobei die Reihenfolge der deutschen Satzglieder bis auf eine geringfügige Abweichung (beide Prädikate wurden nebeneinander an den Schluss gestellt) auch im Französischen eingehalten werden konnte; wenige kleine Veränderungen – oder sind es Ergänzungen, die für den französischen Sprachstil notwendig sind? – wurden nur eingefügt. Dabei hat der Leser den Eindruck, als klinge der Satz im Französischen umständlicher als das deutsche Original und als habe der Atemfluss der Sprache ein wenig Mühe, das Ende des Satzes zu erreichen.

Ist es möglicherweise das französische Bedürfnis nach genauerer gedanklicher Präzision des Ausdrucks, das sich hier in beiden Ortsangaben hemmend auswirkt? Warum sonst müsste es *sur la berge* [am Ufer] *du large fleuve* heißen und nicht einfach, die genaue Position offenlassend, *an dem großen Flusse?* Und warum sonst müsste erst klargestellt werden, dass da überhaupt eine Hütte errichtet war, worin der alte Fährmann liegen und schlafen konnte, wo doch nach deutschem Sprachempfinden allein schon des Fährmanns Besitz der kleinen Hütte ihre Existenz voraussetzt?

Es ist hier nicht der Ort, solche Betrachtungen zu vertiefen. Auch soll weniger die Freiheit im Gebrauch der deutschen Grammatik als solche im Vordergrund des Interesses stehen, als vielmehr der stilistische Gewinn, der gerade durch solche kompliziert erscheinenden Satzgebilde erzielt werden kann. Hier sollen stattdessen weitere Beispiele aus der deutschsprachigen Literatur in den Blick genommen werden.

Adalbert Stifter z. B. beschreibt im autobiografischen Rückblick am Anfang seiner Erzählung *Granit*[140] ein bewegendes Ereignis, das ihm in Kindertagen zugestoßen ist.

Wir geben, soweit zum Verständnis nötig, hier kurz den inhaltlichen Zusammenhang wieder:

Ein fahrender Pechbrenner hatte dem Kind die Füße mit Wagenschmiere bestrichen. Als der Knabe sich dann so in der frisch gescheuerten Stube der Mutter hatte zeigen wollen, war er von ihr in den Schuppen gezogen und dort so hart mit Reisigruten gezüchtigt worden, dass er anschließend bitterlich weinend von seinem Großvater dort vorgefunden wurde.

Als der ihn nun fragte, was es denn gegeben habe, heißt es weiter in der Erzählung:

Ich wollte mich nun erleichtern, allein ich konnte auch jetzt wieder nichts erzählen, denn nun brachen bei dem Anblicke seiner gütigen und wohlmeinenden Augen alle Tränen, die früher nicht hervorzukommen vermocht hatten, mit Gewalt heraus, und rannen in Strömen herab, sodass ich vor Weinen und Schluchzen nur gebrochene und verstümmelte Laute hervorbringen, und nichts tun konnte, als die Füßchen emporheben, auf denen jetzt auch aus dem Peche noch das hässliche Rot der Züchtigung hervorsah.

Dieser Satz, in dem vor den gütigen Augen des Großvaters das ganze Leid, das dem Knaben widerfahren war, hätte ausgesprochen werden sollen, wird zu einem einzigen Satzgefüge, beginnend mit zwei knappen Hauptsätzen, welche die innere Situation, den tiefen Schmerz des Kindes, in Worte fassen: *Ich wollte [...] allein ich konnte nicht [...].* Begründend folgt ein weiterer Hauptsatz: *denn nun brachen [...].* Zunächst sind es die Tränen, die in Strömen hervorbrechen, dann aber – in einem Adverbialsatz der Folge mit anschließendem Attributsatz beschrieben, – ist es die Sprache selbst, die in *gebrochene und verstümmelte Laute* auseinanderbricht und nun dem Knaben in seiner Sprachlosigkeit nur noch das stumme *Emporheben der Füßchen* übriglässt, auf denen jetzt deutlich sichtbar *das Pech und das hässliche Rot der Züchtigung hervorsehen.* So schildert der Erzähler, sprachlich in einem dichten Satzgefüge zusammengedrängt, wie das Kind dem Großvater die ganze Verworrenheit des kindlichen Schmerzes, der Hilflosigkeit, und vielleicht der unausgesprochenen Anklage, gleichsam als ein unentwirrbares Knäuel vor Augen hält.

Der Großvater, die Situation unmittelbar erfassend, holt sogleich eine große Schüssel, einen Topf mit Wasser, Seife und Tücher.

Was weiter geschieht, wird in einem zweiten langen Satz, beschrieben, wiederum einem Satzgefüge:

Diese Dinge stellte er neben mir auf das Steinpflaster nieder, zog mir, der ich auf dem Schemel saß, meine Höschen aus, warf sie seitwärts, goss warmes Wasser in die Schüssel, stellte meine Füße hinein und wusch sie so lange mit Seife und Wasser, bis ein großer weiß und braun gefleckter Schaumberg auf der

Schüssel stand, die Wagenschmiere, weil sie noch frisch war, ganz weggegangen, und keine Spur mehr von Pech auf der Haut zu erblicken war.

Dieses Mal steht am Beginn ein Hauptsatz, in dem der Erzähler nicht weniger als sechs mehrteilige Prädikate hintereinanderfügt, um den Leser gleichsam mit den Augen des Knaben den Gesten des Großvaters folgen und zuschauen zu lassen, wie dieser liebevoll mit einem Handgriff nach dem anderen, ohne ein einziges Wort zu sagen, die Ordnung der kindlichen Welt wieder herstellt und schließlich fragen kann:

Ist es nun gut?

Sowohl das für das Kind unverständliche und leidvolle Ereignis als auch das liebevoll ordnende Handeln des Großvaters sind hier jeweils in einer hypotaktischen Satzfügung dargelegt. Beide Sätze zeigen, dass diese Art der Satzgestaltung vom Schreiber, der jeweiligen Situation entsprechend, aus einem überschauenden Gesamtbewusstsein heraus geschieht, welches auch den Satzbogen von Anfang bis Ende in Spannung hält. Das ist freilich auch deshalb möglich, weil es aus der Erinnerung des einstigen Knaben geschieht, der nicht nur die Abfolge der Tatsachen und Ereignisse noch unvergesslich in allen Einzelheiten vor sich hat, sondern der bereits zu Beginn seiner Erzählung das erlösende Ende im Blick hat und gleichsam auf dieses hin zielend erzählt.

Hinzugefügt sei hier noch ein komplexes Satzgefüge mit rein gedanklichem Inhalt.

Es ist ein Beispielsatz aus Herders *Ideen zur Philosophie der Geschichte der Menschheit,* dem Werk, in welchem Herder seine Gedanken über Welt, Erde und Mensch niedergelegt hat.

Der Mensch hat den Königsvorzug, mit hohem Haupt aufgerichtet weit umherzuschauen, freilich also auch vieles dunkel und falsch zu sehen, oft sogar seine Schritte zu vergessen und erst durch Straucheln erinnert zu werden, auf welcher engen Basis das ganze Kopf- und Herzensgebäude seiner Begriffe und Urteile ruhe; indessen ist und bleibt er seiner hohen Verstandesbestimmung nach, was kein anderes Erdengeschöpf ist: ein Göttersohn, ein König der Erde.[141]

Dieser umfangreiche Satz, grammatisch gesehen, eine Satzreihe, die aus der Abfolge von zwei durch ein Semikolon voneinander getrennten Satzgefügen besteht, beschreibt die einzigartige Stellung des Menschen unter allen Geschöpfen der Erde und beinhaltet somit nicht die Schilderung eines Handlungsprozesses, sondern die Darstellung eines Gedankenganges. So kann der Leser seinen Blick nicht auf eine zeitliche Abfolge von Ereignissen richten, sondern wird, der wechselnden Perspektive des gedanklichen Aufbaus folgend, einzelne Gedankenschritte nachvollziehen.

Ein Blick auf die gedankliche Architektur des ganzen Satzgebäudes rückt zunächst die beiden Eckpfeiler ins Visier: den *Königsvorzug* des Menschen (*mit hohem Haupt aufgerichtet weit umherzuschauen* – grammatisch eine Dauer versprechende Partizipialphrase) am Anfang und, damit korrespondierend, den Doppelbegriff vom Menschen als *Göttersohn* und *König der Erde* am Ende. Dazwischen zunächst in dreimaliger Steigerung, grammatisch in Form von drei satzwertigen Infinitivphrasen als Objekten, ein Ausblick in die möglichen Abgründe von Gefahren, die auf den mit dem Königsvorzug Begabten lauern (*freilich also auch vieles dunkel und falsch zu sehen – oft sogar seine Schritte zu vergessen – und erst durch Straucheln erinnert zu werden, auf welcher engen Basis das ganze Kopf- und Herzensgebäude seiner Begriffe und Urteile ruhe).* Zwar ist damit hier der Tiefpunkt, aber nicht das Ende des Satzes erreicht, worauf ja auch die durch das Semikolon gesetzte Zäsur hinweist.

Das zweite Satzgefüge setzt demgegenüber, gleichsam sieghaft auf das Ende zustrebend, grammatisch gleich mit den zwei daseinsbestimmenden Prädikaten (*ist* und *bleibt*) ein, so als müsse die *aufgrund seiner hohen Verstandesbestimmung* herausragende Position des Menschen gegenüber allen anderen Erdengeschöpfen hier endgültig gesichert und besiegelt werden: *Indessen* (hier in der Bedeutung von *dennoch*) *ist und bleibt er* [der Mensch], *was kein anderes Erdengeschöpf ist,* nämlich ein Wesen, das auf der einen Seite als *Göttersohn* dem Himmel verpflichtet ist und auf der anderen Seite als *König* der Erde Verantwortung trägt.

Und damit bilden diese drei Subjekte (das erste in der Form eines Relativsatzes) am Ende des ganzen Satzes gegenüber den drei satzwertigen Objekten am Anfang etwas wie ein Gegengewicht, eine vom Schreiber des Satzes sicherlich nicht unbeabsichtigte Symmetrie der grammatischen Struktur, die den Inhalt des Satzes umso markanter zur Erscheinung bringt, als dieser hier nun auch in unerwarteter Kürze endet.

Gewiss hätte Herder die einzelnen Gedankenschritte statt in einem so umfangreichen Satzgebilde auch in Einzelsätzen hintereinander vorbringen können. Dann hätte er in diesen *den Königsvorzug des Menschen,* die Gefahr des *Falschsehens,* die Gefahr *des Vergessens seiner Schritte* und das mögliche *Straucheln* genauso nacheinander aufzählen können wie in dem langen Satz; auch die richtige Einschätzung der Tatsache, *auf welcher engen Basis* das ganze *Kopf- und Herzensgebäude seiner Begriffe und Urteile möglicherweise ruhe,* hätte er noch zur Sprache bringen können. Und schließlich hätte demgegenüber all das in einem abschließenden Satz gesagt werden können, was in dem langen Satz ohnehin Inhalt und Aussage des zweiten Satzgefüges geworden ist.

Das offensichtlich wollte Herder nicht. Stattdessen spannte er einen Satzbogen von der Nennung des *Königsvorzugs,* also im Grunde von der Voraussetzung der hohen Begabung des Menschen ausgehend, dem Auserwähltsein, über all die möglichen Unzulänglichkeiten bis hin zur höchsten, nur dem Menschen selbst zugemessenen Erfüllung seines Erdenauftrags. Und so spannt er zugleich auch das Bewusstsein des Lesers in den gedanklichen Nachvollzug dieses einzigen, großen Gedankenganges, dem er dadurch ebenfalls dieses überschauende Gesamtbewusstsein von der Tatsache des Menschseins abfordert.

Auch hier also haben wir es, wie schon bei den inhaltlich ganz anders gearteten Stifterschen Darstellungen, mit langen Satzgebilden zu tun.

Es erscheint wie eine besondere Gunst der Sprache, dass das Deutsche, wenn es der Sache gemäß ist, die Möglichkeit hat, Welt- und Menschenverhältnisse in ihrer Differenziertheit so wiederzugeben, dass diese in ihren inneren und äußeren Zusammenhängen sowie in ihrer Dynamik unmittelbar als Gesamtheit erlebbar werden, selbst wenn dies grammatisch zuweilen in recht komplexen Wort- und Satzzusammenhängen zum Ausdruck gebracht wird.

Und so sind Letztere in der deutschen Literatur allenthalben zu finden. Goethe war ein Meister des Gebrauches beider möglichen – kurzer und langer – Satzformen, Heinrich von Kleist und Thomas Mann sind bekannt für ihre langen Sätze, und Friedrich

Dürrenmatt schrieb gar eine ganze Novelle in nur 24 (natürlich langen) Sätzen.[142]

Ist es doch nicht nur eine inhaltliche oder stilistische Frage, ob und wann ein Autor in kurzen oder langen Sätzen schreibt oder spricht; sondern es erfordert ja auch von ihm, dass er die Gestalt eines Satzes bereits durch unausgesetzt *(ewig sich wiederholende)* schöpferische Geistesgegenwart mit der durch diese aktivierten energetischen Sprachkraft von Anfang bis Ende vor sich hat, noch bevor er ihn in hörbare Sprache umsetzt. Und dies scheint ein tiefes inneres Bedürfnis des in der deutschen Sprache Beheimateten, vielleicht auch zugleich der erwähnten *Enérgeia*, einer besonderen inneren Kraft zu sein.

So konnte Brigitte Kronauer, die mit vielen Literaturpreisen ausgezeichnete deutsche Schriftstellerin der Gegenwart, auch fragen:

> Aber ist denn nicht, souverän gehandhabt, das ganze gewaltige System der [...] hypotaktischen Verfugungen, keineswegs schiere Umstandskrämerei, sondern eine ausgefeilte Maschinerie, die ein komplizierteres Wirklichkeitsverständnis architektonisch verdeutlicht, anders als der immer populärere Kurzsatz, der ja oft nicht nur Treffsicherheit vortäuscht, sondern auch hoffnungslos pathetische Simplizität einer Pauschalwelt suggeriert? Zugleich und zumindest stellt sie den trotzigen Versuch dar, durch einen differenzierenden Staffelungsapparat den undurchschaubaren Weltverhältnissen Paroli zu bieten.[143]

Es sei hinzugefügt: Gerade der Bau solch langer Sätze verlangt eben wiederum ichhafte Sprachkraft, wie sie schon am Anfang dieser Betrachtungen geschildert wurde; können doch scheinbar *undurchschaubare Weltverhältnisse* in ihren verschiedenartigen und z. T. komplizierten Verwicklungen nur durch ein überschauendes und zusammenfassendes Ich-Bewusstsein zu einer Einheit gebündelt und sprachlich anschaubar, d.h. im wahrsten Sinne des Wortes *architektonisch verdeutlicht* werden.

4. VOM KLANG DES DEUTSCHEN

a) Bewundert viel und viel gescholten[144]

In Hermann Hesses nachgelassenen Schriften findet sich die Bemerkung:

Die deutsche Sprache mit ihren großen Schöpfungen vom Nibelungenlied über Luther und Goethe bis heute, diese reiche, elastische und kraftvolle Sprache mit ihren vielen Spielen, Launen und Unregelmäßigkeiten, mit ihrer hohen Musikalität, ihrer Beseeltheit, ihrem Humor ist der größte Schatz, der treuste Kamerad und Trost meines Lebens gewesen.[145]

Nicht selten ist so die Schönheit der deutschen Sprache *bewundert* worden. Thomas Mann war nicht der Einzige, der das *herrliche Orgelwerk unserer Sprache,*[146] rühmte, und schon ein gutes Jahrhundert vor ihm dichtete Ludwig Uhland:

Wenn so der Sprache Mehrung,
Verbesserung und Klärung
Bei dir vonstattengeht:
So wird man sagen müssen,
Daß, wo sich Deutsche grüßen,
Der Atem Gottes weht.[147]

Von Galsan Tschinag, dem deutschsprachigen Schriftsteller aus der fernen Mongolei, stammen die bewegenden Worte: *Deutsch ist eine wunderbare Sprache. Ich liege vor ihr auf den Knien.*[148]

Unsere Sprache ist jedoch auch viel *gescholten* worden, weil sie in ihrer Kompliziertheit so verwirrend und daher so schwer zu erlernen und zu handhaben sei. Oscar Wilde soll kategorisch gesagt haben *Das Leben ist zu kurz, um Deutsch zu lernen,*[149] und Mark Twain schrieb in seiner Abhandlung über die *schreckliche deutsche Sprache:*[150]

Surely there is not another language that is so slipshod and systemless, and so slippery and elusive to the grasp.[151]

(Es gibt mit Sicherheit keine zweite Sprache, die so schludrig und systemlos ist, so schlüpfrig und jedem Zugriff unerreichbar.)

Daneben fand er allerdings auch Worte der Begeisterung,[152] wobei aus diesen durchaus herausklingt, dass sich hinter seiner Schelte insgeheim eine tiefe Bewunderung verbirgt.

Es gibt aber doch Unwegsamkeiten, die selbst Muttersprachlern den unmittelbaren Zugang zum Wesen der Sprache beinahe verstellt hätten. So berichtet Jürgen Trabant,[153] dass zur Zeit des Nationalsozialismus die deutsche Sprache lange Zeit verunstaltet und als „gebellte Sprache" wahrgenommen worden sei. Und Golo Mann hat dem noch hinzugefügt, der Vergleich mit Hundegebell sei selbst für Hunde noch eine Beleidigung gewesen.[154]

Auf seine eigene und unnachahmliche Weise hat darüber hinaus der berühmte englische Komiker und Schauspieler Charlie Chaplin dieses Sprechen in dem *großen Diktator* so persifliert, dass es in seiner Darstellung allein schon vom Klang her nur noch den Eindruck einer Anhäufung von bloßen Knacklauten, den besonders von den Engländern ohnehin so verpönten *glottal stops*, machte.

Freilich gibt es zu denken, wenn noch heute vom Vorhandensein einer „Sprachscham" ausgegangen wird, sobald es um die Vergangenheit und das Schicksal der deutschen Sprache im vorigen Jahrhundert geht; einer Sprachscham, die uns erst jetzt allmählich zu Bewusstsein kommt:

> Jeder Sprecher des Deutschen, der vor dem Krieg stolz war, ein Sprecher der Sprache Goethes zu sein, weiß nach dem Krieg, dass er auch ein Sprecher der Sprache Hitlers ist, der diese Sprache unvergesslich in Europas Ohr gebrüllt hat, oder eben ein Sprecher der Sprache, deren Gebell die Opfer der KZs auf ihrem Weg in den Tod begleitete. Dieses Wissen hat eine „Sprachscham" erzeugt, deren Langzeitwirkung auf die deutsche Sprache wir erst jetzt allmählich begreifen: Die Deutschen sprechen seitdem in jeder Hinsicht erheblich leiser.[155]

Wenngleich auch der letzte Satz ein tiefes Betroffensein beschreibt, so nimmt sein Inhalt sich doch zugleich wie ein vorsichtiges Innehalten aus. Und liegt es nicht gerade in der Natur des Schamgefühls, dass es bei aller Betroffenheit, die es auslöst, auch Bewusstseinskräfte weckt, die das Menschen-Ich zu wacherer künftiger Verantwortung rufen?

Wenden wir uns also, statt mit einer wie auch immer verunstalteten und missbrauchten Gestalt unserer Sprache zu hadern, einer tiefer in ihrem Wesen verankerten Schicht des Deutschen zu, um seine innere Kraft aufzuspüren.

b) Was klingt im Deutschen?

Dass diese Sprache für fremde Ohren hart klingen mag, ist nicht von der Hand zu weisen. Der Grad der Härte, der empfunden wird, hängt freilich oft davon ab, aus welcher muttersprachlichen Perspektive ein Nicht-Deutscher urteilt. So empfinden z. B. Deutsche ihrerseits eine gewisse Härte in der russischen Sprache und umgekehrt empfinden Russen das Deutsche als hart, weil ihnen die Intonation fremd ist und auch weil im Deutschen u. a. manche Konsonanten stark aspiriert gesprochen werden – und dadurch natürlich härter klingen als nicht aspirierte –, wohingegen es im Russischen eine Aspiration gar nicht gibt.

Ein großes Problem bereiten dem Nicht-Deutschen schon die deutschen Konsonantenhäufungen (die sog. Konsonantencluster). Sie sind insbesondere für asiatische Muttersprachler nur schwer aussprechbar. Freilich treffen wir auch in anderen Sprachen, etwa dem Englischen, zuweilen auf solche Konsonantenhäufungen (das Wort *tou**chscr**een* z. B. hat als Kompositum fünf als Doppelcluster aufeinander folgende konsonantische Laute im Wortinnern), doch ist das Phänomen der Konsonantencluster im Deutschen sehr viel häufiger zu finden. Wörter wie *er**nst** und He**rbst*** zum Beispiel, welche mit einer Folge von vier Konsonanten enden, oder Komposita wie *Ma**rktpl**atz, He**rbstbl**ätter* oder *A**ngstschw**eiß,* welche auch je zwei unmittelbar aneinander gereihte Konsonantencluster in der Mitte enthalten, sind da als Beispiele zu nennen.

Doch ist unsere Sprache auch reich an lautmalerischen Wörtern, die u. a. durch Doppelkonsonanten hervorgerufen werden, wie z. B. *blubbern, gackern, knarren, prasseln, rattern, surren, schluffen, Wirrwarr* u. a. m.

Das Deutsche wird aber wohl auch deshalb als so hart und abgehackt empfunden, weil wir im Grunde keine Silben haben, die beim Sprechen wirklich unmittelbar mit einem Vokal beginnen, denn beim Sprechen eines anlautenden Vokals stellt sich ja erst einmal ein (ungeschriebener) Knacklaut, der sog. Glottalverschluss,[156] dem Atemluftstrom in der Kehle entgegen, bevor er diesen zum Klingen freigibt.

Auch unter den Konsonanten kennen wir die große Gruppe der sog. Obstruenten, bei denen ein Verschluss oder eine Verengung der Artikulationsstelle dem nach außen drängenden Atemluftstrom erst einmal Widerstand leistet, ihn behindert oder anhält, bevor dieser sich Bahn brechen oder nur noch als Geräusch nach außen dringen kann. Es sind dies die Plosive (die Verschlusslaute p, t, k), die durch einen Verschluss und eine plötzlich darauf folgende Öffnung hervorgebracht werden, die Frikative (Reibelaute f, s, sch), die durch Verengung der Artikulationsstelle entstehen, und schließlich die Affrikaten (Doppelkonsonanten pf, ts, kch), eine Verbindung aus Verschluss- und Reibelauten.

Doch nicht nur durch den Glottalverschluss im Wort- und Silbenanlaut klingt unsere Sprache hart. Wir haben darüber hinaus noch die Verhärtung im Auslaut anstelle von stimmhaften Auslauten, wie sie etwa im Englischen gesprochen werden. Das Wort „Tag" z.B. sprechen wir im Hochdeutschen meist wie „Ta**k**", „Hund" wie „Hun**t**" und „Kalb" wie „Kal**p**" aus.[157]

Im Übrigen hat Herbert Hahn, der geniale Kenner der europäischen Länder und Sprachen,[158] in diesem Zusammenhang darauf hingewiesen, dass ja unsere Sprache von den französischen Nachbarn als eine geradezu *zerhackte Redeweise* (*diction hachée*) angeprangert wird. Schätzt man doch im Französichen besonders das freie Dahinfließen der Sprache in der *phrase.* Wie ein Hämmern im Staccatorhythmus klinge daher bereits (wohl auch aufgrund der so auffällig oft zu hörenden Knacklaute) der für die frühe deutsche Dichtung so charakteristische Stabreim.

Gehen wir dem nach und hören ein paar Verse solcher Stabreimdichtung:

> ik gihorta ðat seggen,
> ðat sih urhettun **æ**non muotin,
> **H**iltibra*n*t enti **H**aðubrant untar heriun tuem.
> Sunufatarungo iro saro rihtun,
> garutun sê iro **g**uðhamun, **g**urtun sih iro suert ana,
> **h**elidos, ubar **h**ringa do sie to dero **h**iltiu ritun.[159]
> (Ich hörte dies berichten,
> dass sich zwei Krieger zum Einzelkampf trafen:

Hildebrand und Hadubrand zwischen zwei Heeren.
Sohn und Vater bereiteten ihre Rüstung,
richteten ihre Kampfgewänder, gürteten
ihre Schwerter über die Eisenringe, die Helden,
als sie zu ihrem Kampfe ritten.)

In der Tat klingen die Stäbe wie stets von Neuem ansetzende Willensstöße an unser Ohr, immer unterbrochen durch kürzere Atempausen zwischen erster und zweiter Halbzeile mit längeren Pausen am Ende einer Langzeile.

Aber auch im Neuhochdeutschen können z. B. Aufforderungen und Befehle, die ja ebenfalls von gezielten Willensimpulsen eines Sprechers ausgehen, die unerbittliche Härte von Hammerschlägen erreichen, wie z. B. in folgendem Gedicht:

Geh! Gehorche meinen Winken,
Nutze deine jungen Tage,
Lerne zeitig klüger sein:
Auf des Glückes großer Waage
Steht die Zunge selten ein;
Du musst steigen oder sinken,
Du musst herrschen und gewinnen,
Oder dienen und verlieren,
Leiden oder triumphieren,
Amboss oder Hammer sein.[160]

Zwar erscheinen hier – etwa 1000 Jahre später als in der Stabreimdichtung – die Verse nicht mehr durch den Stabreim bestimmt, sondern klingen durch Endreime zusammen und fließen metrisch in einem gleichmäßig pulsierenden 4-hebigen Trochäus dahin. Dabei sind die Hebungen, obschon von Natur aus Betonungsträger, rhythmisch entsprechend ihrer inhaltlichen Bedeutung unterschiedlich stark betont, und es entsteht der Eindruck, als wolle der Sprecher mit den betonungsstärkeren „Hammerschlägen" seinen Willensanstößen bewusst Nachhaltigkeit verleihen.

Die deutsche Sprache ist freilich auch in ihren alltäglichen und oft gebrauchten festen Wendungen überaus reich an alliterierenden und auch an gereimten Paarformeln.[161] Unter ihnen fallen besonders die aus einsilbigen Wörtern bestehenden wiederum Hammerschlägen ähnelnden Zwillingsformeln auf, die sowohl alliterierend als auch endreimend oder ungereimt, in synonymer, antonymer oder komplementärer Form auftreten.

Wir sprechen von *Tür und Tor, Haus und Hof, Stock und Stein, Stumpf und Stiel, Freund und Feind, Berg und Tal* sowie von *Saus und Braus, Lug und Trug, Sack und Pack, Rat und Tat*. Unsere Sprache enthält Hunderte solcher und ähnlicher Formeln. Unter ihnen gibt es auch adjektivische bzw. adverbiale und präpositionale Bildungen, wie *ab und zu [Adv.], nah und fern [Präp.], frank und frei [Adv.], früh und spät [Adv.], ganz und gar, fort und fort, hin und her, kreuz und quer, still und stumm [Adj.].*

Stellen wir noch die Verbformen dazu und die Zwillingsformeln mehrsilbiger Wörter, so ergibt sich eine unermessliche Vielfalt solcher Fügungen; z. B. *leiben und leben, wachsen und gedeihen, zwicken und zwacken, hauen und stechen, Pech und Schwefel, Kraut und Rüben, Strich und Faden, Tuten und Blasen, Zeichen und Wunder, Nacht und Nebel, Lust und Laune, Feuer und Flamme, gehupft wie gesprungen, geschniegelt und gebügelt, gesotten und gebraten, gestiefelt und gespornt,* u. a. m.

Hier begegnen wir gleichsam auf Schritt und Tritt den deutschen *Hammerschlägen,* jetzt aber auch im Rhythmus verankert. Hören wir diese isoliert, so treffen wir unausweichlich auf die geschmähte *zerhackte Redeweise.* Hören wir zugleich durch die hämmernden Sprachrhythmen hindurch, so bemerken wir aber auch, wie in diesen – und das ist offensichtlich ein charakteristisch deutscher Wesenszug – das Potenzial einer ungeheuren Willenskraft verankert ist.

Hat doch das Deutsche, das sich für fremde Ohren oft so hart anhören mag, für den Sprecher dieser Sprache selbst sein Auflager in einer sehr viel tieferen Schicht seines Wesens. Zwar wirken die sog. Obstruenten, allen voran der immer wieder angeprangerte glottale Verschlusslaut, auf den Hörer klanghemmend; für den Sprecher aber bedeuten sie ein Innehalten bei sich selbst, welches das Ich des Sprechenden dem Sprechen für einen winzigen Augenblick entgegenhält, ehe es den Atemluftstrom in die Welt und zu anderen Menschen hin entlässt.

Und offenbaren sich nicht auch gerade in dem geschmähten *Hammerschlag* oder in jener bewusst durch kürzere oder längere Pausen hervorgebrachten Staccatobewegung die für Bruchteile von Sekunden wahrnehmbaren Willensstöße als ein wesentliches Charakteristikum unserer Sprache?

Dass daneben im Sprachvergleich unser Lautinventar auch einen nicht unbeträchtlichen Anteil besonders an langen Vokalen hat, muss freilich als ein ebenso bemerkenswertes sprachtypologisches Charakteristikum des Deutschen hervorgehoben werden.

„Klangschönheit", d.h. eine Klangausformung, in der sich gestalterische und ästhetische Ausdrucksintentionen des Sprechers/Sängers verwirklichen lassen, ist in erster Linie bei der Erzeugung der Vokale möglich. Nicht zufällig gilt unter Sängern als ein Indikator für die Sanglichkeit einer Sprache ihr Reichtum an Vokalen. Im Deutschen findet sich ein vergleichsweise hoher Anteil an Konsonanten von 60.4 % der im Text erzeugten Laute gegenüber 39.6% Vokalen. *Dies bedeutet dennoch nicht, daß die deutsche Sprache etwa „unsanglich" wäre; vielmehr fällt dieses Manko beim Singen durch die lang gehaltenen Vokale meist kaum ins Gewicht.* Beim Sprechen jedoch verschieben sich die Verhältnisse deutlicher zugunsten der konsonantischen Bildungszeiten, da hier die sängerische Vokaldehnung fehlt.[162]

Doch wie kommt der gesamtklangliche Charakter unserer Sprache zustande?

Die deutsche Standardsprache der Gegenwart verfügt, je nach Zählung, insgesamt über rund 15 (8 lange und 7 kurze) in vielen Nuancen nach Klangwert und Klangfarbe zu differenzierende Vokale und 3–4 Diphtonge. Dabei fällt die bereits erwähnte recht hohe Zahl und Häufigkeit des Vorkommens von Langvokalen auf,[163] die wir eigentlich als auffällig eindringliche Klänge bemerken müssten. Sie sind in der Tat auffällig, wenn man allein auf ihre Qualität hört; doch überwiegt eben der Quantität nach die Anzahl der konsonantischen Phoneme. Deren Anzahl liegt bei etwa 25. Und doch ist es wiederum erstaunlich, dass es im Deutschen keinen einzigen Konsonanten gibt, der, für sich gesprochen, ohne Vokalisierung auskäme.[164] Auch die ersten Konsonanten des Alphabeths sind – wie in anderen Sprachen – vokalisch tangiert: *be-ce-de-ef-ge-ha-ka* etc.

Ist es nicht ein staunenswertes Phänomen, dass auch der vokalische Klang im Deutschen eigentlich allgegenwärtig ist, ohne dass er beim Hören genauso auffällig hervorträte wie der konsonantische?

Das aber ist ein dem oberflächlichen Hören verborgenes Geheimnis des deutschen Sprachklanges. Es ist, physikalisch betrachtet, der Reichtum der stets mit den Vokalen mitschwingenden Obertöne, welcher für die charakteristische Klangfarbe eines jeden musikalischen Tones, aber auch für den des Sprechens verantwortlich ist.

Beim gewöhnlichen Sprechen hören wir die Obertöne der menschlichen Stimme nicht, da wir zunächst mehr auf die Bedeutung der Worte achten, die wir von anderen sprechen hören. Die Obertöne aber sind selbstverständlich anwesend, können sich besonders nachhaltig gerade in den langen Vokalen entfalten und schwingen tief in unser Inneres hinein, auch wenn wir nicht vorrangig darauf achten.

Anders als die Konsonanten können ja im Übrigen die Vokale des Deutschen einzig und allein für sich stehen und in dieser Position Ausdruck reinen Empfindens sein. Rudolf Steiner spricht sogar davon, dass *in der Ursprache alle Worte Interjektionen, Empfindungsworte* gewesen seien.[165] Denken wir z. B. an Ausrufe im Augenblick des Schmerzes: **Au, Aua** oder der Verwunderung, des Erstaunens: **A,** der Freude und innigen Zuwendung: **O,** der seelischen Enge und auch Furcht: **U** oder der Selbstbehauptung bis hin zu Abwehr und sogar Ekel vor Fremdem**: I.** Und denken wir auch an die liebevolle Zuneigung beim Streicheln und Trösten eines Kindes mit **Ei, Eia** usw. Mit diesen Ausrufen sprechen wir unmittelbar von unseren Empfindungen. Und selbst wenn wir davon ausgehen müssen, dass solche Vokale alle erst den glottalen Knacklaut überwinden müssen, um ihren Klang zu entfalten, so klingen sie doch für Augenblicke nach, ehe sie verhallen. Und da sie unmittelbar aus unserem Inneren kommen, unsere Gefühle unmittelbar zur Sprache bringen, teilen sie sich auch unmittelbar dem Empfinden der Menschen mit, zu denen wir sprechen.[166]

Dank der Forschungsarbeit, welche die Kunsterzieherin Johanna F. Zinke jahrelang in einem noch weithin unbekannten Forschungsgebiet geleistet hat, ist es inzwischen gelungen, Sprache auf Anregung Rudolf Steiners als plastische Gestaltung der Luft in den sog. Luftlautformen sichtbar zu machen.[167] So kann nunmehr die eigentlich unsichtbare Luftgebärde eines jeden Lautes des hochdeutschen Alphabets gleichsam als strömende

Plastik sichtbar gemacht und durch verschiedene Bildgebungsverfahren dargestellt werden.

Freilich ist zu hoffen, dass die Erforschung der Luftlautformen intensiv weiter betrieben werden kann, damit die Ergebnisse eines Tages auch bisherigen Laien für weitere Arbeiten zur Verfügung stehen.

Doch gilt natürlich auch heute schon, dass eigentlich nur der eine Sprache ganz versteht, der sich nicht allein auf ihren Inhalt einlässt, sondern zugleich den seelischen Klang und die Dynamik der Worte in sich aufnimmt; auch in unserer nach außen so rau klingenden Sprache schwingt ja, wenn auch scheinbar unhörbar, so doch allgegenwärtig, unsere Gefühlswelt mit.

Dies hat z. B. ausgerechnet der sonst so scharfsinnige Kritiker des Deutschen, ein origineller Liebhaber und feinsinniger Kenner der deutschen Sprache beobachtet, der seine Reiseerfahrungen in unserem Land bereits Jahrzehnte vor dem Zweiten Weltkrieg in *A tramp abroad* niederschrieb. Es ist niemand anders als der Amerikaner Mark Twain:

There are German songs, which can make a stranger to the language cry. That shows that the sound of the words is correct – it interprets the meanings with truth and with exactness; and so the ear is informed, and through the ear, the heart.[168,169]

(Es gibt deutsche Gedichte, die selbst einen dieser Sprache Unkundigen zum Weinen bringen können. Das zeigt, dass der Klang der Worte treffend ist – er gibt ihre Bedeutung wahr und genau wieder; dadurch erhält das Ohr die Kunde und durch das Ohr das Herz.)

Vom Herzen als dem eigentlichen Wahrnehmungsorgan für den Klang der Worte spricht hier auch Mark Twain; von dem Organ, dessen innerseelische Bewegung den Herzschlag und damit auch den Atemrhythmus des Menschen zutiefst anrühren kann.

Und eine reiche Gefühlswelt kann sich uns in der sonst als so hart in Erscheinung tretenden Sprache auftun, wenn es uns gelingt, durch ihre harte Schale hindurch auf ihren seelischen Grund zu hören. Und es können glückhafte Momente sein, wenn wir dabei einmal deutsche Sprachgebilde rein vokalischer Art antreffen, die noch dazu fast ganz in weiche Konsonantenklänge eingebettet sind, wie z. B. in folgendem Gedicht aus der Zeit der deutschen Romantik:

Singet leise, leise, leise,
Singt ein flüsternd Wiegenlied,
Von dem Monde lernt die Weise,
Der so still am Himmel zieht.

Singt ein Lied so süß gelinde,
Wie die Quellen auf den Kieseln,
Wie die Bienen um die Linde
Summen, murmeln, flüstern, rieseln.[170]

Hell und heiter klingen die **ei-**, **i-** und **ü-**Vokale vom Anfang bis zum Ende durch das Gedicht (*Leise, Weise, singt ein flüsternd Wiegenlied, süß gelinde, Kieseln, Bienen, Linde, rieseln*). Doch kein lauter Jubel ist gemeint, sondern *leises*, behutsames Singen, nächtlich abgetönt durch wenige dunkle Klänge, einmal durch **o** *(Mond)* und zweimal durch **u** *(summen, murmeln)*, zart umhüllt von **m-** und **s-**Lauten. Auch umschließen im ganzen Gedicht weiche, labiale Konsonantenlaute die vokalischen Klänge, allen voran das **l,** das einen jeden Vers fast unmerklich wie leichtes Wellenschlagen durchzieht, dazu das verhaltene Säuseln des **s**; in den jeweils letzten beiden Strophenversen ertönt, wie ganz nach innen genommen, das **m**, als ließe sich mit diesem Klang die Weite des Himmels, aber auch die Frische des Quellwassers der Erde und die Süße des Lindenhonigs noch im verhaltenen Gesumm der Bienen einatmen und schmecken.

Nicht ein Inhalt steht hier im Vordergrund, sondern es scheint, als wolle das ganze Gedicht nur Klang und Empfindung sein, ein Wiegenliedklang, *leise gesungen, geflüstert, still* bewegt. Eine Aufforderung zum Singen an Viele (*Singet singt*). Von wem? Zu wem? Für wen? Wir erfahren es nicht. In regelmäßiger Bewegung schwingt sich das vierfüßige trochäische Versmaß in das jeweils zweihebige Hin und Her eines Wiegenrhythmus ein. Ebenso regelmäßig verschränkt der Kreuzreim die Verse beider Strophen, wie Himmel und Erde in unauflöslichem Verbund zusammenhaltend. Als Melodie dem stillen Himmelsgang des Mondes abgelauscht, soll das Lied *süß gelinde* unser Empfinden berühren und so kulminiert es schließlich verhallend und zu bezaubernden Synästhesien verdichtet in der einzigartigen Schlusszeile (*Summen, murmeln, flüstern, rieseln*).

So weich und geschmeidig kann die deutsche Sprache klingen, wenn einmal ihr seelischer Reichtum ganz unverhüllt hervortreten darf.

Doch lebt diese Sprache eben nicht aus dem seelischen Empfinden allein, sondern erscheint mit diesem zusammen in vielerlei Klänge modifiziert, die sie je nach Situation, individuellem Ausdruckswillen und Sprachvermögen zu Gehör bringen kann. Die Sprache eines philosophischen Textes klingt anders als die eines romantischen Gedichtes oder eines Grimm'schen Märchens, anders als Worte der Bibel, eine Rede zu politischer Wahlpropaganda oder eine Fußballreportage.

Vergegenwärtigen wir uns zum Vergleich einige der in allen Sprachräumen präsenten Kinderverse (Wir beschränken uns dabei auf sechs europäische Sprachen.) so haben wir darin ja noch reine rhythmisch gegliederte Lautgebilde vor uns ohne eigentlichen Inhalt.

Diese Kinderverse scheinen zunächst kein spezielles Charakteristikum einer Landessprache zu sein, sondern eher als Altersspezifikum einem länderübergreifenden Urbedürfnis des Kindes zu entspringen und daher in ihrer Klanggestalt einander zu ähneln.

Und dennoch unüberhörbar fällt sogleich der leidenschaftliche und herausfordernde Ton der spanischen Klänge auf *(Aramsamsam, aramsamsam – oh gulli gulli gulli gulli ramsamsam!)* und ihr vorwärtsdrängendes Tempo neben der eher schweren Lautung des Russischen, *(Так летите же домой! Серый волк под горой. Не пускает нас домой!),* die warm und weich in sich selbst zu ruhen scheint. Sodann glaubt man zunächst eine gewisse Ähnlichkeit zwischen dem Englischen und dem Deutschen herauszuhören *(Eenie, meenie, mackeracka, Hi, di, dominacka, Ah, ra, chickera, / / Enchen, denchen, dittchen, dattchen, sibeti, bibeti, bonchen, battchen),* deren Klänge sich spielerisch leicht und kindlich übermütig zu überschlagen scheinen, doch zeigt das Englische noch deutlich schärfere Nuancen im konsonantischen Bereich. Die sonst zuweilen nasal bestimmte Lautung des Französischen ist hier kaum zu hören, doch fließen oder hüpfen die Klänge quicklebendig und mit mühelosem, unnachahmlichen rhythmischem Charme voran. Dagegen fallen im Tschechischen ganze Silben oder gar Wörter aus hart klingenden reinen Konsonantenhäufungen auf, wobei in jedem Wort noch dazu ein energischer Wil-

KINDERVERSE IN SECHS EUROPÄISCHEN SPRACHEN

DEUTSCH

Ebberte, bebberte, zibberte, za,
Ribberte, bibberte, bon,
Knabberte, babberte, zabberte za
Schubberte, knubberte, knon.

Ele mele mink mank
pink, pank, pink pank
Ore nore akadeia
Eia, weia weg.

Enchen, denchen, dittchen, dattchen,
sibeti, bibeti, bonchen, battchen,
sibeti, bibeti, buff.[171]

Enne denne dubbe denne
Dubbe denne dalia
Emme bemme bembio
Bio bio buff.

Ong dong dreoka,
lembo, lembo, seoka,
seoka di tschipperi,
tschipperi di kolibri,
Ong, dong, dreoka.[172]

ENGLISCH

Eenie, meenie, mackeracka,
Hi, di, dominacka,
Stickeracka, roomeracka,
O, pom, push[173].

Inty, minty, tibblety, fig,
Deema, dima, doma, nig
Houchy, powchy,domi, nowchy,
Hom, tom, tout.
Olligo, bolligo, boo.

Inty, tinty, tethery, methery,
Bank for over, Dover, ding,
Ant, tant, tooch.

Eenie, meenie, mackeracka,
Hi, di, dominacka,
Ah, ra, chickera,
Roly, poly, pickena.
Kinny, minny, festi,
Shanti-poo,
Ickerman, chickerman, chine-choo
Stickeracka, roomeracka,
O, pom, push.[174]

FRANZÖSISCH

Am, stram, gram,
pic et pic et colégram,
bour et bour et ratatam,
am, stram, gram
pic dam.[175]

Mirlababi, surlababo,
Mirliton, ribon ribette,
Surlababi, mirlababo,
Mirliton, ribon, ribo.[176]

Compotte et
Minotte et
Pelotte
Et Ravigotte.

Quenotte et
Grelotte et
Petiotte
Est rigolotte.

Charivari et charabia
Chaterton et rutabaga
Marabout et chinchila
Youpi youpi là.

Bigoudi est raplapla
Il a mangé du sparadrap
Chapristi est ramolli,
Il a mangé des spaghettis.
Ratatouille cournegidouille
Il a mangé dix-huit andouilles.[177]

KINDERVERSE IN SECHS EUROPÄISCHEN SPRACHEN

Fortsetzung

SPANISCH

Araaabi,
Araaabi
oh gulli gulli gulli gulli
ramsamsam! [178]

Aramsamsam,
aramsamam -
oh gulli gulli gulli gulli
ramsamsam!

ape ten sen blen
tucuman len bri
ma mer tur qui
gary gary gary chi.

ape ten sen den
tucuman lenyi
a mama surti
guri, guri gar chi.

Ene tene tu;
Cape nane nu;
ti sa fá; tim ba la;
es tis tos tú

Terrome terrome,
te sin, te san,
terrome terrome
te pum bajá.

RUSSISCH

Трынцы-брынцы, бубенцы,
Раззвонились удальцы
Диги, диги, диги, дон,
Выходи скорее вон!

Гуси, гуси, га-га-га!
Есть хотите? Да-да-да.
Так летите же домой!
Серый волк под горой.
Не пускает нас домой!
Ну, летите, как хотите,
только лапки берегите!

Сива, ива,
Дуба, клен,
Шуга-юга,
Вышел вон!

Шишел-мышел,
Взял да вышел!

Кады, бады, налей воды.
Корове пить, тебе водить.[179]

TSCHECHISCH

Runpl ksichtuhk krdlouk
srst
rupma bumba hampu prst
klika huba bzuk a ťuk,
hubo vystrč celý chrup!

Enyky, benyky, kliky, be,
abr, fabr, domine,
elce, pelce, do pekelce,
a jdi z kola ven.

1. Forma udanida,
siamsi tapo tapo mono
Rodolina čogratingal
masi sougo nagu.
Rege, rege, rege
mnatot bia a tuto
manto heida.

2. Sanda tuo toulu,
rinda panu lagi moro,
rodolina čogratingal
masi sougo nagu.
Rege, rege, rege
mnatot bia a tuto
manto heida.[180]

lensimpuls durch die in der Sprache lebende Anfangsbetonung mitklingt *(Rumpl ksichtuňk krdlouk srst, rupma bumba hampu prst, klika huba bzuk a ťuk, hubo vystrč celý chrup!).*

In der Klanggestalt der Kinderverse ist das Deutsche offensichtlich, verglichen mit den europäischen Nachbarsprachen, zunächst nurmehr altersspezifisch als sprachtypisch ausgerichtet.

Was schließlich die Frage nach der Schönheit des deutschen Sprachklanges angeht, so soll dazu noch einmal ein Nicht-Deutscher zu Worte kommen, der sich an anderer Stelle, wie schon erwähnt, auch – leise zwinkernd – kritisch über unsere Sprache geäußert hat:

There are some German words which are singularly and powerfuily effective. For instance, those which describe lowly, peaceful, and affectionate home life; those which deal with love, in any and all forms, from mere kindly feeling and honest good will toward the passing stranger, clear up to courtship; those which deal with outdoor Nature, in its softest and loveliest aspects — with meadows and forests, and birds and flowers, the fragrance and sunshine of summer, and the moonlight of peaceful winter nights; in a word, those which deal with any and all forms of rest, repose, and peace; those also which deal with the creatures and marvels of fairyland; and lastly and chiefly, in those words which express pathos, is the language surpassingly rich and affective.

(Es gibt im Deutschen einige Worte, die von einzigartiger und kraftvoller Eindrücklichkeit sind. Da sind z. B. diejenigen, die das stille, friedliche und trauliche Familienleben beschreiben; diejenigen, die in vielerlei Weise von der Liebe sprechen, angefangen von rein freundschaftlicher Zuneigung und ehrlichem Wohlwollen gegenüber dem Fremden, der vorübergeht, bis hin zum Liebeswerben. Dann auch Worte, die der äußeren Natur in ihren sanftesten und lieblichsten Erscheinungen gelten – den Wiesen und Wäldern, Vögeln und Blumen, dem Duft und Sonnenschein des Sommers und dem Mondlicht friedvoller Winternächte. Mit einem Wort, alle diejenigen, die jedwede Art von Ruhe, innerer Einkehr und Frieden ausdrücken; auch die, welche von den Geschöpfen und Wundern der Märchenwelt handeln. Und schließlich und vor allem sind da auch solche Worte, die in unübertrefflich reicher und bewegender Weise menschliche Erschütterung zur Sprache bringen.)[181]

c) Die allgemeine Sprachmelodie des Deutschen

Wie in anderen aus dem Germanischen stammenden Sprachen auch, trägt im Deutschen jedes Wort seinen unverrückbaren Akzent, der immer auf der Stammsilbe liegt, derjenigen Silbe, die auch den Sinn des Wortes enthält. Verbinden wir nun Worte zu einem Sinngefüge in einer Aussage, die wir jemandem zu Gehör bringen, so ergibt sich trotz der unveränderbaren Stammsilbenbetonung der einzelnen Wörter wie von selbst ein übergeordneter Sprechrhythmus, durch den unsere Gedanken, unsere Absichten und Empfindungen hinüberschwingen zu unserem Gesprächspartner.

Dabei erhalten einzelne Worte eines Satzes je nach ihrem Sinngehalt und entsprechend der Intention und der seelischen Gestimmtheit des Sprechers Haupt- oder Nebenbetonungen, wobei auch kleinere Zäsuren oder Pausen entstehen können. Dadurch ergibt sich ein rhythmischer Tonhöhenverlauf, eine Sprachmelodie mit einer Dynamik, die zugleich durch Stärke und Tempo des Gesprochenen noch weiter modifiziert wird.

Wenngleich das, wie schon im Duden von 1984 hervorgehoben, besagt, dass unsere subjektiven Einstellungen und unsere momentane seelische Kondition objektiv geltende Sprachgesetze klanglich modifizieren können, so steht dies doch nicht im Widerspruch zu dem prinzipiell gültigen Charakter und eigenen Duktus der deutschen Sprachmelodie. Dass eine solche wie in jeder anderen Sprache existiert, ist in der Sprachforschung schon verschiedentlich aufgezeigt worden.

So findet sich im Kapitel über die Klanggestalt[182] des Deutschen unter der Überschrift *Tonfall* in der Dudengrammatik von 1984 folgende Darstellung:

> Da die häufigste Satzform, die feststellende Aussage, aus einer mittleren Tonlage aufsteigt (Aufast) und tiefer fällt, als sie begann (Abast), und vor allem der Abschwung zum Ende hin ins Ohr fällt, spricht man allgemein vom *Tonfall* der Rede. Der Steigton des Aufastes zieht den Hörer beunruhigend in die Aussage hinein, der Tiefton des Abastes löst die Spannung auf.[183]

Die Tatsache, dass *die feststellende Aussage* im Deutschen als häufigste Satzform auftritt und damit auch den wesentlichen Charakter des *Tonfalls* unserer Sprache bestimmt, hat vermutlich dazu geführt, dass dieser *Tonfall* als *die* Gestalt der deutschen Sprachmelodie schlechthin empfunden wird. Dies ist einerseits zutreffend, wenn man die Klanggestalt im Sprachvergleich betrachtet. Andererseits muss daneben gehalten werden, dass die deutsche Satzmelodie auch von funktionalen Satzarten und subjektiver Satzgestaltung abhängig ist (z. B. Fragesatz mit steigender Satzmelodie am Ende des Satzes)[184] Von den Grammatikern werden dafür Satzstrukturen ggf. in bestimmte Intonationstypen eingeteilt. So unterscheidet z. B. Otto von Essen grundsätzlich zwischen terminaler, progredienter (schwebender) und interrogativer Satzmelodie.[185] Und während in der derzeit neuesten Dudengrammatik[186] die Darstellung einer *Intonationskontur [Sprachmelodie] phonologisch durch eine Folge abstrakter Töne* geschieht, geht die Dudengrammatik von 1984 noch von einer Ganzheit, nämlich der Grundform eines Spannbogens aus, die vielfältig und individuell abgewandelt werden kann.[187]

Beeindruckend ist hierbei, dass letztlich keine verbindlich festlegende Regelung der Intonation gefordert wird, sondern dass ausdrücklich von der Freiheit des jeweiligen Sprechers die Rede ist, dem unsere Sprache den Raum zur persönlichen Entfaltung des Sprechanliegens gibt:

> Wir stehen hier auf der Schwelle von der Sprache zum Sprechen, von der Bindung, die das überlieferte Gemeinschaftsgut „deutsche Sprache" dem einzelnen um der allgemeinen Verständlichkeit willen auferlegt, zu der *Freiheit*, die diese Sprache ihm zum Ausdruck seines jeweiligen Aussagebedürfnisses lässt.[188]

Für unsere Betrachtung ist zunächst die klangliche Ganzheit der deutschen Satzmelodie entscheidend und ihr charakteristischer Intonationsduktus. Hierzu ist folgende Beschreibung interessant:

Die Sprachmelodie[189] im deutschen [Aussage-] Satz bewegt sich über mehrere Tonhöhen. Sie beginnt stark ansteigend, dann fällt der Ton über weitere Stufen im Verlaufe des Satzes ab, bis sich das Wichtigste am Punkt manifestiert: Dies ist der tiefste Ton des Satzes. Im Deutschen geht die Sprachmelodie zum Punkt, also nach unten. *Etwas auf den Punkt bringen* meint im Deutschen eher etwas Grundsätzliches, etwas Prinzipielles, also die Hauptsache. Im Französischen und in vielen deutschen Dialekten (besonders in westdeutschen Dialekten wie dem Alemannischen, dem Hessischen, Pfälzischen, Saarländischen usw.) liegt dieser Punkt – also das Satzende – eher hoch, im Hochdeutschen (Bühnensprache) ist es aber der tiefste Ton der Sprachmelodie (melos).

Wenngleich die Grafik ein wesentliches Charakteristikum unserer Sprachmelodie nur in sehr verallgemeinernder Form anzeigt und auch nur mit der oben erwähnten Einschränkung, so wird doch die grundsätzlich erdende Kraft der deutschen Intonation daran ablesbar.

Stellen wir dazu, was Gunnar Barsch[190] unlängst als Forschungsergebnisse der Universität Würzburg berichtete, so scheinen sich doch von einer zunächst unerwarteten Seite her obige Darstellungen zu bestätigen:

Vergleiche zwischen wenige Tage alten Babys in Frankreich und Deutschland zeigen: Selbst Neugeborene schreien in ihrer Muttersprache. Die Fähigkeit, aktiv Sprache zu produzieren, ist demnach sehr viel früher vorhanden als bisher angenommen.

Schon in den ersten Tagen ihres Lebens schreien französische Säuglinge anders als deutsche. Während die französischen Neugeborenen häufiger ansteigende Schreimelodien produzieren, schreien kleine Deutsche eher mit fallender Tonhöhe. Der Grund dafür sind vermutlich unterschiedliche Betonungsmuster in den beiden Sprachen, die von den Föten bereits im Mutterleib wahrgenommen und später reproduziert werden. […] Schon lange ist bekannt, dass Babys im letzten Drittel der Schwangerschaft in der Lage sind, die Stimme der Mutter zu erkennen und die Muttersprache von einer Fremdsprache zu unterscheiden.

Die Wissenschaftler haben sich für ihre Untersuchung auf deutsche und französische Neugeborene konzentriert, weil zwischen diesen beiden Sprachen besonders signifikante Unterschiede in der Intonation, also der Melodie und dem Rhythmus, existieren: *Im Französischen werden sehr viele Worte zum Ende hin betont, sodass die Sprachmelodie ansteigt, im Deutschen ist es meist umgekehrt*, erklärt Angela Friederici vom Max-Planck-Institut für Kognitions- und Neurowissenschaften. So rufen beispielsweise französische Kinder nach dem *Papá*, während die deutschen nach ihrem *Pápa* verlangen.[191]

Hardarik Blühdorn, Sprachwissenschaftler am IDS Mannheim, weist in diesem Zusammenhang nachdrücklich darauf hin, dass ja nicht nur für den Erwerb einer Fremdsprache grundsätzlich das Erlernen der fremdsprachlichen Intonation als unumstößliche Voraussetzung gelten müsse, sondern, dass schließlich auch *in der Muttersprache die Intonation als Allererstes erworben wird.*[192]

Dass sich jedoch in der deutschen Intonation *das Wichtigste am Punkt manifestiert,* ist nicht ohne Bedeutung, charakterisiert doch diese Tatsache wiederum in besonderer Weise etwas vom deutschen Wesen. Viele Redewendungen unserer Sprache nennen den *Punkt*. Ob etwas an einem *Punkt festgemacht* wird, ob es als *neuralgischer*, als *wunder* oder *springender Punkt* angesehen wird, ob jemand *an einem Punkt ankommt, von einem Punkt ausgeht* oder *auf einem* Stand*punkt steht,* immer ist es doch ein Einzelner, ein Ich, das an dem in Rede stehenden *Punkt* etwas zum Ende, zur Entscheidung oder zum Beschluss bringt, welche er persönlich verantwortet.

So ist dieses Wesensmerkmal dem Klang des Deutschen unverwechselbar einverwoben.

d) Die individuelle Klanggestalt des Sprechens

Die Redensart *Es ist der Ton, der die Musik macht,* meint nicht die allgemeine Klanggestalt der deutschen Sprache, von der soeben die Rede war, sondern den im Augenblick des Sprechens von uns angeschlagenen *Ton*, die besondere Färbung oder Tönung unserer Sätze.

Wir können nicht immer wissen, wie ein Zuhörer auf unsere Mitteilungen, Fragen oder Bitten reagieren wird. Daher stellen wir uns – bevor oder während wir sprechen – innerlich auf ihn und seinen derzeitigen Gemütszustand ein und werden, besonders wenn wir etwa unangenehme oder heikle Nachrichten zu überbringen haben, sehr sorgfältig darauf achten, wie wir unsere Worte wählen, damit wir den rechten Ton treffen, um dem Gesprächspartner unser Anliegen überzeugend, geschickt und liebevoll nahezubringen.

Dabei kommt uns die deutsche Sprache selbst zu Hilfe. Denn sie verfügt in reichem Maße über eine Gruppe von kleinen Wörtern, auf deren geheime Wirkungen zuerst Georg von der Gabelentz[193] hingewiesen und sie als psychologische Modalitäten wie folgt beschrieben hat:

> Der Redende will sich zum Hörenden in seelischen Verkehr setzen, will, [...] nicht nur etwas, sondern sich selbst aussprechen. [...] Nicht das allein ist wichtig, in welcher Stärke und in welcher Form sich die Mittheilung äussert, sondern auch, [...] ob der Nebengedanke des Redners, seine halbverhüllte Meinung, Zweifel, Vermuthung, Gewissheit, – oder seine Nebenempfindung, und ob diese mehr der Sache oder mehr dem Angeredeten gilt. Alles das mag nun wieder verschiedentlich ineinander greifen: aus Achtung spricht man in zögernd vermuthendem Tone, die Muthmassung ist mit Hoffnung oder Besorgniss vermählt u.s.w. Immer jedoch wird es der aufmerksame Beobachter entdecken können, wenn eine oder die andere Richtung erheblich bevorzugt ist. [...] Als psychologisch im engeren Sinne möchte ich diejenigen grammatischen Formenmittel bezeichnen, in denen sich das seelische Verhältniss des Redenden zur Rede oder seine Absicht, auf den Angeredeten einzuwirken, kundgiebt. Entschiedenheit oder Unsicherheit des Ausspruches, Erstaunen, Freude, Schmerz oder Furcht und allerhand Neben- und Hintergedanken, die wir auf Augenblicke hinter den Coulissen hervorlugen lassen: sie alle, wenn sie an der grammatischen Formung der Rede Theil haben, sind psychologische Modalitäten. [...]

Gegen Ende der Sechzigerjahre des vorigen Jahrhunderts wurden diese Wörtchen dann von Harald Weydt als *Abtönungspartikeln*[194] charakterisiert, weil sie eben einem Sprecher dazu verhelfen können, das, was er objektiv zu sagen hat, subjektiv *abzutönen;* d.h. es in einer Art und Weise zu sagen, die neben der sachlich notwendigen Aussage sein eigenes Mitempfinden oder gar Andersdenken im Moment des Sprechens in leisen Untertönen mit zum Ausdruck bringt.

Diese *Abtönungspartikeln* sind lange Zeit wenig beachtet worden. Sie werden in der Sprachwissenschaft mit verschiedenen Begriffen bezeichnet. Zuweilen heißen sie *Modalpartikeln* oder *Modalwörter,* manchmal auch *Satzpartikeln, Existimatoren* oder auch *Einstellungspartikeln.*[195] Es sind Wörter wie *aber, auch, bloß, denn, doch, eben, eigentlich, einfach, erst, etwa, halt, ja, mal, nur, ruhig, vielleicht, schon, wohl* und viele andere mehr, die z. T. aus verschiedenen grammatischen Wortklassen[196] stammen, jedoch in der Verwendung als Abtönungspartikeln ihre frühere Bedeutung und Funktion verloren haben (man spricht von *semantischer*

Ausbleichung), was im Übrigen die Übersetzer vor nicht unerhebliche Probleme stellt, weil in den meisten anderen Sprachen keine direkten Äquivalente für sie existieren. Zudem waren sie in der deutschen Stilkunde lange Zeit als bloße Füll- oder Flickwörter verpönt, wurden in Schulaufsätzen als schlechtes Deutsch angekreidet und sollten daher möglichst außer Gebrauch bleiben. Diese Wörter, so hieß es gar in einer angesehenen Stilfibel, wimmeln *wie Läuse im Pelz unserer Sprache herum.*[197] Das mag freilich im Einzelfall zutreffen, nämlich dann, wenn Abtönungspartikeln in gebündelter Form zu phrasenhaftem Schwulst ohne wirklichen Inhalt aufgebauscht werden, wie z. B. in folgenden Sätzen: *Das ist ja aber auch eigentlich eine schlimme Sache.* Oder: *Ist dies vielleicht einfach bloß mal ein bisschen was anderes?*

Wenngleich die Abtönungspartikeln bereits im Altgriechischen eine nicht unbedeutende Rolle gespielt haben und auch in anderen europäischen Sprachen vorkommen (z. B. in den skandinavischen Sprachen, dem Niederländischen, in Guarani und in der Sprache der White-Mountain-Apachen[198]) so sind sie doch im Laufe der vergangenen 40 bis 50 Jahre wegen ihrer auffälligen Häufigkeit im Deutschen eher als ein deutliches Charakteristikum unserer Sprache ins Blickfeld der Sprachforschung genommen worden.[199]

Inzwischen sind allerorten wissenschaftliche Untersuchungen über den Charakter dieser Partikeln entstanden. Vor allem ist man neben der Erforschung ihrer Bedeutung in jüngster Zeit auch der Frage nach Wegen und Gründen ihrer Entstehung nachgegangen. Nach Elke Hentschel[200] lässt sich der Formen- und Funktionsbestand in einigen Fällen bereits auf den Sprachstufen des Gotischen und Althochdeutschen nachweisen. Auch wenn manches noch nicht mit endgültiger Sicherheit festgelegt werden kann, so hat sich doch nach Armin Burkhardt[201] *schubweise […] im Deutschen seit althochdeutscher* [resp. gotischer] *Zeit ein Wortfeld der Abtönungspartikeln entwickelt.*

Burkhardt nennt sechs Wege der Entstehung:[202]Andere Autoren heben als älteste Modalpartikel neben *doch* das Wörtchen *ja* hervor. Burkhardt erwähnt es überhaupt nicht, obschon es bereits seit Luther[203] als volle Abtönungspartikel Geltung hat, und schon damals wie jetzt im Neuhochdeutschen gebraucht wurde.

Was auch immer die inzwischen zunehmend pragmatisch orientierte Partikelforschung *angesichts der verwirrenden Fülle* von *Bedeutungs- und Funktionszuschreibungen*[204] hinsichtlich der Systematisierung und Differenzierung der Abtönungspartikeln noch zutage fördern mag, so ist doch eines heute deutlich, dass nämlich die Verwendung dieser Partikelwörter in den letzten 200 Jahren sehr stark zugenommen hat und *dass das moderne, ungezwungene Gespräch mehr als dreimal so viele Partikeln dieser Gruppe [der Abtönungspartikeln] enthält wie das Zeitungsdeutsch.*[205]

Wenngleich die Abtönungspartikeln, für sich genommen, als Wörter bisher keine fassbare Eigenbedeutung zu haben scheinen, so vermögen sie doch im Satzzusammenhang entscheidende Nuancen hinsichtlich der subjektiven Einstellungen eines Sprechers zum Sachverhalt zu vermitteln und haben die Kraft, dessen Aussagen nach der einen oder anderen Richtung hin abzuschwächen oder zu verschärfen, sie zu relativieren oder ihnen einen besonderen Unterton beizumischen. Je nachdem, ob sie in unbetonter (häufiger) oder betonter (seltener) Form verwendet werden, bewirken sie unterschiedliche Bedeutungsnuancen.[206] Dadurch können sie jede Aussage in vielfältiger Weise *abtönen.*

Einige Beispiele:

Es ist *ja* keiner zu Hause. [Wie du weißt.]
Vergiss *já* nicht, den Schlüssel mitzunehmen! [Warnung.]
Pass *blóß* auf, dass du nicht ausrutschst auf diesem Glatteis! [Warnung.]
Es ist *doch bloß* ein bisschen gefroren. [Es ist überhaupt nicht schlimm.]
Du hilfst mir *doch* bei der Gartenarbeit? [Erwartung.]
Bist du *dóch* noch pünktlich angekommen? [Ganz entgegen meiner Erwartung.][207]

Der folgende Dialog könnte sich z. B. zwischen einem Vater und seinem Sohn im häuslichen Alltagsleben abspielen:

Mit Abtönungspartikeln	Ohne Abtönungspartikeln
V.: Wo kommst *denn* du so spät her?	V.: Wo kommst du so spät her?
S.: Ich bin *eben einfach* aufgehalten worden	S.: Ich bin aufgehalten worden
V.: Wo bist *denn* du *schon* aufgehalten worden?	V.: Wo bist du aufgehalten worden?

S.: Ich habe *halt* den Karl getroffen.	S.: Ich habe den Karl getroffen.
V.: Wie kommt es dann *bloß*, dass du so einen roten Kopf hast? Hast du dich *etwa* wieder mit Karl auf dem Fußballplatz herumgetrieben?	V.: Wie kommt es dann, dass du so einen roten Kopf hast? Hast du dich wieder mit Karl auf dem Fußballplatz herumgetrieben?
S.: Ich habe mich *doch wohl* nicht herumgetrieben!	S.: Ich habe mich nicht herum getrieben.
V.: Hast du *vielleicht* Angst gehabt, dass man dich *mal* wieder erwischt?	V.: Hast du Angst gehabt, dass man dich wieder erwischt?
Nächstens kannst du *eigentlich ruhig* gleich die Wahrheit sagen.	Nächstens kannst du gleich die Wahrheit sagen.

Was in der Fassung ohne Abtönungspartikeln gegenüber der Version mit Abtönungspartikeln auffällt, ist zunächst, dass da, wo jegliche Abtönungspartikeln fehlen, sowohl Fragen als auch Antworten schroff und unvermittelt aufeinandertreffen. Nur reine Fakten scheinen eine Rolle zu spielen.

In der Gesprächsvariante mit Abtönungspartikeln dagegen bestimmen deutliche Untertöne das Gesprächsklima: Untertöne des Vorwurfs (Wo kommst *denn* du …), des Zweifels (eigentlich rhetorische Frage: Wo bist *denn* du *schon…)*, im Weiteren der Drohung und des Verdachtes (Wie kommt es *bloß…*, Hast du dich *etwa…)* schließlich sogar der Anschuldigung (Hast du *vielleicht…)* und am Ende der überlegenen Erwachsenenhaltung (Nächstens kannst du *eigentlich ruhig…)*.

Der Sohn aber ist offensichtlich bemüht, den Klang des Selbstverständlichen, Unabänderlichen, *(eben, einfach, halt)* in seinen Antworten hervorzukehren und schließlich auch den der scheinbar empörten Zurückweisung (*doch wohl* nicht) einer väterlichen Vermutung, die er damit gleichzeitig als völlig abwegig abtut. So schafft die von beiden Gesprächspartnern jeweils verwendete Wortwahl, insbesondere eben die durch die Abtönungspartikeln hervorgerufenen Untertöne, hier eine Gesprächsatmosphäre des gegenseitigen Misstrauens, die deutlich ein derzeit etwas angespanntes Verhältnis zwischen Vater und Sohn erkennen lässt.

Am Beispiel einer kleinen unscheinbaren Geschichte[208] Manfred Hausmanns erhalten wir im Folgenden allein durch den

Einsatz weniger Abtönungspartikeln beinahe unmerklich einen Einblick in die bezaubernde, eigentlich unaussprechliche Welt kindlich emotionalen Denkens:

Wenn Martin[209] während des Mittagessens anfängt, auf dem Stuhl hin und her zu rutschen und gedankenvoll mit dem Kopf zu wackeln, wissen alle, daß er gern eine Geschichte vorbringen möchte.
„Nun, Martin, was hast du denn auf dem Herzen?" fragt die Mutter dann wohl.
„Till is aber auch einer!"
Geschichten, die so beginnen, sind sehr beliebt, [...] denn Till, der rothaarige, sommersprossige Nachbarssohn, lockt den zaghafteren Martin von einem Kinderabenteuer ins andere.
„Till is aber auch einer! Da sin wir einfach zu Frau Mann Holte gegangen."[...]
„Zu Frau am Holte. Und da?" sagt die Mutter.
„Da sin wir einfach zu Frau Mann Holte gegangen, un da stand da ein Besen anner Tür, un da hat Till ihm einfach umgeschmissen."
„Und da?"
„Un da is Frau Mann Holte einfach gaanich gekommen."

Na und? mögen unbeteiligte Leser fragen, indem sie die Geschichte beiseitelegen. Der kleine Martin aber kann mehr nicht erzählen, denn er ist offensichtlich beim Mittagessen der Familie in Gedanken noch immer mit einer unausgesprochenen Erwartung beschäftigt, die ihm etwas nicht ganz Geheures verhieß (Till is *aber*). Das Wörtchen *auch* (Till is *aber auch* einer) deutet freilich trotz des voraufgehenden *aber* auf ein gewisses bereits vorhandenes Einvernehmen mit dem Vorhaben des Freundes. Von der Durchführung des Unternehmens erzählt Martin dann mit Staunen, dass diese sich ohne Umschweife ereignete (Da sin wir *einfach* zu Frau Mann Holte gegangen. Da hat Till ihm [den Besen] *einfach* umgeschmissen.). Dabei mag sich die Spannung der beiden Jungen auf die Reaktion der Besenbesitzerin doch zunehmend gesteigert haben; sonst wäre es schließlich nicht so enttäuschend gewesen, dass für die beiden Kinder am Ende *einfach* gar kein „Erfolg" der kleinen Ungezogenheit eingetreten ist (Un da is Frau Mann Holte *einfach* gaanich gekommen). War das der eigentliche Grund, warum Martin sich dieses „Missgeschick" vom Herzen reden musste, ohne doch mehr von dem berichten zu können, was eigentlich in ihm vorgegangen war? Die kleinen

Wörtchen *aber, auch, einfach* lassen uns das Geschehen in der kindlichen Seele bei genauem Hinhören erahnen.

In einem anderen Beispiel geht es einzig um die Abtönungspartikel *doch.* Sie findet sich in einer Erzählung von Siegfried Lenz.[210] Dort handelt eine kleine Episode davon, wie der Schiffskoch seinem Kapitän gegenüber verzweiflungsvoll und Hilfe suchend die Mordtat an einem der Gangster auf dem Feuerschiff zu schildern und zu rechtfertigen sucht.

Wiederum werden die wenigen Sätze in der einen Fassung mit und in einer anderen ohne Abtönungspartikeln wiedergegeben:

Mit Abtönungspartikeln:	Ohne Abtönungspartikeln:
Auf einmal dachte ich, dass ihr es erwarten würdet von mir […] und dass ihr es auch tun würdet an meiner Stelle. Ihr hättet es *doch* getan?	Auf einmal dachte ich, dass ihr es erwarten würdet von mir […] und dass ihr es auch tun würdet an meiner Stelle. Ihr hättet es getan?
Was ist passiert? fragte Freytag.	Was ist passiert? fragte Freytag.
Ich nahm das Messer. Als ich ihn traf, wollte er aufspringen, *doch* er kam nicht mehr hoch und fiel neben den Hocker.	Ich nahm das Messer. Als ich ihn traf, wollte er aufspringen, er kam nicht mehr hoch und fiel neben den Hocker.
Ihr hättet es *doch auch* getan, oder?	Ihr hättet es getan, oder?
Mein Gott, sag *doch,* was du getan hättest.[…] Du musst mir helfen, sagte der Koch.	Mein Gott, sag, was du getan hättest.[…] Du musst mir helfen, sagte der Koch.
Du wirst mir *doch* helfen. Ich habe es *doch* für euch getan. Sag *doch* etwas! Es ist geschehen, sagte Freytag.	Du wirst mir helfen. Ich habe es für euch getan. Sag etwas! Es ist geschehen, sagte Freytag.

Auch hier in der Fassung ohne Abtönungspartikeln nur nackte, z. T. in der Abfolge unverständliche Fakten. Was sich aber eigentlich im Inneren des Mörders abspielt, tritt im Grunde erst in der Fassung mit Abtönungspartikeln durch die immer dringlicher wiederholte, aber nur indirekt in der Partikel *doch* enthaltene

Bitte zutage, die den Worten des Kochs eine fast quälende Spannung verleiht (Ihr hättet es *doch* getan, Ihr hättet es *doch auch* getan, sag *doch,* was du getan hättest, Du wirst mir *doch* helfen, Ich habe es *doch* für euch getan). Der Koch sucht Trost, sucht Entlastung, sucht sich wenigstens des Beistands von Kapitän und Schiffsmannschaft zu vergewissern. Nichts von alledem wird ihm gewährt. Selbst auf seine letzte flehentliche Bitte (Sag *doch* etwas) erhält er vom Kapitän nur die kaum einen Hoffnungsschimmer enthaltende Antwort: *Es ist geschehen.* Der Kapitän hat damit zwar die Tat seines Kochs nicht verurteilt, hat sich jedoch auch trotz des kaum überhörbaren sechsmaligen inständigen *doch* nicht hinter ihn gestellt, und so bleibt der Koch mit der Verantwortung seiner Tat allein.

Ein Ausschnitt aus der Rede, die Marcel Reich-Ranicki zum Tag des Gedenkens an die Opfer des Nationalsozialismus am 26. Januar 2012 im Bundestag gehalten hat, soll die Reihe der Beispiele abschließen:[211]

<table>
<tr><th>Mit Abtönungspartikeln</th><th>Ohne Abtönungspartikeln</th></tr>
<tr><td colspan="2">[…] Seit dem Frühjahr 1942 hatten sich […] Gerüchte gehäuft, […] dass dem Ghetto Schlimmstes bevorstand. […] Am 22. Juli […] wurde das Haus umstellt.</td></tr>
<tr><td>Es sollten wohl, vermuteten wir, weitere Geiseln verhaftet werden. […] Die meisten waren ja schon am Vortag verhaftet worden.</td><td>Es sollten, vermuteten wir, weitere Geiseln verhaftet werden. […] Die meisten waren am Vortag verhaftet worden.</td></tr>
<tr><td>Kurz darauf […] wurde ich zum Obmann gerufen, jetzt bin wohl ich an der Reihe, dachte ich mir. [Ich war jedoch nur als Protokollant gerufen worden.].</td><td>Kurz darauf […] wurde ich zum Obmann gerufen, jetzt bin ich an der Reihe, dachte ich mir. [Ich war jedoch nur als Protokollant gerufen worden.].</td></tr>
<tr><td colspan="2">[…] Höfle eröffnete die Sitzung mit den Worten: „Am heutigen Tag beginnt die Umsiedlung der Juden aus Warschau."</td></tr>
<tr><td>Es ist euch ja bekannt, dass es hier zu viel Juden gibt.</td><td>Es ist euch bekannt, dass es hier zu viel Juden gibt.</td></tr>
<tr><td>Euch, den „Judenrat" beauftrage ich mit dieser Aktion. Wird sie genau durchgeführt, dann werden auch die Geiseln wieder freigelassen, andernfalls […]</td><td>Euch, den „Judenrat" beauftrage ich mit dieser Aktion. Wird sie genau durchgeführt, dann werden die Geiseln wieder freigelassen, andernfalls […]</td></tr>
</table>

[…] Jetzt *also* drohte Höfle den ganzen Judenrat […] sofort erschießen oder *eben* aufknüpfen zu lassen.	[…] Jetzt drohte Höfle den ganzen Judenrat […] sofort erschießen oder aufknüpfen zu lassen.
Von Zeit zu Zeit warf mir Höfle einen Blick zu, um sich zu vergewissern, dass ich *auch* mitkäme.	Von Zeit zu Zeit warf mir Höfle einen Blick zu, um sich zu vergewissern, dass ich mitkäme.
Ja, ich kam *schon* mit, ich schrieb, dass „alle jüdischen Personen, die in Warschau wohnten, gleichgültig welchen Alters und Geschlechts", nach Osten umgesiedelt würden.	Ich kam mit, ich schrieb, dass „alle jüdischen Personen, die in Warschau wohnten, gleichgültig welchen Alters und Geschlechts", nach Osten umgesiedelt würden.
Wohl aber wurden sechs Personenkreise aufgezählt, die von der Umsiedlung ausgenommen seien – darunter alle arbeitsfähigen Juden, die kaserniert werden sollten. […]	[Es] wurden sechs Personenkreise aufgezählt, die von der Umsiedlung ausgenommen seien – darunter alle arbeitsfähigen Juden, die kaserniert werden sollten. […]

Ein Satz ließ mich plötzlich aufhorchen: Die Ehefrauen und Kinder dieser Personen würden […] nicht „umgesiedelt".

Und ich dachte an [meine geliebte] Tosia, die nirgends angestellt und *also* von der „Umsiedlung" nicht ausgenommen war.	Und ich dachte an [meine geliebte] Tosia, die nirgends angestellt und von der „Umsiedlung" nicht ausgenommen war.

Sofort nach diesem Diktat schickte ich einen Boten zu Tosia: Ich bat sie, gleich zu mir zu kommen und ihr Geburtszeugnis mitzubringen. […]

Sie kam *auch* sofort und war ziemlich aufgeregt.	Sie kam sofort und war ziemlich aufgeregt.
Als ich Tosia sagte, wir würden jetzt heiraten, war sie *nur* mäßig überrascht und nickte zustimmend.	Als ich Tosia sagte, wir würden jetzt heiraten, war sie mäßig überrascht und nickte zustimmend.

Der Theologe […] machte keine Schwierigkeiten, […] und bald hatten wir eine Bescheinigung in Händen, derzufolge wir bereits am 7. März getraut worden waren. Ob ich in der Eile und Aufregung Tosia geküsst habe, ich weiß es nicht mehr.

Aber ich weiß *sehr wohl,* welches Gefühl uns überkam: Angst – Angst vor dem, was sich in den nächsten Tagen ereignen werde. […]	Aber ich weiß, welches Gefühl uns überkam: Angst – Angst vor dem, was sich in den nächsten Tagen ereignen werde. […]

Die in den Vormittagsstunden des 22. Juli 1942 begonnene Deportation der Juden aus Warschau nach Treblinka dauerte bis Mitte September.

Was die „Umsiedlung“ der Juden genannt wurde, war *bloß* […] die Aussiedlung aus Warschau.	Was die „Umsiedlung» der Juden genannt wurde, war […] die Aussiedlung aus Warschau.
Sie hatte *nur* ein Ziel, sie hatte *nur* einen Zweck: den Tod.	Sie hatte ein Ziel, sie hatte einen Zweck: den Tod.

Marcel Reich-Ranitzki, im hohen Alter ein noch immer geübter Redner, schildert die Ereignisse vom Beginn der Deportation der Juden aus Warschau nach Treblinka in der Abfolge, in der er sie selbst erlebt hat. Auf diese Weise vergegenwärtigt er den Hörern in der Spannung des ständigen Hin und Her zwischen Hoffnung und Furcht nach und nach die bittere Einsicht in die volle Wahrheit, wie sie ihm selbst seinerzeit beim Diktat des SS-Offiziers Höfle aufgegangen ist.

Liest man die partikellose Fassung zuerst, so lassen schon allein die Fakten nur allzu deutlich erkennen, dass *dem Ghetto Schlimmstes bevorstand.* Zugleich aber wird in Reich-Ranickis Schilderung bemerkbar, welch steigende Ungewissheit hinsichtlich des Was und des Wie, des Warum und des Wohin durch die spekulierenden Gemüter *(vermuteten wir, dachte ich mir)* vibriert. Und bald klingt noch ein anderer beunruhigender Ton deutlich vernehmbar durch seine Darstellung hindurch *(jetzt droht*e, *erschießen oder aufknüpfen, plötzlich, sofort, Eile und Aufregung, Angst, Tod).*

Was leisten hier die nur sparsam verwendeten Abtönungspartikeln? Schon die Vermutung von der Verhaftung weiterer Geiseln, die mit der Partikel ***wohl*** doch als sehr wahrscheinlich bezeichnet wird und durch die im nächsten Satz folgende Partikel ***auch*** eher noch zusätzliche Bestätigung erfährt, verdichtet sich schnell zu endgültiger Gewissheit, weil man plötzlich wieder weiß, dass ***ja schon*** *am Vortag* mit den Verhaftungen begonnen worden war. Und schon rücken die Worte *Jetzt* ***wohl*** *ich* die Gefahr aus der allgemeinen Bedrohung in die unmittelbare Betroffenheit des Sprechers. Doch weder die vorige noch diese Befürchtung scheinen sich vorerst zu bewahrheiten. Er [der Redner] soll die anstehende Sitzung protokollieren. Und dies hat erst einmal hinhaltende Wirkung.

Doch schon im nächsten Satz ist auf einmal von *Umsiedlung* die Rede und von der als selbstverständlich und als ***ja** bekannt* hingestellten Tatsache, dass es in Warschau *zu viel Juden* gebe. Ausgerechnet der Judenrat soll mit dieser Aktion beauftragt werden, und das noch mit dem Versprechen, bei genauer Durchführung dieser Aufgabe *würden* – gleichsam zur Belohnung – ***auch** die Geiseln wieder freigelassen. Dieses **also*** ist die tatsächlich gültige Schlussfolgerung, durch welche die damals Anwesenden nicht mehr nur befürchten, sondern endgültig realisieren mussten, dass sie ***eben*** – d. h. unabänderlich – jeden Moment *erschossen* oder *aufgeknüpft* werden könnten.

Bittere Ironie spricht aus den nächstfolgenden Sätzen des Redners, wenn er berichtet, dass der SS-Offizier Höfle sich von Zeit zu Zeit vergewissert, *ob er* [der Protokollant] ***auch** mitkäme. **Ja,** ich kam **schon** mit,* so heißt die unausgesprochene Antwort des Schreibers, der nicht nur mit dem Schreiben mitkommt, sondern dem dabei zugleich der volle Umfang dessen klar wird, was er da zu schreiben hat. Das auf diese Weise hier doppelbödige Wörtchen ***schon*** (mit verhalten dazu gedachtem *aber)* deutet darauf hin.

Wohin die Warschauer Juden wirklich gebracht werden sollten, bleibt vorerst unklar. ***Wohl aber*** – doch noch ein Hoffnungsschimmer? – werden Ausnahmen in Aussicht gestellt. Er selbst, der Protokollant, würde zu den von der Aussiedlung Ausgenommenen gehören, nicht aber seine Tosia, wie ihm schlagartig klar wird. Die nächstliegende Schlussfolgerung ***also*** (die nun notwendige Rettung von Tosia) steht ihm vor Augen, und dies, obschon denjenigen, die ***etwa*** versuchen sollten, die Umsiedlungsmaßnahmen zu umgehen, der Tod durch Erschießung angedroht ist.

Mit einem weiteren ***Also*** beginnend, berichtet der Protokollant, habe er seiner Mitarbeiterin *das Todesurteil* – offiziell ist bisher nur von Umsiedlung die Rede – diktiert, *das die SS über die Juden von Warschau gefällt hatte.* Dem leisen Rat der Mitarbeiterin folgend, lässt er aber sogleich seine Tosia rufen, um sie auf der Stelle zu heiraten, sie, die ***auch,*** – das kleine Wörtchen meint hier selbstverständliches Einvernehmen – sofort zur Stelle ist, wobei er *die Sache **schon*** – denn es war jetzt Eile geboten – *mit einem Theologen besprochen hatte.* Es ist alles andere als eine fröhliche

Hochzeit, über welche die Braut Tosia auch ***nur*** *mäßig* überrascht ist und der Bräutigam nach Jahren nicht einmal mehr weiß, ob er sie geküsst hat. Was er aber ***sehr wohl*** weiß (es ist die einzige Gewissheit, deren sie sich bewusst sind), ist, dass beide *ein Gefühl der Angst vor dem überkam, was sich in den nächsten Tagen ereignen werde.*

Ihnen beiden geschieht jedoch erst einmal nichts.

Der Schluss dieser Rede aber bagatellisiert mit beißender Ironie anhand von drei scheinbar harmlosen, aber umso verletzenderen Abtönungspartikeln ***(bloß, nur, nur)*** die *Umsiedlung* der Juden aus Warschau als ***bloß*** eine *Aussiedlung* – in Wahrheit aber eine Vertreibung -, die ***nur*** *ein Ziel,* ***nur*** *einen Zweck,* nämlich *den Tod* hatte.[212]

Diese Beispiele, hier sowohl aus dem unmittelbaren Alltag wie auch aus der literarischen Darstellung herausgegriffen, vergegenwärtigen uns zwar nur Ausschnitte aus der mündlichen Sprache des Alltags. Auch sind es jeweils nur wenige Abtönungspartikeln, die darin eine Rolle spielen; doch lassen schon diese uns unschwer nachvollziehen, was in den jeweiligen Sprechern tatsächlich vorgeht, während sie reden und ihre Sätze entsprechend *abtönen.* Es ist das, was sie im Moment des Sprechens aus persönlicher Betroffenheit innerlich bewegt. Auch unbeteiligte Hörer oder Leser nehmen es, selbst wenn es nicht direkt zur Sprache gebracht wird, durch das Mitklingen der Untertöne unmittelbar wahr.

So erhalten wir durch das Gespräch immer einen verborgenen Zugang zum Inneren unseres Gegenübers, ob im Einverständnis, in Freude, im Schmerz oder auch in bitterer Enttäuschung.

Insofern können gerade die so verpönten deutschen Abtönungspartkeln neben ihrem Wert für die quantitative Analyse[213] einen unschätzbaren qualitativen Beitrag zum tieferen Verständnis des von Mensch zu Mensch gesprochenen oder unausgesprochenen Wortes leisten, denn – um es noch einmal mit G. von der Gabelentz zu sagen – :

> Hier sprechen wir recht eigentlich uns selbst aus, hauchen dem objectiven Inhalte der Rede etwas von unserer Seele mit ein.[214]

5. ENTSCHEIDENDE STATIONEN DES DEUTSCHEN SPRACHWERDENS

Die folgende Betrachtung dreier Gipfel des deutschen Sprachwerdens soll keinen umfassenden Überblick über die ganze deutsche Sprachgeschichte vermitteln. Vielmehr geht es darum, einen exemplarischen Einblick in die Wirkensweise des deutschen Sprachvermögens zu vermitteln, so wie diese bisher im Gange der Jahrhunderte an drei herausragenden Höhepunkten eindrücklich zutage getreten ist.

Mit ihren etwa 100 Millionen Sprechern ist die deutsche Sprache heute eine der großen Sprachen der Welt, wird sie doch nicht nur in Deutschland gesprochen, sondern gleicht eher einem Archipel mit zahlreichen Inseln, die in Europa und auf der ganzen Welt verteilt sind,[215] sodass das Deutsche eigentlich nicht *die Sprache einer Nation* ist, *sondern* die Sprache *eines Kontinents, dessen Grenzen fließen.*[216]

Bezeichnend dafür ist eine Episode, die Goethe, in seinem Reisebericht aus Italien festgehalten hat:

Von Bozen auf Trient geht es neun Meilen weg in einem fruchtbaren und fruchtbareren Tale hin. Eine arme Frau rief mich an, ich möchte ihr Kind in den Wagen nehmen, weil ihm der heiße Boden die Füße verbrenne. Ich übte diese Mildtätigkeit zu Ehren des gewaltigen Himmelslichtes. Das Kind war sonderbar geputzt und aufgeziert, ich konnte ihm aber in keiner Sprache etwas abgewinnen.[217]

> Wäre Goethe den beiden vom Etschtal aus in ihre Heimat gefolgt, anstatt den Weg zum Gardasee zu nehmen, so hätte er gewiss alsbald herausgefunden, in welcher Zunge das Kind redete. Der Dichterfürst hätte sie nur begleiten müssen, […] hinauf auf gut 1300 Meter Höhe nach Lusérn. […] Da wäre er wohl aus dem Staunen nicht mehr herausgekommen, dass die Bewohner Deutsch sprachen wie er. Allerdings ein so altertümliches, dass er lange gebraucht hätte, um sich allmählich mit ihnen zu verständigen.[218]

So äußert sich einer der Kenner dieser seit der Zeit des Mittelhochdeutschen (!) zu den weltweit ältesten deutschen Sprachinseln zählenden Sprachenklaven des Zimbrischen, das allerdings heutzutage nur noch vier Fünftel der knapp 400 Einwohner beherrschen. Inzwischen aber soll ein neues Bewusstsein vom Wert der eigenen Sprache entstanden und deutliche Anstrengungen zum Erhalt dieser Sprache unternommen worden sein. Ja, es existiert sogar seit Beginn unseres Jahrtausends ein *Einheitskomitee der historischen deutschen Sprachinseln in Italien,* das die Verbindung der *Walser* im Westen mit den *mochenischen Fersentalern* und *zimbrischen Lusérnern* sowie mit den *Kanaltalern* im Osten Norditaliens aufrechterhält.

Über Jahrhunderte hatte sich, von keiner politischen Macht garantiert, von keiner militärischen Gewalt gesichert, ein Kontinent der deutschen Sprache herausgebildet, ein Kontinent, der durch nichts so zusammengehalten wurde wie eben durch den Wunsch, sich auf Deutsch zu verständigen.[219]

Es ist eine der herausragenden Besonderheiten unserer Sprache; und dies hatten wohl auch die Brüder Grimm im Sinne, als sie am Ende des Vorwortes zu ihrem Wörterbuch der deutschen Sprache die Deutschen dazu aufriefen, des Wertes ihrer Sprache eingedenk zu sein und ihn hochzuhalten:

Deutsche geliebte landsleute, welches reichs, welches glaubens ihr seiet, tretet ein in die euch allen aufgethane halle eurer angestammten, ural-

Die Brüder Jacob und Wilhelm Grimm, 1843

ten sprache, lernet und heiliget sie und haltet an ihr, eure volkskraft und dauer hängt an ihr. noch reicht sie über den Rhein in das Elsasz bis nach Lothringen, über die Eider tief in Schleswig-Holstein, am ostseegestade hin nach Riga und Reval, jenseits der Karpathen in Siebenbürgens altdakishes gebiet.[220]

Zwar hat das Deutsche – abgesehen von etwa zwei Jahrhunderten *im schriftlosen Dunkel* – eine weitgehend dokumentierte, gut 1200-jährige Geschichte vorzuweisen,[221] hat aber als einheitliche Sprache erst etwa um 1800 in der Zeit der Hochblüte der deutschen Klassik ihre gültige Gestalt gewonnen. Allerdings finden sich selbst in Goethes *Faust* noch Reime, die allein seinem Frankfurter Dialekt zuzuschreiben sind (*Ach, neige,/ Du Schmerzenreiche* oder *Neige, neige,/ Du Ohnegleiche,/ Du Strahlenreiche*[222]). Und für Schiller wurde sein schwäbischer Dialekt, den er zwar nicht schrieb, aber natürlich sein Leben lang sprach, gleich am Anfang seiner Dichterlaufbahn geradezu zum Verhängnis; hatte er doch beim ersten Vorlesen seines *Fiesko* durch die *schwäbische Aussprache und die verwünschte Art, wie er alles deklamiert,*[223] dafür gesorgt, dass Regisseur und zuhörende Schauspieler dieses Drama für das Allerschlechteste hielten, was Schiller je geschrieben habe und gar nicht glauben konnten, er sei derselbe Schiller, der als viel gefeierter Autor kurz zuvor das begeisternde Drama *Die Räuber* auf die Bühne gebracht hatte.

Bis zur Zeit der deutschen Klassik aber existierte mündlich wie schriftlich nur eine Vielzahl von Dialekten, von denen kein einziger je zur Hochsprache wurde.

Schon aus dem Frühdeutschen ist uns weder eine gesprochene Volkssprache noch eine Verkehrssprache der Oberschichten erhalten geblieben. Wir kennen aus dieser Zeit nur wenige schriftliche stammessprachliche Sprachdenkmäler:[224]

Neben der Fähigkeit zur inneren Umbildung in der Lautgestalt des Deutschen (besonders durch die 1. und 2. Lautverschiebung,) fällt dem Betrachter die stets offene Bereitschaft zur Aufnahme und Integration fremden Wortgutes einschließlich der damit ebenfalls einzugliedernden Sprachstrukturen ins Auge.

Es war zunächst im Wesentlichen antikes und christliches Gedanken- und Wortgut, das auf dem Wege über die christliche Mission seinen Einzug in die frühdeutsche Schriftsprache hielt und sich in ihr beheimatete, wobei *das Christentum gleichzeitig der*

Vermittler antiker Kultur war.[225] Finden wir im Gotischen der Wulfilabibel noch deutlich griechische Einwirkungen, so war doch das Lateinische die Einheitssprache im Frankenreich und darüber hinaus. Von diesem gingen auch in formaler Hinsicht starke Wirkungen aus. Nicht nur die Tatsache, dass der heimische Stabreim nun endgültig vom lateinischen Endreim verdrängt wurde, spielte eine entscheidende Rolle, sondern es waren auch lateinische Satzkonstruktionen,[226] die sich das Deutsche zu eigen machte.

Nachdem unsere Sprache auf diese Weise das Wachstum und die Ausbildung ihrer Sprachleiblichkeit durch die Aufnahme geistesgeschichtlicher Impulse Griechenlands und formender Prägekräfte lateinischer (besonders der staatlichen und kirchlichen) Ordnungen zubereitet hatte, begann sie sich langsam vom lateinischen Vorbild zu lösen. So erwuchs ihr allmählich die Fähigkeit, auch eigenem seelischem Erleben und geistigen Inhalten in differenzierter Form Ausdruck verleihen zu können.

Leider *ist verhallt, was* [mündlich] *vorgetragen wurde im Kreis von Vornehmen, die unterhalten werden wollten. In den Alltag ist erst recht nicht mehr hineinzuhören, in den vielstimmigen, von dem man so gerne wüsste, mit welchem Erstaunen Bayern auf Franken oder gar (Nieder-)Sachsen reagiert haben, wenn sie sich auf Reisen trafen.*[227]

Weniges ist uns aus dieser Frühzeit des Deutschen dennoch erhalten geblieben, und zwar in schriftlicher Gestalt. Da ist z. B. das vermutlich aus dem Lombardischen stammende *Hildebrandslied,* das tragische stabreimende Heldenlied aus der Völkerwanderungszeit, sodann kleinere christliche Stabreimdichtungen und schließlich vor allem der *Heliand,* eine vollständige Darstellung des Lebens Jesu, nicht mehr stabreimend, aber inhaltlich und in der Formulierung noch in germanischem Geiste.

Beachtenswert erscheint, dass die deutsche Sprache, nachdem sie erst einmal als eine zusammengehörige Gesamtheit von deutschen Dialekten in Erscheinung getreten war, bei allen Einflüssen und Veränderungen, denen sie im Verlaufe der Geschichte ausgesetzt war, dreimal einen bedeutenden Gipfel von europäischem Rang erreichte: um das Jahr 1200, das Jahr 1500 und das Jahr 1800.

a) Minnesang und Mystik

Es war etwa um die Mitte des 12. Jahrhunderts, als sich in Deutschland ein erster Höhepunkt sprachlicher Kultur abzeichnete. Nach dem großen Vorbild Frankreichs und seiner Troubadourkultur vollzog sich so etwas wie ein kultureller Aufschwung. Mit den Traditionen des französischen Hoflebens, seinen Turnieren, seinen Sängerwettkämpfen und seiner Minnekultur drangen auch französische Sitte und französisches Wortgut[228] in Deutschland ein. Dies umfasste z.B. Wörter des Ritter- und Hoflebens, Bezeichnungen für Haus, Kleidung, Schmuck, Nahrung, Jagd, für Musik, für Gesang und vor allem für die Liebe, von welcher die Ritter bei Hofe den Damen der Gesellschaft sangen. So entwickelte sich eine überaus glanzvolle ritterlich-höfische Kultur, in der die deutsche Sprache erstmals europäische Bedeutung errang.

Im Bereich der Dichtung entstand jetzt durch die Weltoffenheit der Ritterkultur und der von Hof zu Hof wandernden Minnesänger erstmalig im Hochmittelalter (ca. 1170–1250 n.Chr.) eine deutsche Sprache, die sich ganz der Freude und dem Genuss des diesseitigen Lebens öffnete und sich zugleich zu einem sensiblen Instrument für eine einzigartige Seelenkultur heranbilden konnte. Mit ihr zeigte sich das Bestreben, grobe mundartliche Eigenheiten zu vermeiden und sich einer überregional verständlichen (mittelhochdeutschen) Sprache – mindestens zunächst im Bereich der Dichtung – zu bedienen.

Walther von der Vogelweide
ManDssD ḥs Sa. 1300

Heute mag es manchem Betrachter so scheinen, als habe sich die Sprache dieser Gefühlskultur wie in einer groß angelegten, mehr von außen bestimmten Art spielerischer Unverbindlichkeit dargelebt, und als sei es einzig um ein Rollenspiel des Ritters im Dienste einer hohen *frouwe* gegangen, das in *konventioneller Rollenlyrik eines kollektiv fühlenden lyrischen Ich nach festen Formeln*[229] eingeübt worden sei. Doch bleibt zu fragen, ob jene feinsinnigen Dichtungen des Minnesangs, die immerhin zur selben Zeit wie das Parzivalepos mit seinen hohen sittlichen Idealen entstanden sind, wirklich allein als normative Gesellschaftslyrik angesehen werden dürfen.

Musste nicht, so kann man sich fragen, in dieser Zeit der reinen Seelenkultur während der ersten Blütezeit deutscher Sprache die sprachliche Mitteilung jeglichen persönlichen Erlebens des Menschen erst einmal eingeübt werden, um der objektiven Sprachentwicklung solange den nötigen Freiraum und Schutz zu gewähren, bis eigener subjektiver Ausdruck möglich wurde? Wäre damit vielleicht auch der rasche Verfall dieser Kultur und ihrer sprachlichen Einheit zu verstehen, der nunmehr zur weiteren Substanzbildung aller sprachlichen Entwicklung ein Prozess der individuellen Verinnerlichung folgen musste?

Auch wenn z. B. Walther von der Vogelweides sog. Mädchenlieder bereits von der im Irdischen gelebten gegenseitigen Erfüllung der Liebe (der sog. niederen Minne) sprechen und diese besingen: Könnte nicht gerade die in den früheren Minnedichtungen besungene unerfüllbare Sehnsucht der hohen Minne als etwas wie eine Vorstufe gedacht werden? Eine Vorstufe künftiger Erfüllung im mystischen Vollzug der *unio mystica*, der Vereinigung mit dem Göttlichen?

Galt doch den Mystikern, die dann auf dem Plan der deutschen Geisteskultur in Erscheinung traten, diese *unio mystica* als höchstes Erreichnis des Daseins, welches die Seele durch ein Leben in innerer Versenkung und Abgeschiedenheit, ja Selbstkasteiung zu erringen suchte.

Auffällig ist, dass bis in den Sprachgebrauch der frühen Mystik hinein der Wortschatz oft überraschend nah mit dem des Minnesangs übereinstimmt. Vergegenwärtigen wir uns nur eine kurze Passage von Walther von der Vogelweide (1170–1230) und daneben eine der Mystikerin Mechthild von Magdeburg (1207–1282), bezeichnenderweise *Minnesängerin Gottes* genannt:

Kuste er mich? wol tûsentstunt: tandaradei, seht wie rôt mir ist der munt.[230]	(Ob er mich küsste? Wohl tausendmal, tandaradei, seht, wie rot mein Mund ist.))

Swelch mensche wird ze einer stunt
Von wârer minne rehte wunt,
der wirt niemer mê wol gesunt,
er enküsse noch den selben munt,
von dem sin sêl ist worden wunt.[231]

(Wird ein Mensch zu einer Stund
Von wahrer Minne wirklich wund,
So wird er nimmermehr gesund,
Er küsste denn denselben Mund,
Der ihm die Seele machte wund.)

Und des Weiteren eine Strophe des Minnesängers Heinrich von Veldeke (ca.1150–1200) im Vergleich mit einer Strophe aus einem frühen, der mystischen Dichtung zugerechneten Werke, dem Trudperter Hohen Lied (entstanden ca. 1160):

Ich will in mit blanken armen
umbevâhen,
mit mîm rôten munde an sînen
balde gâhen,
dem mîn ougen des verjâhen,
daz si nie sô rehte liebes niht
gesâhen.[232]

(Ich will mit meinen weißen Armen
ihn umfangen,
mit meinem roten Mund an seinen
ungestüm mich drängen,
dem meine Augen dieses eingestehn,
dass sie noch nie so wahre Liebeshuld
gesehn.)

Nû gêt zuo ir iuncvrouwen,
ir dâ nie mit girde gekusten.
nû singet ir schoenesten,
ir der welte mit vlîze nie gesunget
iuwer brüste werdent von gote
gehalsen,
wan si nie nehein man bevie.[233]

(Nun tretet herzu, ihr Jungfrauen,
ihr niemals mit Begier Geküssten.
Nun singet, ihr Schönsten,
die ihr nie mit Hingabe an die Welt
gesungen habt. Eure Brüste mögen
von Gott geliebkost werden,
da sie nie ein Mann berührte.)

Erotisches Vokabular auf beiden Ebenen, der sinnlichen wie der seelischen. Karl-Heinz Göttert nennt es geradezu ein *Gemisch aus geistlicher Brautmystik und weltlicher Liebesdichtung.* Das zeigt sich insbesondere in der Frauenmystik, war doch die frühe deutsche Mystik weitgehend durch Frauen vertreten und war wohl schon deshalb deutschsprachig, *weil Frauen damals von lateinischer Bildung mehr oder weniger abgeschnitten waren.*[234]

Zwar verdanken wir Mechthild von Magdeburg, die ihre mystischen Visionen, d.h. ihre ganz persönlichen inneren Gotteserfahrungen, in der Schrift vom *Fließenden Licht der Gottheit* niederschrieb, *die erste Explosion von Innerlichkeit […] in deutscher Sprache,*[235] doch wird auch beschrieben, in welche erotische Überspanntheit diese *übergeschnappte Begine*[236] zuweilen abgleiten konnte, wenn sie ihre Beschreibung der liebenden Vereinigung mit Gott wieder und wieder in Bilder körperlich-sinnlicher Hingabe fasste, wie z. B. im folgenden:

So gat dú allerliebeste zuo dem allerschoenesten in die verholnen kammeren der unschuldigen gotheit. Da vindet si der minne bette und minnen gelas von gotte unmenschliche bereit. So sprichet únser herre: „Stant, vrovwe sele!" „Was gebútest du, herre?" „Ir soent *úcb* usziehen!" „Herre, wie sol mir denne geschehen?" „Frovw sele, ir sint so sere genatúrt in mich, das zwúschent úch und mir nihtes nit mag sin.[...] mer alleine die ir binnen úch tragent von nature, der sont ir eweklich *vuelen*. Das ist úwer edele begerunge und úwer grundelose girheit; die wil ich eweklich vuelen mit miner endelosen miltekeit." „Herre, nu bin ich ein nakent sele und du in dir selben ein wolgezieret got. Únser zweiger gemeinschaft ist das ewige *lip* ane tot." So geschihet da ein selig stilli nach ir beider willen. Er gibet sich ir und si git sich ime. Was ir nu geschehe, das weis si.[237]

(Dann geht die Allerliebste zum Allerschönsten in das verborgene Gemach der unschuldigen Gottheit. Da findet sie das Lager der Liebe und die Stätte der Liebe von Gott nicht nach Menschenart bereitet. Da sagt unser Herr: „Bleibt stehen, edle Seele!" „Was gebietest du, Herr?" „Ihr sollt Euch ausziehen!" „Herr, was wird dann mit mir geschehen?" „Edle Seele, Ihr seid meiner Natur so innig verbunden, dass gar nichts zwischen Euch und mir sein darf. [...] Vielmehr sollt Ihr allein die (Tugend), die Ihr von Natur aus in Eurem Innern habt, auf ewig fühlen. Das ist Euer edles Verlangen und Euer unendliches Begehren. Diese will ich in Ewigkeit mit meiner unendlichen Gnade stillen." „Herr, nun bin ich eine nackte Seele und du in dir selbst ein Gott in großer Herrlichkeit. Unser beider Gemeinschaft ist das ewige Leben ohne Tod." Darauf tritt da eine selige Stille ein, wie es beide wollen. Er schenkt sich ihr, und sie schenkt sich ihm. Was ihr jetzt geschieht, das weiß sie.)

Um wie viel zarter und verhaltener nehmen sich demgegenüber selbst die Schilderungen der Tagelieder des späteren Minnesangs aus, in denen bereits real empfundene Liebesbeziehungen (sog. niedere Minne) geschildert werden. Denken wir nur an die so behutsame und verschwiegene Darstellung in Dietmar von Aists erstem Tagelied:

Slâfest du, friedel ziere? man weckt uns leider schiere: ein vogellîn sô wol getân daz ist der linden an daz zwî gegân.‹[238]	›Schläfst du, mein schöner Liebster? Bald wird man uns leider wecken. Ein Vögelchen, ein wohlgestaltes ist auf der Linde Zweig gekommen.‹

oder an Walther von der Vogelweides *Under der linden*

Daz er bî mir læge, wessez iemen	Dass er bei mir lag, wüsst' es jemand

(nu enwelle got!), sô schamt ich mich.	(da sei Gott vor!), so schämt' ich mich.
Wes er mit mir pflæge, niemer niemen bevinde daz wan er und ich. – [239]	Was er mit mir tat, soll niemals jemand das erfahren als er und ich. –

Ganz anders die großen dominikanischen Denker des 14. Jahrhunderts. Bei ihnen, vor allem bei Meister Eckhart, ist nicht die Empfindung vorherrschend, sondern klares Erkenntnisstreben, das zwar an der scholastischen Begrifflichkeit eines Albertus Magnus und eines Thomas von Aquin geschult ist, jedoch das Ziel hat, sich auf dem Wege der Erkenntnis dem unendlichen Gottesgeist in der *unio mystica* zu vereinen.

Meister Eckhart, (1260–1328)

Für Meister Eckhart, dem aus Erfurt stammenden Mystiker, Dominikanermönch, Theologen und Philosophen galt als höchste Kraft der Seele die Vernunft, und als deren edelste Tätigkeit die Erkenntnis.

Darum ist die Vernunft allwegs nach innen suchend[240], so hören wir von ihm. Es ging ihm aber nicht um ein rein abstraktes Erkennen, sondern *um die Versenkung in den eigenen Seelengrund*: *Könntet ihr mit meinem Herzen erkennen, so verstündet ihr wohl, was ich sage, denn es ist wahr und die Wahrheit spricht es selbst.*[241] Mit diesem „Herzensdenken" dachte Meister Eckhart sehr eigenständige Gedanken, wie z. B. den der Geburt Gottes in der Menschenseele. Da heißt es in einer Predigt:

Der vater gebirt sînen sun in der êwicheit im selber glich. 'Daz wort was bî gote, und got was daz wort': ez was daz selbe in derselben natûre. Noch spriche ich mêr: er hât in geborn in mîner sêle. Niht aleine ist si bî im noch er bî ir glîch, sunder er ist in ir, und gebirt der vater sînen sun in der sêle in der selben wîse, als er in der êwicheit gebirt, und niht anders. Er muoz ez tuon, ez sî im liep oder leit. Der vater gebirt sînen sun âne underlâz, und ich spriche mêr: er gebirt mich siînen sun und denselben sun. Ich spriche mêr: er gebirt mich niht aleine sînen sun, mêr: er gebirt mich sich und sich mich und mich sîn wesen und sin natûre. In dem innersten quelle dâ quille ich ûz in dem heiligen geiste, dâ ist ein leben und ein wesen und ein werk.

(Der Vater gebiert den Sohn, ihm selber gleich, in Ewigkeit. „Das Wort war bei Gott, und Gott war das Wort“: Von gleicher Natur waren sie. Ich will noch mehr sagen: In meiner Seele hat er ihn geboren. Zwar ist sie nicht ihm gleich, noch er ihr, doch er ist in ihr; und der Vater gebiert seinen Sohn in der Seele auf dieselbe Weise, wie er ihn in Ewigkeit gebiert; so ist es. Er muss so handeln, sei es ihm lieb oder leid. Allezeit gebiert der Vater den Sohn. Mehr noch: Er gebiert mich als seinen Sohn und macht mich damit seinem Sohne gleich. Außerdem sage ich: Er gebiert mich nicht allein als seinen Sohn; er gebiert mich als sich selbst und sich als mich selbst und mich als ein Wesen von seiner Natur. Der innerste Quell, aus dem ich lebe, ist der Heilige Geist. So ist ein Leben, ein Wesen, ein Werk.)[242]

Durch solche Gedanken war der große Mystiker allerdings nicht immer auf einer Linie mit der kirchlichen Meinung und wurde schließlich sogar als Häretiker denunziert und angeklagt.

Ungeachtet dessen ist es nicht nur die Originalität seiner Gedanken selbst, sondern auch des Meisters unausweichliches Ringen mit der im Begrifflichen zuweilen noch ungelenken und wenig geschmeidigen deutschen Sprache, dem wir es zu verdanken haben, dass ein großer Teil des Wortschatzes im Bereich des Gedanklichen und der Abstraktion, wie z. B. *Einfluss, Bildung, Ursprünglichkeit, innig, wesentlich, begreifen, fühlen,* und viele andere mehr für die deutsche Sprache verfügbar wurde.[243]

Johannes Tauler, 1300–1361

Johannes Tauler, dem Schüler Meister Eckharts, Straßburger Dominikaners, Theologen und Predigers, ging es um die wahre *Armut des Geistes,* welche er der höchsten ethischen Vollkommenheit des Menschen gleichsetzte. *Niemals,* so sagt er, *wird der Mensch ein wirklich geistig Armer, wenn nicht alle Tugenden sein Wesen werden.*[244]

So verstand Tauler die Einkehr der menschlichen Seele bei sich selbst als ein mystisches Erfahren des Hereinwirkens Gottes in einen geistigen Leerraum (die Armut). Und er wird nicht müde, in seinen Predigten die tägliche Gebetsweise der inneren Einkehr zu beschreiben, welche er als *ein innerlich inwendig uebunge;*[245] eine tief innerliche Übung auf dem Wege zur *unio mystica* versteht. Letztere sieht er geradezu als *sittliche Erziehung* und darüber hinaus *als geistige Willensbildung des christlichen Menschen.*[246] Er nennt die Menschen, die solch einen Weg konsequent gehen, Gerechte:

Dise wise enhant nút die gerechten: die uebent sich innan und ussen, und si lident sich in allen den wegen do si der herre in fuert: in die bekorungen, in die visternisse, und ennement sich nút an das si ze friden komen sin, und si ensint och nút ze unfriden, denne si gont einen engen phat enzwischen friden und unfriden und enzwischen hoffnunge und unrechter vorchte und enzwischen sicherheit und zwivel. Und als in wol in blicket der wore fride und friheit des geistes oder sicherheit, alle zehant werffent si wider in den grunt sunder haften.

(Die Gerechten handeln anders: sie üben sich innerlich und äußerlich, und sie gehen geduldig die Wege, die der Herr sie führt: Versuchung und Dunkelheit; sie behaupten nicht, den Frieden gefunden zu haben; aber sie leben auch nicht in Friedlosigkeit, denn sie gehen den engen Pfad zwischen Frieden und Friedlosigkeit, zwischen (vermessener) Hoffnung und übertriebener Furcht, zwischen Sicherheit und Zweifel. Und leuchtet wahrer Friede in sie und Freiheit des Geistes und Sicherheit, so senken sie all dies sogleich in den Grund, ohne ihm anzuhängen).[247]

Heinrich Seuse, 1295–1366

Was Meister Eckhart auf dem Schulungsweg der Erkenntnis, Johannes Tauler durch geistige Willensbildung zu erreichen suchte, erstrebte Heinrich Seuse in strenger Askese, harter Selbstkasteiung und eherner Gelassenheit. Auf diese Weise vollzog der aus Konstanz gebürtige und später in der Schweiz wirkende Mystiker, ebenfalls Schüler

Meister Eckharts und Dominikaner, seine innere Einkehr. Er galt nicht allein als begabter und einfühlsamer Seelsorger, sondern geradezu als *Minnesänger der Gottesliebe,*[248] als künstlerischer Mystiker, dem die *Kündung des Herzens, des Gefühls* innerstes Anliegen war. In seinem Dialog zwischen der *Ewigen Weisheit* und dem gottsuchenden Menschen begegnet uns eine bildhaft künstlerische Sprache, die in ihrer Innigkeit den lyrischen Wortklängen des Minnesangs nicht unähnlich ist, dabei aber von geistigen Erfahrungen spricht, die seine Seele erfüllen:

Herr, so aber der liehte morgensterne uf brichet enmitten in miner sele, so zergat alles leid, es verswindet ellú vinstri und gat uf die lieht heitri. herr [...], so vröuwet sich min sele, so ist mir als reht hohzitklich.[...] Dú sei wirt mit klarheit und warheit und süezekeit durchgossen, daz si aller arbeit vergisset. [...] Mir ist denne, wie ich habe úbergangen stat und zit, und stande in em vorhove ewiger selikeit.

Ach herr, wer git mir, daz es núwan lang werti! Wan geswind in eime ougenblike wirt es verzucket, und bin denn bloz und gelazen, etwenn gnuo nah, als ob ich es nie hetti gewunnen, unz daz es aber nach herzklichem jamer wider kumt.

(Herr, wenn aber der lichte Morgenstern aufstrahlt inmitten meiner Seele, so vergeht alles Leid, es verschwindet alle Finsternis und lichte Heiterkeit geht auf. Herr, dann freut sich meine Seele, dann ist mir so recht hochzeitlich. Die Seele wird mit Klarheit und Wahrheit und Süßigkeit durchgossen, sodass sie alle Mühsal vergisst. Mir ist dann, als hätte ich Raum und Zeit übergangen und stünde im Vorhof der Seligkeit.

Ach, Herr, wer gibt mir, dass es nur lange währt! Denn geschwind, in einem Augenblick, wird es entrückt, und dann bin ich bloß und verlassen, zuweilen beinahe so, als ob ich es nie gewonnen hätte, bis es nach herzlichem Sehnen abermals wiederkommt.)[249]

Durch das Anliegen der Mystik war nun der deutschen Sprache in ganz unterschiedlicher Weise die Aufgabe zugefallen, auch den mystischen Inhalten einen eigenen, ihr gemäßen Ausdruck zu verleihen. Und weil dazu erst einmal die Worte fehlten, kam es schließlich zu einer Fülle von Neuschöpfungen Ableitungen und Umbildungen, die zum großen Teil Abstraktbildungen sind, u. a. auf -heit, -keit und -ung[250], mit denen nunmehr auch seelische und geistige Tatsachen und Vorgänge in angemessener Differenziertheit über das so intensiv dem Diesseits zugewandte Sprachvermögen des Minnesangs hinaus zum Ausdruck gebracht werden konnten.

So wurde durch die neue Religiosität der Mystik – wie schon durch den Minnesang vorbereitet – ein ganzer *Kontinent*[251] des Menschseins für die deutsche Sprache erschlossen, ein Kontinent der nunmehr seelisch wie geistig individualisierten Innerlichkeit.

b) Martin Luther

Als Martin Luther (1483–1546), seinerzeit Professor der Theologie an der Universität zu Wittenberg und Prediger an der Wittenberger Stadtkirche, am 31. Oktober 1517 mit seinen 95 Thesen an die Öffentlichkeit trat, gelangten diese nicht nur den Menschen in Wittenberg und näherer Umgebung zur Kenntnis, sondern *lieffen schier in vierzehn tagen durch gantz Deudschland.*[252] Und dies, obwohl der Weg zu einer gesamtdeutschen Verständigung auf breiterem Felde eigentlich noch immer nicht frei war; denn noch immer gab es nur regionale Schreibsprachen, aber keine gesamtdeutsche Schriftsprache. Spricht doch Martin Luther selbst davon, *dass die Leute in 30 Meilen Weges einander nicht wol können verstehen.*[253]

Martin Luther, 1528

Auch besaß das plurizentrische Deutschland nicht, wie dies z. B. in Frankreich oder England seit Langem gegeben war, eine übergeordnete Autorität, die eine Spracheinigung durch zentrale Verfügung hätte regeln können.

Der Weg zur deutschen Spracheinigung geschah auf einem bemerkenswerten Umweg.

Nachdem eine letzte große Veränderung im Lautstand der deutschen Vokale und Diphthonge stattgefunden hatte,[254] und dazu, die Schreibweise betreffend, eine große *Entrümpelung im Buchstabenbereich* vonstatten gegangen war,[255] war es ausgerechnet der Theologe Martin Luther (1483–1546), dessen geniales Verdienst es wurde, einer Autorität in Deutschland zur Wirksamkeit zu verhelfen, die ihre Durchschlagskraft dann in einzigartiger Weise entfalten konnte. Das war *die Autorität des Gotteswortes*.[256] Zwar war es zunächst das eigentliche Anliegen Luthers, eine innere Reform der katholischen Kirche zu bewirken, Missstände zu beseitigen und dem aller christlichen Ethik widersprechenden Ablasshandel ein Ende zu setzen. Wollte er jedoch allem Volke auch die Glaubensinhalte unmittelbar zugänglich machen, musste er die Bibel in für jedermann verständliches Deutsch übersetzen.

Wer aber war Martin Luther, dass er sich ein Werk dieser ungeheuren Größe zur Aufgabe setzen und der deutschen Sprache damit zu einem zweiten großen Gipfel auf ihrem Entwicklungsgang verhelfen konnte?

Was Luther als Persönlichkeit auszeichnete, war sein tiefes Vertrauen in den Glauben, d. h. sein bedingungsloses Eintreten für wahres und sittlich unanfechtbares Handeln und seine Liebe zu den Menschen, die ihn befähigten, ihnen die Worte der Bibel in einer für jedermann verständlichen deutschen Sprache nahezubringen; vor allem aber war es die mit seiner ganzen Persönlichkeit gedeckte und in jedem Augenblick gelebte moralische Integrität, an der er kompromisslos sein Leben lang festhielt, auch als dieses auf dem Spiele stand. Denken wir nur an den unerschütterlichen Mut und die Geisteskraft, die Luther, nachdem er bereits vom Papst mit der Bannbulle belegt und exkommuniziert worden war, beim Reichstag zu Worms an den Tag legte: Weigerte er sich doch dort einzig unter Berufung auf seine untrügliche innere Stimme, das Gewissen, seine Thesen und Ansichten zu widerrufen: *weil wider das Gewissen etwas zu tun weder sicher noch heilsam ist. Gott helfe mir. Amen.*[257]

Hilfe kam von ganz unerwarteter Seite. Und diese erwies sich als eine eindrucksvolle Schicksalsfügung. Wurde doch der Reformator, nachdem der Kaiser auch die Reichsacht über ihn verhängt hatte, auf Veranlassung des Luther wohlgesonnenen Kurfürsten Friedrich in die Schutzhaft auf der Wartburg „entführt“, eben dorthin, wo er, behütet und unerkannt, das große Lebenswerk der Bibelübersetzung beginnen konnte, um den Menschen seiner Zeit in Deutschland dieses bedeutende Geistesgut zu erschließen.

So kam es, dass sich Luther während seiner Schutzhaft auf der Wartburg anschickte, das Neue Testament ins Deutsche zu übertragen. Zwar gab es bereits vor Luther zahlreiche Bibelübersetzungen in deutscher Sprache, doch ging der Reformator mit seiner Übersetzung völlig neue Wege. Zum Ersten betraf dies die Methodik seines Übersetzens überhaupt, denn, obschon er, wie er ausdrücklich vermerkt, zuallererst die grammatische Richtigkeit beachtete, übersetzte er nicht nach dem bisher als unantastbar geltenden Prinzip des *verbum e verbo* (Wort für Wort), sondern er hatte einzig die Zielsprache Deutsch vor Augen. Luther war also bemüht, einen bedingungslos deutschen Text der Bibel herzustellen, der vor allem vom Volk verstanden werden konnte:

> was sol ich vil und lange sagen von dolmetzschenn? Solt ich aller meiner wort ursachen und gedancken anzeigen, ich müste wol ein jar dran zu schreiben haben. Was dolmetschen fur kunst und erbeit sey, das hab ich wol erfaren, [...] Jch hab mich des geflissen ym dolmetzschen, das ich rein und klar teutsch geben möchte. [...] man mus nicht die buchstaben inn der lateinischen sprachen fragen, wie man sol Deutsch reden, [...] sondern, man mus die mutter jhm hause, die kinder auff der gassen, den gemeinen man auff dem marckt drumb fragen, und den selbigen auff das maul sehen, wie sie reden, und darnach dolmetzschen, so verstehen sie es den und mercken, das man Deutsch mit jn redet.[258]

Zwar wäre es naheliegend, aus diesen Sätzen des Reformators zu schließen, dass dieser sich seinen Worten zufolge einen alltäglichen, wenn nicht gar profanen Stil zu eigen gemacht hätte. Das Gegenteil ist der Fall. Wenn Luther auch zuweilen in seinen Tischreden oder im Umgang mit seinen Gegnern eine recht deftige, grobe Ausdrucksweise hervorkehren konnte, so lässt sich doch am Sprachstil seiner biblischen Texte, seiner Predigten oder Kirchenlieder erkennen, dass er nicht nur ein volksnaher, des Deutschen mächtiger Schreiber, sondern ein bei aller Schlichtheit und Prägnanz des Ausdrucks hochgeschulter Sprachkünstler war, der übrigens ebenfalls als begnadeter Redner galt, was sein Freund und Mitarbeiter Justus Jonas noch in seiner Rede am

Sarg des Verstorbenen bezeugt:

Er war ein trefflicher, gewaltiger Redener. Item ein überaus gewaltiger dolmetzscher der gantzen Bibel. Es haben auch die Cantzleien zum teil von im gelernet recht deudsch schreiben und reden, denn er hat die Deudsche sprach wider recht herfür gebracht, das man nu wider kan recht deudsch reden und schreiben und wie das viel hoher leut mussen zeugen und bekennen.[259]

Doch war noch ein Zweites an Luthers Übersetzungsarbeit völlig neu, nämlich, dass er nicht, wie bisher ebenfalls üblich, aus der lateinischen Vulgata übersetzte, sondern dass er das Neue Testament unmittelbar aus dem griechischen Original, das Alte Testament dann später aus dem hebräischen Urtext ins Deutsche übertrug. Und dies hatte, wie er in seinen Tischreden bildhaft einprägsam darlegt, qualitative, ästhetische Gründe:

Die Ebräer trinken aus der Bornquelle; die Griechen [...] aus den Wässerlin, die aus der Quelle fließen; die Lateinischen aber aus den Pfützen.[260]

Eine ungeheure Sprachleistung hat Luther mit dieser Übersetzung vollbracht. Freilich soll er mit großer Sprachkraft (dem oft genannten *ingenium bonum)* begabt gewesen sein, doch auch ein Leben lang an der Sprache und für die Sprache gearbeitet haben; so soll er z. B. für die Übersetzung des Neuen Testamentes nur elf Wochen benötigt haben, für die Übertragung des Alten Testamentes dann weitere Jahre. In einem Brief bekennt Luther allerdings auch, was *für ein großes, beschwerliches Werk* es gewesen sei, *die hebräischen Schriftsteller zu zwingen, deutsch zu reden [...], als ob man eine Nachtigall zwänge, den Kuckuck nachzuahmen.*[261]

Luthers Hebräischkenntnisse sollen im Übrigen nie so gut gewesen sein, dass er die Übersetzungsarbeit ohne fremde Hilfe hätte leisten können. Doch äußerte er sich über diese Sprache voller Hochachtung:

Es ist die Ebreische sprache so reiche, das keyne sprach sie mag gnugsam erlangen. Denn sie hat viel wörter die da, singen, loben, preysen, ehren, frewen, betrüben etc. heyssen, da wyr kaum eynes haben. Und sonderlich ynn göttlichen heyligen sachen ist sie reich mit worten, das sie wol zehen namen hat, da sie Gott mit nennet, wo wyr nicht mehr haben denn das eynige wort, Gott.[262]

Da im Hebräischen allen Buchstaben auch ein Name, ein Zahlenwert und darüber hinaus symbolische Bedeutung zukommt, haben Begriffe – anders als in unserer Sprache – einen weniger abstrakten, dafür aber umfassenden Bildcharakter.[263]

Auch fehlte ursprünglich in dieser reinen Konsonantenschrift die vokalische Lautung, die als Ausdruck des menschlichen Inneren möglicherweise noch nicht von eigenständiger Bedeutung im heutigen Sinne war.[264]

Ganz anders als die hebräische ist die griechische Sprache geartet, weil in ihr besonders der Vokalreichtum, und damit vor allem ihr melodiöser Klang auffällt.

Johann Joachim Winckelmann charakterisiert das Griechische so:

> Der Überfluss der Vokale war vornehmlich dasjenige, was die Sprache vor anderen geschickt machte, durch den Klang und durch die Folge der Worte aufeinander die Gestalt und das Wesen der Sache selbst auszudrücken.[265]
>
> Denn als ein Kunstwerk muss vor allen Schwestersprachen die griechische betrachtet werden wegen des in ihr waltenden Sinnes für Ebenmaß und Vollkommenheit der Laute, für Klarheit der Form, für Gesetz und Organismus.[266]

So waren es wohl die Bildhaftigkeit und der Wortreichtum des Hebräischen einerseits und die Musikalität und künstlerische Formschönheit des Griechischen andererseits, welche sich mit der Bibelübersetzung Luthers als neue wesentliche Qualitäten in die deutsche Sprache einleben konnten.

Als Martin Luthers Bibelübersetzung veröffentlicht und anhand des wenige Jahrzehnte zuvor erfundenen Buchdrucks in weiten Kreisen Deutschlands verbreitet werden konnte, war damit nicht nur das Fundament zu einem allgemeinen Bibelverständnis gelegt, sondern auch der Grund zu einer Verbreitung der deutschen Einheitssprache. Dies war zugleich das Werk des Theologen und des Sprachschöpfers Luther.

Zu Luthers Lebzeiten soll bereits etwa eine halbe Million Exemplare seiner Bibelübersetzung im Umlauf gewesen sein. Luthers Anliegen, seine Bibelübersetzung den breiten Volksschichten nahezubringen, war damit in vollem Umfange gelungen. Letzteres wird auch in einer eigentlich polemisch gemeinten

Schilderung des erbitterten Luthergegners Johannes Cochlaeus[267] deutlich: *Luthers Neues Testament*, so heißt es darin, war

> durch die Buchdrucker dermaßen gemehrt und in so großer Anzahl ausgesprengt, also dass auch Schneider und Schuster, ja auch Weiber und andere einfältige Idioten, soviel deren dies neue lutherische Evangelium angenommen, wenn sie auch nur ein wenig Deutsch auf einem Pfefferkuchen lesen gelernt hatten, dieselbe gleich als einen Bronnen aller Wahrheit mit höchster Begierde lasen. Etliche trugen dasselbe mit sich im Busen herum und lernten es auswendig.[268]

Lange Zeit hindurch soll die Bibel sogar einziges Schulbuch in protestantischen deutschen Landen gewesen sein.

Dennoch musste diese Bibel zunächst noch etwa ein Jahrhundert lang auch in einer niederdeutschen, d. h. plattdeutschen, Version (Luther beherrschte auch das Plattdeutsche selbst) veröffentlicht werden, um wirklich überall verstanden zu werden. Fast 400 Jahre lang konnte dann die Textstabilität des neuen Schriftdeutschen aufrechterhalten werden, obwohl man, um überregional bessere Verständlichkeit zu garantieren und der Veraltung des Wortschatzes entgegenzuwirken, zwischenzeitlich noch erklärende Glossare im Anhang hinzufügte. Hatte doch Luther die in der deutschen Sprache liegenden Möglichkeiten der Wortbildung und Wortzusammensetzung reichlich genutzt. Noch heute kennen wir, abgesehen von Luthers z. T. recht derben Schimpftiraden, Worte wie *Brimborium, Blutgeld, Dachrinne, Gegenbild, Herzenslust, Kleingläubiger, Kriegsknecht, Lockvogel, Mastvieh, Menschenfischer, Morgenland* wie auch *friedfertig, gastfrei, wetterwendisch, anschnauben, nacheifern, plappern*[269] und viele, viele mehr.

Als Luther mit seinem hohen Anspruch zugleich an Verständlichkeit als auch an sprachliche Qualität den fremden Text einer sinngemäßen deutschen Form, d. h. deutscher Syntax, deutscher Idiomatik und deutscher Eigenart einzugewöhnen versuchte, geschah dies nicht ohne Mühe, sondern brachte zuweilen trotz der Mithilfe wissenschaftlicher Fachkräfte ein tage- und wochenlanges Ringen um wenige Zeilen mit sich. Luther berichtet selbst in seinem *Sendbrief vom Dolmetschen:*

> Und ist uns sehr oft begegnet, dass wir vierzehn Tage, drei, vier Wochen haben ein einziges Wort gesucht und gefragt, haben's dennoch zuwei-

len nicht gefunden. Im Hiob arbeiteten wir also, Magister Philips, Aurogallus und ich, daß wir in vier Tagen zuweilen kaum drei Zeilen konnten fertigen.[270]

Es waren nicht nur Tage und Wochen, sondern es war eine lebenslange Arbeit, die Luther an und mit der Sprache leistete. So nimmt es kaum wunder, dass der strenge Maßstab, den er an die Stimmigkeit und Schönheit der Formulierung legte, schließlich einen Sprachstil zeitigte, der sich in seiner Dichte, Präzision und Treffsicherheit kaum überbieten lässt.

Als besondere Gunst des Schicksals erwies sich wohl auch, dass Luther schon geografisch in die Mitte der deutschen Sprachlandschaften hineingeboren war und auch sein Leben lang – mit Ausnahme von kleineren Reisen und einem Aufenthalt in Rom – im geografischen und sprachlichen Umfeld von Thüringen und Sachsen gewirkt hat. Sprachlich war dies der Raum des Ostmitteldeutschen, das auch in größeren im Süden und Norden gelegenen Teilen Deutschlands weitgehend verstanden werden konnte.

Auch hatte sich, als das Bürgertum zunehmend an Bedeutung gewonnen hatte, das Ostmitteldeutsche ohnehin bereits im Laufe des 14. und 15. Jahrhunderts als Verkehrssprache durchgesetzt, da für die Verständigung im Handels-, Verkehrs- und Verwaltungswesen bis hin zur Urkundensprache der Kanzleien einheitliche Sprachformen unumgänglich geworden waren.

Diese Tatsache traf sich mit Luthers Sprachvermögen, das er selbst mit folgenden Worten charakterisiert:

Ich habe keine gewisse, sonderliche, eigene Sprache im Deutschen, sondern brauche der gemeinen [allgemeinen, nicht nur landschaftlich gebundenen] deutschen Sprache, daß mich beide, Ober- und Niederländer verstehen mögen. Ich rede nach der sächsischen Canzeley, welcher nachfolgen alle Fürsten und Könige in Deutschland; alle Reichsstädte, Fürsten-Höfe schreiben nach der sächsischen und unseres Fürsten Canzeley, darum ists auch die gemeinste deutsche Sprache.[271]

Als Beispiel für Luthers Sprach- und Übersetzungskunst sei hier stellvertretend die Übertragung des 23. Psalms angeführt, und zwar zum Vergleich eine frühere und eine spätere Version:

Luther 1524/28 (Psalm 23)	Luther 1531 (Psalm. 23)
DEr HERR ist meyn hirtte, myr wird nichts mangeln.	DEr HERR ist mein hirte, mir wird nichts mangeln.
Er lesst mich weyden da viel gras steht, vnd füret mich zum wasser das mich erkulet.	Er weidet mich auff einer gruenen awen, vnd fueret mich zum frischen wasser.
Er erquickt meyne seele, er füret mich auff rechter strasse vmb seyns namens willen.	Er erquicket meine seele, er fueret mich auff rechter strasse vmb seines namens willen.
Vnd ob ich schon wandert ym finstern tal, furcht ich keyn vngluck. Denn du bist bey myr. Deyn stecken vnd stab trösten mich.	Vnd ob ich schon wandert jm finstern tal, fuerchte ich kein vnglueck, Denn du bist bey mir, Dein stecken vnd stab troesten mich.
Du bereyttest für myr eynen tisch gegen meyne feynde. Du machst meyn heubt fett mit öle vnd schenckest myr voll eyn.	Du bereitest fur mir einen tisch gegen meine feinde, Du salbest mein heubt mit oele, vnd schenkest mir vol ein.
Gutts vnd barmhertzickeyt werden myr nach lauffen meyn leben lang, vnd werde bleyben ym hause des HERRN ymmerdar.	Gutes vnd barmhertzigkeit werden mir folgen mein leben lang, vnd werde bleiben im hause des HERRN jmerdar.

Einige Aspekte des Textes, welche die mühsame Kleinarbeit des Übersetzens und Luthers unermüdliches Streben nach größerer Sprachvollkommenheit deutlich werden lassen, seien hier hervorgehoben.

In seiner Übersetzung aus dem Jahre 1531 z. B. hat Luther zwei Stellen gegenüber den sonst mit der Übersetzung von 1524 identischen Formulierungen geändert, nämlich den Text der zweiten und den der fünften Strophe.

Der Text der zweiten Strophe heißt in der Übersetzung von 1524:	Die Übersetzung des Textes von 1531 dagegen lautet:
Er lesst mich weyden da viel gras steht und fueret mich zum wasser das mich erkulet.	Er weidet mich auff einer gruenen awen, vnd fueret mich zum frisschen wasser.

Was der Grammatiker Luther in der späteren Version geändert hat, sind die beiden Relativsätze, an deren Stelle nun jeweils

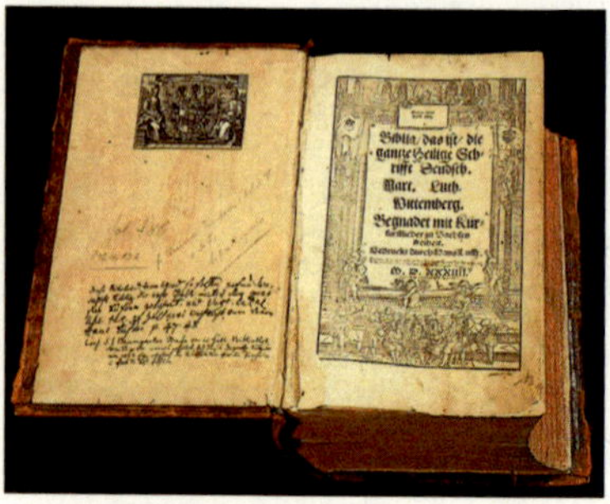

Die erste vollständige Bibelübersetzung von Martin Luther, Druck 1534

ein Adjektiv steht. Der Sprachkünstler Luther aber hat weit mehr geändert. Er hat das trockene Faktum *viel Gras steht* in das anschauliche Bild einer *grünen Aue*, eines erquickenden Lebensraumes verwandelt; ebenso hat er das Erleben der Lebensqualität *frischen Wassers* der eher zweckbetonten Aussage vom *Wasser, das kühlt*, vorgezogen.

Wie anders klingt das Wort s*alben* gegenüber dem Ausdruck *fett machen!* Teilt sich doch sogleich sprachlich mit der Tätigkeit des Salbens die Geste der menschlich liebevollen, heilenden oder auch der priesterlich heiligenden Zuwendung mit, wohingegen die Geste des Fettmachens deutlich dem profanen Bereich angehört.

Doch nicht nur im Bereich des Wortes bemerken wir Luthers Sprachkunst, sondern z. B. auch auf lautlicher Ebene. Eine Fülle von Alliterationen fällt auf: **H**err – **h**irte, **m**ir – **m**angeln, **f**ueret – **f**risschen, **w**eidet – **w**asser, **f**instern – **f**uerchte, **st**ecken – **st**ab (hier noch dazu als Zwillingsformel), **l**eben – **l**ang, **h**ause – **H**errn. Vermöge dieser konsonantischen Klangbündelung, insbesondere der genannten Hauch- und Blaselaute, erhält der Text durchgehend eine bezaubernde Leichtigkeit und Durchlässigkeit, welche ihrerseits von hellen Vokalen (**i, e**), Umlauten (**ü, ö**) und Diphthongen (vor allem **ei**) durchklungen ist, wobei in allen Strophen, z. T. mehrmals an markanter Stelle die öffnende und zugleich einladende Geste des **a**-Lautes erscheint, mit der dieser Psalm schließlich auch ausklingt. Sodann wird mit dem **au**-Laut auf zwei Orte hingedeutet, welche Beginn und Ende des Textes in besonderer Weise charakterisieren: die **Au**e und das H**au**s, beides Orte, die schon durch ihren Klang zu behütetem Verweilen einladen, der eine in die Schöpfung draußen, der andere ins Seeleninnere zur Bleibe in der ständigen Gegenwart Gottes.

Auch wenn das Wort Psalm schon im Hebräischen מִזְמוֹר (mizmor), und später dann im Griechischen ψαλμός (psalmós) einen religiös-poetischen Preisgesang bezeichnete, so ist es doch bemerkenswert, dass der Reformator Luther mit seiner Übersetzung nicht nur dem religiösen Anspruch genügte, sondern in gleichwertiger Weise auch einem künstlerisch-poetischen.

Und dies war wohl in einem dritten, allerdings mehr verborgenen Übersetzungsanliegen Luthers begründet, einem Herzensanliegen im wahrsten Sinne des Wortes. Denn Luther war es nicht nur um ein intellektuelles Verstehen der übersetzten Bibelworte zu tun, es ging ihm zugleich um ein tieferes, ein Herzensverstehen:[272]

UND gleich wie ich gar viel lieber wolt einen Heiligen hören reden / denn seine werck sehen. Also wolt ich noch viel lieber sein hertz vnd den Schatz in seiner Seelen sehen/ denn sein wort.

Das allerdings war zu seiner Zeit eine gänzlich neuartige und originelle Intention des großen Übersetzers, dessen Sprachschöpfertum ansonsten heute eher als das eines *Katalysators* gesehen wird, nicht als das eines Neuschöpfers.[273]

Doch berühren Luthers oben zitierte Worte noch eine ganz andere Sprachschicht, die er, wenn er mit Worten umging, innerlich wahrzunehmen, ja zu *sehen* versuchte, nämlich den Herzensgrund des Sprechenden. Die Tatsache, dass es Luther über das philologische Handwerk des Übersetzens hinaus zugleich um das geistig-seelische Wahrnehmen, d. h. um das Herzensverständnis eines zunächst „fremden" Sprachempfindens ging, das er dann *rein und klar teutsch* wiedergeben konnte, macht ihn wohl doch – unabhängig von den philologisch unantastbaren Gegenargumenten – auch zu einem genialen Sprachschöpfer, der den Stil und Ausdruckswillen seiner Zeit einem *deutlich sichtbaren Gipfel*[274] zuführte. Was hat er nicht alles unternommen, um letztlich das treffende, allgemein verständliche Wort zu finden! Berichtet wird z. B. auch, dass Luther sich *etlich Schöps abstechen ließ, damit ihm ein deutscher Fleischer berichtet, wie man ein jedes im Schaf nennete;* oder dass er sich Edelsteine aus dem Besitz des Kurfürsten bringen und sich deren Art und Namen erklären ließ, um die in der Bibel genannten richtig übersetzen zu können.[275]

Was immer Luther von dem zu seiner Zeit und in seinen Landen gesprochenen Wortgut aufnahm und den Menschen abhorchte, das sammelte er, verwandelte es, wählte aus und verwarf es auch wieder, wenn er den treffenden Ausdruck gefunden hatte:

Luther besaß – oder erwarb sich – das sichere Fingerspitzengefühl für die richtige Auswahl, und er verfügte über die dichterische Kraft, die deutsche Sprache *auch in der Übersetzung voll zum Klingen zu bringen.*[276]

So blieb diese durch Luther geschaffene deutsche Schriftsprache für die Entwicklung des Neuhochdeutschen in einzigartiger Weise prägend. Noch Jakob Grimm spricht am Ende des 19. Jahrhunderts mit großer Hochachtung von Martin Luther:

Unsere sprache ist, nach dem unaufhaltbaren laufe aller dinge, in lautverhältnissen und formen gesunken; was aber ihren geist und leib genährt, verjüngt, was endlich blüthen neuer poesie getrieben hat, verdanken wir keinem mehr, als Luthern.[277]

Dass wir im Übrigen einen Großteil unserer noch heute mit Selbstverständnis im Munde geführten geflügelten Worte oder sprichwörtlichen Redewendungen allein Luthers Bibelübersetzung zu verdanken haben, ist uns oft kaum noch bewusst.[278] So kennen wir im täglichen Gebrauch z. B. *Wes das Herz voll ist, des geht der Mund über, Hochmut kommt vor dem Fall* oder *Ein Buch mit sieben Siegeln, Sein Herz ausschütten, Sein Licht unter den Scheffel stellen, Ein Stein des Anstoßes, angst und bange* und viele andere.

Doch sind die geflügelten Worte, die sich im Volksmund erhalten haben, freilich nur ein sehr geringer Teil dessen, was als Bibelverständnis und originelles deutsches Sprachwirken, ja überhaupt als geistige Ausstrahlung Luthers bis heute durch die Jahrhunderte fortgewirkt hat.

So hat es im Zuge der auf Luther folgenden Jahrhunderte kaum einen bedeutenden Deutschen gegeben, der sich nicht bewundernd über das Phänomen Luther geäußert hätte, ob Friedrich der Große, Lessing oder Herder, ob Goethe, Fr. Schlegel, Heine, Nietzsche oder Thomas Mann u.a.m.[279]

c) Die deutsche Klassik

Gleichwohl betrachten wir die Goethezeit als die klassische Zeit des deutschen Geistes, als die Zeit, deren Schöpfungen, trotzdem sie im eigentlichen Sinne historisch geworden sind, in einem höheren Sinne übergeschichtliche, und das heißt klassische Bedeutung haben. Als klassisch nämlich betrachten wir eine Zeit, in der der Geist eines Volkes *auf die Höhe seiner selbst* gekommen ist, zum Besten, dessen es fähig war. Dazu kommt ein Volk, nicht anders als ein Mensch, nur an einer bestimmten Stelle seiner Bahn. [...] Es ist dies offenbar eine Stelle konzentriertester Lebenskraft, an der diese aber plötzlich zu neuer Gestalt durchbricht, einer Gestalt, in der alle früheren gleichsam aufgehoben sind.[280]

Nach Luthers Tod war zunächst das Bedürfnis entstanden, die Fülle des nun vorhandenen deutschen Sprachschatzes zu sichten, zu ordnen und ihn in Wörterbüchern und Grammatiken (nach lateinischem Muster) zu registrieren und zu systematisieren. Auch war, obwohl noch um 1570 in Deutschland 70% aller gedruckten Bücher in lateinischer Sprache abgefasst waren, inzwischen die Wissenschaftstauglichkeit der deutschen Sprache entdeckt worden. Als einsamer „Vorreiter" hatte Paracelsus (1493 – 1541), der berühmte Arzt, Alchemist, Astrologe, Mystiker und Philosoph, seine Werke bereits in deutscher Sprache verfasst und wohl noch zu Luthers Lebzeiten in Basel schon die ersten deutschen Vorlesungen gehalten. Doch hatten sich zunächst keine Nachahmer gefunden.

Galten die seit Luther immer noch aktuellen Bestrebungen zur Spracheinigung auch im 16. Jahrhundert weiterhin der Glaubensverbreitung und daneben ebenso dem geschäftlichen Interesse der Druckereien, so orientierten sie sich im 17. Jahrhundert, dem Zeitalter des Barock, zunehmend am wachsenden deutschen Nationalbewusstsein. Letzterem zufolge entstanden sehr bald nach dem Vorbild der romanischen Sprachakademien eine Reihe von Sprachgesellschaften, deren Mitglieder sich der Pflege und Reinerhaltung der deutschen Sprache annahmen. Dazu sollte im Wesentlichen die Befreiung des Deutschen von Fremdwörtern und auch von mundartlich geprägten Wörtern gehören, aber auch eine gelenkte Weiterentwicklung der Schriftsprache, insbesondere im Bereich der Orthografie und der Aussprache.

Eigentlich hätte nach Ansicht der barocken Sprachpfleger der Weg zur endgültigen sprachlichen Einheit über die Regeln der Grammatik führen sollen, wie dies zuvor schon in Frankreich und Italien geschehen war. Doch in Deutschland kam es ganz anders, wenngleich, von außen betrachtet, *als die Klassik einsetzte […], das einzig Verbindende der Sprache in den literarischen Werken ihre Uneinheitlichkeit* war: *individuelle Gestaltung in Schreibung, Wortschatz und Syntax* war *das Vorherrschende.*[281]

Die sprachliche Einigung geschah zum Glück nicht durch gelenkte formale Reglements von außen, sondern durch individuelle Gestaltung gedachter und gelebter Ideale von innen.

Hatte Luther noch mit der Frage gelebt *Wie werde ich dereinst vor Gott bestehen können,* so ging es den Weimarer Klassikern jetzt um die Frage nach dem wahren Menschsein, um das Ideal des edlen Menschentums, um die Humanität, um welche all ihr Sinnen und Trachten kreiste und der sie in ihren Dichtungen persönlichen sprachlichen Ausdruck zu verleihen suchten.

Johann Gottfried Herder, 1744–1803

Es war das Verdienst des bedeutenden Theologen, Philosophen und Goethefreundes Joh. Gottfried Herder,[282] zum einen den Versuch unternommen zu haben, auf die zu jener Zeit heiß diskutierte Streitfrage über den Ursprung der Sprache überhaupt eine stichhaltige Antwort zu geben,[283] zum anderen aber auch, dem klassischen Sprach- und Gedankengut als solchem den Weg zum dritten großen Gipfel der deutschen Sprachentwicklung bereitet zu haben.

In seinen *Ideen zur Philolosophie der Geschichte der Menschheit* führt er aus:

Humanität ist der Zweck der Menschennatur, und Gott hat unserm Geschlecht mit diesem Zweck sein eigenes Schicksal in die Hände gegeben. […] Betrachten wir die Menschheit, wie wir sie kennen, so kennen wir nichts Höheres als Humanität im Menschen; denn selbst wenn wir uns Engel oder Götter denken, denken wir sie uns nur als idealische, höhere Menschen.[284] […] Die ganze Geschichte der Völker wird uns […] eine Schule des Wettlaufs zur Erreichung des schönsten Kranzes der Humanität und Menschenwürde.[285]

Für Herder war die Humanität, welche er im edelsten und eigensten Teil unsrer selbst, in unserer *gottähnlichen* und *unsterblichen Seele* verankert sah, geradezu Sinn und Ziel der Menschennatur.

Menschenbildung und wahres Menschsein aber galten auch für Goethe und Schiller als fortwährender Ansporn ihres Strebens und Wirkens.

Johann Wolfgang v. Goethe, 1828

So gebührt dem Menschen im Weltbild der Klassiker der höchste Platz im Reigen aller natürlichen Schöpfung. Goethe sieht darin allerdings nicht eine von der Natur oder von Gott gegebene Rangordnung, die der Mensch innerhalb dieser Schöpfung bis zu einer höchsten Stufe erklimmt, sondern eine im Wesen der Natur selbst veranlagte Möglichkeit zu fortwährender Entwicklung und Verwandlung bis hin zu einer höchsten Form. Diese aber ist ihrerseits als *geprägte Form, die lebend sich entwickelt,*[286] in der Lage, aus sich selbst heraus und aus eigenem, nunmehr ethischem Antrieb zu neuen Höhen des Daseins sich weiter zu entfalten. Müssen wir uns hier nicht erinnert fühlen an die *Enérgeia,* die *ewig sich wiederholende Arbeit des Geistes,* eine sich durch sich selbst erneuernde Kraft, der schon die deutsche Sprache selber ihr Dasein verdankt? Und sollte es also die Aufgabe der Klassiker gewesen sein, diese Sprachkraft in ihrer Dichtung zur höchsten Blüte zu bringen?

Dann wäre es umso erhellender, dass alles Sinnen und Trachten der klassischen Dichter zuallererst dem eigenen inneren Streben nach menschlicher Vollkommenheit galt, und wir werden, ehe wir den sprachlichen Zugewinn ins Auge fassen, der auf der Grundlage des klassischen Welt- und Menschenbildes möglich wurde, zunächst diese Weltanschauung selbst ein wenig näher betrachten.

In Goethes eigener Darstellung heißt es:
Das letzte Produkt der sich immer steigernden Natur ist der schöne Mensch.[287]

Gemeint ist nicht nur der Mensch als *letztes Produkt der Natur*, sondern derjenige, der bereits den Weg des eigenen Strebens eingeschlagen hat, der *schöne* Mensch.

Diese Worte sprechen im Sinne des antiken Griechentums, welches für Goethe höchstes Vorbild, ja innere Heimat bedeutete, vom wahren Menschentum, so wie Goethe es empfand und in den *Maximen und Reflexionen* formulierte:

Denn wenn wir uns dem Altertum gegenüberstellen, und es ernstlich in der Absicht anschauen, uns daran zu bilden, so gewinnen wir die Empfindung, als ob wir erst eigentlich zu Menschen würden. [288]

Was dieses wahre, das eigentliche Menschentum ausmacht, ja, was es seinerseits wie die stetig sich metamorphosierende Natur immer weiter steigert, das ist der beständige Wille des Menschen-Ichs, *zum höchsten Dasein*[289] *immer fortzustreben.* Das höchste Dasein des Menschen aber, zu dem Goethe auch in seinem Gedicht *Edel sei der Mensch* aufruft, sieht der Dichter in dem Ideal des sittlich Guten, das ja im antiken Griechentum zugleich als das Schöne verstanden wurde, denn es hatte sowohl ethische wie auch ästhetische Bedeutung, ja es wurde von den griechischen Philosophen sogar in dem einzigen Begriff καλοκἀγαθία (*kalokagathía*, das *Schöngute*) zusammengefasst.[290]

Daher ist es wohl auch für Goethe eine fraglos stimmige Folgerung, das *letzte Produkt der sich immer steigernden Natur* nicht nur als den *Menschen*, sondern als den *schönen Menschen* zu beschreiben.

Der Titel, unter dem Goethe dieses Menschheitsideal in dem eben genannten Gedicht beschreibt, hat allerdings eine unerhörte, fast atemberaubende Bedeutungsdimension, denn er heißt: *Das Göttliche.*

Edel sei der Mensch,
Hilfreich und gut,
Denn das allein
Unterscheidet ihn
Von allen Wesen,
Die wir kennen. [291]

Mit einem nahezu kategorischen, allgemeingültigen Anspruch, stellt Goethe hier eine grundsätzliche ethische Forderung für das menschliche Individuum auf: *Der Mensch sei* [...] Und das Vorbild wie auch das Ergebnis dieses ethischen Strebens nennt er ja *Das Göttliche,* das, was den Menschen auf die Stufe der Götter erheben kann und was somit umgekehrt geradezu als Existenzbeweis dieser *höhern Wesen* gelten mag.

> Heil den unbekannten
> Höhern Wesen,
> Die wir ahnen!
> Ihnen gleiche der Mensch;
> Sein Beispiel lehr uns
> Jene glauben.

Ein umfassendes ethisch-religiöses Weltbild also spricht aus diesen Versen.

Das aber, was den guten Menschen zugleich auch zum *schönen Menschen* macht und was ihn schließlich auf die Stufe des Göttlichen zu erheben vermag, kann freilich im Leben nicht ohne Weiteres und auch nicht ein für alle Male, sondern immer nur von Neuem errungen werden, *denn genau genommen kann man sagen, es sei nur ein Augenblick, in welchem der schöne Mensch schön sei.*[292]

In seinem Aufsatz über Laokoon weist Goethe darauf hin, dass zum Hervorbringen dauerhafter Schönheit im Grunde ein ethisch-künstlerischer Akt vonnöten sei, und dass sich das *Schönheitsgefühl* des Künstlers dann *in seiner höchsten Energie und Würde zeige, wenn es [...] seine* [moralische] *Kraft beweist, und die leidenschaftlichen Ausbrüche der menschlichen Natur in der Kunstnachahmung zu mäßigen und zu bändigen versteht.*[293] In seiner Winckelmann-Schrift tritt ja dann Goethes am Griechentum herangebildetes Menschenbild endgültig deutlich in Erscheinung:

> [...] denn indem der Mensch auf den Gipfel der Natur gestellt ist, so sieht er sich wieder als eine ganze Natur an, die in sich abermals einen Gipfel hervorzubringen hat. Dazu steigert er sich, indem er sich mit allen Vollkommenheiten und Tugenden durchdringt, Wahl, Ordnung, Harmonie und Bedeutung aufruft und sich endlich bis zur Produktion des Kunstwerkes erhebt, das neben seinen übrigen Taten und Werken einen glänzenden Platz einnimmt. Ist es einmal hervorgebracht, steht es in seiner idealen Wirklichkeit vor der Welt, so bringt es eine dauernde

Wirkung, es bringt die höchste hervor: Denn indem es aus den gesamten Kräften sich geistig entwickelt, so nimmt es alles Herrliche, Verehrungs- und Liebenswürdige in sich auf und erhebt, indem es die menschliche Gestalt beseelt, den Menschen über sich selbst, schließt seinen Lebens- und Tatenkreis ab und vergöttert ihn für die Gegenwart, in der das Vergangene und Künftige begriffen ist.[294]

Das sah auch Schiller, der in dem berühmten Brief, durch den er die Freundschaft mit Goethe begründete, schrieb:

Sie suchen das Nothwendige der Natur, aber Sie suchen es auf dem schwersten Wege, vor welchem jede schwächere Kraft sich wohl hüten wird. Sie nehmen die ganze Natur zusammen, um über das Einzelne Licht zu bekommen; in der Allheit ihrer Erscheinungsarten suchen sie den Erklärungsgrund für das Individuum auf. Von der einfachen Organisation steigen Sie, Schritt vor Schritt, zu der mehr verwickelten hinauf, um endlich die verwickeltste von allen, den Menschen, genetisch aus den Materialien des ganzen Naturgebäudes zu erbauen. Dadurch, daß Sie ihn der Natur gleichsam nacherschaffen, suchen Sie in seine verborgene Technik einzudringen. Eine große und wahrhaft heldenmäßige Idee, die zur Genüge zeigt, wie sehr Ihr Geist das reiche Ganze seiner Vorstellungen in einer schönen Einheit zusammenhält.[295]

Schiller formuliert mit diesen Worten zugleich Goethes tiefstes Anliegen und zieht damit die *Summe seiner Existenz*, wie ihm Goethe in seinem Antwortbrief[296] vom 27. August bestätigt und – diesen nunmehr geschlossenen Lebensbund besiegelnd, – hinzufügt, *da es nun scheint, als wenn wir, nach einem so unvermittelten Begegnen, mit einander fortwandern müssten.*

Und Schiller, die mächtige Entelechie des Freundes mit überschauendem Blick umfassend, deutet gleichsam als Auftakt seiner Freundschaft mit Goethe dessen *Griechentum.*

Wären Sie als ein Grieche, ja nur als ein Italiener geboren worden, und hätte schon von der Wiege an eine auserlesene Natur und eine idealisierende Kunst Sie umgeben, so wäre Ihr Weg unendlich verkürzt, vielleicht ganz überflüssig gemacht worden. Schon in die erste Anschauung der Dinge hätten Sie dann die Form des Nothwendigen aufgenommen, und mit Ihren ersten Erfahrungen hätte sich der große Styl in Ihnen entwickelt. Nun, da Sie ein Deutscher geboren sind, da Ihr griechischer Geist in diese nordische Schöpfung geworfen wurde, so blieb Ihnen keine andere Wahl, als entweder selbst zum nordischen Künstler zu werden, oder Ihrer Imagination das, was ihr die Wirklichkeit vorenthielt, durch Nachhülfe der Denkkraft zu ersetzen, und so gleichsam von *innen* heraus und auf einem rationalen Wege ein Griechenland zu gebären.[297]

Goethe selbst äußert sich wiederholt über den Stellenwert, den das Griechentum in seinem Leben einnahm und die geistige Bedeutung, die es für ihn hatte. Die Antike galt ihm als zeitloses Vorbild der eigenen inneren Entwicklung, in Griechenland sah er sein höchstes Ideal. Die Griechen waren ihm Menschen mit höchster ästhetischer und ethischer Vollkommenheit. Auch wenn der Dichter Griechenland selber nie betreten hat, so hatte er doch in Italien eine Fülle der erhaltenen Werke griechischer Kunst gesehen, er kannte die griechische Sprache von Kindheit an, er las und liebte seinen Homer über alles, ja, diese Lektüre war ihm geradezu Seelenarznei.[298] Und so ist es im Grunde nicht verwunderlich, dass Goethe seinem Ideal der menschlichen Vollkommenheit Gültigkeit für jeden Menschen zusprechen möchte: *Jeder sei auf seine Art ein Grieche! Aber er sei's.*[299]

Der Dichter selbst erfüllte diesen, seinen eigenen Anspruch auf beeindruckende Weise in der Dichtung: *Lasst mich mit* ***reinem*** *Herzen,* ***reiner*** *Hand / Hinübergehn und unser Haus entsühnen,* so sagt Iphigenie in dem gleichnamigen Drama.[300]

Und es klingt aus ihren Worten die tiefe Sehnsucht, durch den Erhalt und die Kraft der eigenen Schuldlosigkeit (Reinheit) für die schwere schuldbeladene Schicksalssituation der ihr nahestehenden Menschen einzustehen, ja sie dadurch aufzuheben.

Und wenn Goethe einem Darsteller des Orest in dessen Exemplar des Dramas die Widmung schrieb,

> So im Handeln, so im Sprechen
> Liebevoll verkünd' es weit:
> Alle menschlichen Gebrechen
> Sühnet reine Menschlichkeit,[301]

so scheinen diese Worte nicht nur programmatisch die Thematik der *Iphigenie auf Tauris* in einem einzigen Satz zu umreißen, sondern zugleich weit über die Augenblickssituation hinauszuweisen und in ihrer menschheitlichen Bedeutung einen Einblick in Goethes Welt- und Menschenbild freizugeben.

Wiederum ist es Goethes Freund Schiller, der die Grundhaltung dieser Dichtung am tiefsten versteht und charakterisiert.

In griechischer Form, deren er sich ganz zu bemächtigen gewußt hat, die er bis zur höchsten Verwechslung erreicht hat, entwickelt er hier die ganze schöpferische Kraft seines Geistes [...] Man kann dieses Stück nicht lesen, ohne sich von einem gewissen Geiste des Alterthums angeweht zu fühlen, der für eine bloße, auch die gelungenste Nachahmung viel zu wahr, viel zu lebendig ist. Man findet hier die imponierende große Ruhe, die jede Antike so unerreichbar macht, die Würde, den schönen Ernst, auch in den höchsten Ausbrüchen der Leidenschaft.[302]

Im sprachlichen Ausdruck von Goethes *griechischer Form* fällt besonders der Reichtum an poetischen Archaismen auf. Oft betreffen diese – wohl beeinflusst von der Voßschen Homerübersetzung – eine für das Deutsche ungewöhnliche Art des Satzbaus. So bedient sich der Dichter z. B. häufig der Nachstellung des Adjektivattributs, die eigentlich in unserer Sprache seit dem Frühneuhochdeutschen nicht mehr in Gebrauch war (*Hermes, der leichte,*[303] *des Glückes, des lang erflehten*[304]) oder des nachgestellten Partizips II (*laßt nur mich ins Glück, das neu mir gegönnte, mich finden!*[305] *Wachfeuer glühen, rote Flammen spendende;*[306]). Auch die Nachstellung des attributiven Genetivs ist hier zu nennen (*und heilsam geschwinde die Spuren / Tilget des schmerzlichen Übels*[307]); ebenso die vom Bezugswort abgetrennte und später nachgestellte Apposition (*Phöbus rufet, der Gott, Formen und Farben hervor,*[308] *Der mir des Vaters Art geschildert, des trefflichen Bürgers*[309]).

Überhaupt fällt der abgetrennte Genitiv ins Auge, der wiederum der Voßschen Homerübersetzung nachgearbeitet zu sein scheint (*Die uns der Menschen Geschick enthüllen, und ihre Gesinnung;*[310] *Siehst du des Tischlers da drüben für heute geschlossene Werkstatt?*[311] *War Gedräng und Getümmel noch groß der Wandrer und Wagen*[312]). Antikem Vorbild entsprechend, verschiebt Goethe sogar attributive Bestimmungen in den folgenden Relativsatz (*das Echo vielfach zurückkam, / Das von den Türmen der Stadt, ein sehr geschwätziges, herklang;*[313] *fuhr durch die Schiffe, /Die in dem großen Kanal, viele befrachtete, stehn*[314]).

Gemeinsam ist diesen Eigentümlichkeiten des Satzbaus, dass es dem Dichter durch sie gelingt, ihm inhaltlich wesentliche und charakterisierende Elemente der Aussage zum Ende des Satzes oder einer Wortgruppe hinzuschieben, also auf eine Position, die dem Hörer oft noch nachhaltiger im Ohr bleibt als das vorher Gesagte.

Eine ähnliche Dichte der Aussage entsteht des Weiteren auch durch die kaum überschaubare Fülle der Goetheschen Wortneuschöpfungen, häufig Komposita. Vergegenwärtigen wir uns nur Fausts Worte aus dem Anfangsmonolog der ersten Szene von *Faust II: Himmelsklarheit, Zitterperle, Gipfelriesen, zu der Alpe grüngesenkten Wiesen, Erfüllungspforten – flügeloffen, Flammenübermaß, Wechseldauer.*[315]

In eigenen Lexika sind solche Neologismen gesammelt worden,[316] doch genügen eigentlich schon wenige Beispiele, um die einprägsame Anschaulichkeit und Intensität dieses phänomenalen und unerschöpflich reichen Wortgutes zu ahnen und zu erfassen.

Zwei Jahre nach Schillers Tod beschrieb der große Initiator klassischer Bildung, Wilhelm von Humboldt, das Studium und Vorbild der Griechen als in jeder Hinsicht einzig wirksames Mittel der Persönlichkeitsbildung,[317] das bis in unsere Tage im Schul- und Bildungswesen im Sinne einer ganzheitlichen Bildung durch Kunst und Wissenschaft wirksam und gültig geblieben ist.

Ungeachtet der Tatsache, dass für Goethe das Griechentum höchstes Ideal und Vorbild seines geistigen Strebens bedeutete, so wäre es ihm doch nie in den Sinn gekommen, ebendieses Griechentum an die Stelle des Deutschtums zu setzen; denn er sah weder beim einen noch beim anderen den nationalen Charakter als maßgeblich an.

In seinem Lebenswerk, dem *Faust*, gelang ihm im 2. Teil eine beeindruckende dichterische Synthese von deutschem und griechischem Wesen: Den deutschen Gelehrten Faust und die sagenumwobene griechische Gestalt der Helena führt er zur Begegnung zusammen und lässt sie in einem Wechselgespräch zu einer sprachlich einzigartigen künstlerischen Symbiose gelangen.

Aus weiter mythologischer Ferne, aus dem Palast des Menelas von Sparta, ist Helena über das Meer an den Strand eines ihr noch unbekannten Landes gekommen. Dort ist Faust Herr einer mittelalterlichen Burg geworden. So begegnen sie sich gleichsam zwischen zwei Welten in einem *grenzunbewussten Reich,* und es kommt zum Gespräch.

Helena lebt noch ganz in der Sprache des Griechentums und spricht im 6-hebigen Versmaß des jambischen Trimeters:

HELENA. Bewundert viel und viel gescholten, Helena,
Vom Strande komm ich, wo wir erst gelandet sind.[318]

Faust, der als *Mitregent* an Helenas Seite Platz nimmt, bedient sich des im Deutschen heimischen 5-hebigen jambischen Blankverses:

FAUST. Erst knieend lass die treue Widmung dir
Gefallen, hohe Frau! die Hand, die mich
An deine Seite hebt, lass mich sie küssen!
Bestärke mich als Mitregenten deines
Grenzunbewussten Reichs.[319]

Und Helena passt sich unvermerkt diesem Versmaß an:

HELENA. Vielfache Wunder seh ich, hör ich an.
Erstaunen trifft mich, fragen möcht ich viel.
Doch wünscht ich Unterricht, warum die Rede
Des Manns mir seltsam klang, seltsam und freundlich:
Ein Ton scheint sich dem andern zu bequemen,
Und hat ein Wort zum Ohre sich gesellt,
Ein andres kommt, dem ersten liebzukosen.

Eine bewegende Wechselrede zwischen beiden kommt nun zustande:

FAUST. Gefällt dir schon die Sprechart unsrer Völker
O so gewiß entzückt auch der Gesang,
Befriedigt Ohr und Sinn im tiefsten Grunde
Doch ist am sichersten, wir übens gleich:
Die Wechselrede lockt es, rufts hervor.
HELENA. So sage denn: wie sprech ich auch so schön?
FAUST. Das ist gar leicht: es muß von Herzen gehn!
Und wenn die Brust von Sehnsucht überfließt,
Man sieht sich um und fragt –
HELENA. Wer mitgenießt.
FAUST. Nun schaut der Geist nicht vorwärts, nicht zurück;
Die Gegenwart allein –
HELENA. Ist unser Glück.
FAUST. Schatz ist sie, Hochgewinn, Besitz und Pfand;
Bestätigung, wer gibt sie?
HELENA. Meine Hand![320]

Beide sprechen sie nun im 5-hebigen jambischen Blankvers, die neu gewonnene innere Wesensvereinigung im künstlerischen Vollzug poetisch im Paarreim bestätigend, den die Antike noch nicht kannte.

Auf diese Weise ist es Goethe tatsächlich gelungen, sein Deutschtum mit dem hohen Ideal des Griechentums aufs Schönste zu vereinen.

Nun, *Deutscher von Beruf* habe der Dichter ohnehin nie sein wollen, so schreibt Friedrich Nietzsche.[321] Dagegen heißt es in Gesprächen Goethes selbst mit Eckermann:

> Es giebt aber eine [Kultur]-Stufe, [...] wo man gewissermaßen über den Nationen steht, und man ein Glück oder ein Wehe seines Nachbarvolks empfindet als wäre es dem eigenen begegnet. Diese Kulturstufe war meiner Natur gemäß, und ich hatte mich darin lange befestigt, ehe ich mein sechzigstes Jahr erreicht hatte.[322]
>
> Der Dichter wird als Mensch und Bürger sein Vaterland lieben, aber das Vaterland seiner poetischen Kräfte und seines poetischen Wirkens ist das Gute, Edle und Schöne, das an keine besondere Provinz und an kein besonderes Land gebunden ist, und das er ergreift und bildet, wo er es findet.[323]

Und eine Xenie (Goethes und Schillers) über den deutschen Nationalcharakter formuliert diese innere Haltung der Klassiker noch endgültiger, indem sie weit über die Gesinnung eines Nationalstrebens hinausweist:

> Zur *Nation* euch zu bilden, ihr hoffet es, Deutsche, vergebens;
> Bildet, ihr könnt es, dafür freier zu Menschen euch aus.[324]

Goethe formuliert sogar im Hinblick auf die Aufgabe und Bedeutung der Sprache eher noch entschiedener, dass jetzt eine *Epoche der Weltlitteratur*[325] *[...] an der Zeit* sei und jeder nunmehr dazu wirken müsse, *diese Epoche zu beschleunigen.*[326]

Weltliteratur, Weltbürgertum also, statt nationalen Denkens und Nationalliteratur. Hatte Goethe sich doch schon als 25-Jähriger, als er zusammen mit Lavater[327] und Basedow[328] auf einer Rheinreise unterwegs war, in der Rolle des *Weltkindes* gesehen, sich gegen engstirnige Einseitigkeiten zur Wehr gesetzt und über seine Gesinnung und Stellung in der Welt gedichtet:

Und, wie nach Emmaus, weiter gings
Mit Geist- und Feuerschritten,
Prophete rechts, Prophete links,
Das **Weltkind** in der Mitten.[329]

Als beinahe 70-Jähriger äußerte der Dichter dann schließlich in einem Brief: *Es ist nun einmal die Bestimmung des Deutschen, sich zum Repräsentanten der sämtlichen Weltbürger zu erheben.*[330]
Und wenige Jahre vor seinem Tod schreibt er:

Ich bin überzeugt, daß eine Weltliteratur sich bilde, daß alle Nationen dazu geneigt sind und deshalb freundliche Schritte tun. Der Deutsche kann und soll hier am meisten wirken, er wird eine schöne Rolle bei diesem großen Zusammentreten zu spielen haben.[331]

Auch im Hinblick auf die Religion hielt Goethe sich gleichsam in der Mitte: Er war weder atheistisch noch im konfessionellen Sinne religiös. Doch erlebte er, der sich schon als 7-jähriger Knabe einen Altar aus den drei Stufen der Naturreiche aufgebaut und daran als *Priester* seine geheimen Andachten verrichtet hatte,[332] Gott – wie konnte es anders sein? – in der Natur. Und noch bei der *Betrachtung von Schillers Schädel* dichtete er:

Was kann der Mensch im Leben mehr gewinnen,
Als dass sich Gott-Natur ihm offenbare?[333]

Im kirchlichen Protestantismus jedoch, in dem er als Kind groß geworden war, und in der christlichen Kirche, deren Mitglied er sein Leben lang blieb, fand er nur *eine Art trockner Moral.*[334]

Dagegen entwickelte Goethe bei der Schilderung der *Pädagogischen Provinz* in *Wilhelm Meisters Wanderjahren,*[335] seinem späten Roman, das lebendige Gebäude einer umfassenden Gesinnungsreligion, das ganz auf des Menschen inneres Tätigkeitsstreben gegründet ist.

Von solchem *Tätigsein* sprach Goethe noch wenige Tage vor seinem Tode. Und es klingt wie ein gültiges Vermächtnis, wenn er zu Eckermann sagt:

Auch werden wir alle nach und nach aus einem Christentum des Wortes und Glaubens immer mehr zu einem Christentum der Gesinnung und Tat kommen.[336]

Dass es die christliche Religion war, um die es ihm ging, spricht er hier noch einmal entschieden deutlich aus.

Den Kern der in den *Wanderjahren* dargestellten Religion bildet die Haltung der Ehrfurcht, die in dreierlei Form immer wieder übend hervorzubringen ist: als Ehrfurcht vor dem, was über uns ist, als Ehrfurcht vor dem, was unter uns ist und als Ehrfurcht vor dem, was neben uns ist. Alle drei *zusammen bringen eigentlich die wahre Religion hervor; aus diesen drei Ehrfurchten entspringt die oberste Ehrfurcht, die Ehrfurcht vor sich selbst, und jene entwickeln sich abermals aus dieser, so daß der Mensch zum Höchsten gelangt, was er zu erreichen fähig ist, daß er sich selbst für das Beste halten darf, was Gott und Natur hervorgebracht haben.*[337]

Man mag sich erinnert fühlen an den faustischen Willen, *zum höchsten Dasein immerfort zu streben.* Und hatte nicht Goethe schon in jenem Gedicht, von dem bereits die Rede war, dieses *höchste Dasein*, welches auch hier wiederum als höchste Errungenschaft des Menschen bezeichnet wird, *das Göttliche* genannt, dem der Mensch letztlich einmal gleichen solle?[338]

Friedrich Schiller, 1794

Daneben nun Schiller. Wie Goethe in einem streng protestantischen Elternhause aufgewachsen, hatte er bereits als 6-jähriger Knabe in der Verkleidung als *Pfarrer* von der *Kanzel* eines Stuhles herab tiefernste *Predigten* vor den gerade Anwesenden gehalten.[339] Der sehnliche Wunsch, später ein Theologiestudium zu absolvieren und dann wirklich Pfarrer sein zu dürfen, wurde ihm allerdings vom Herzog des Landes rigoros zunichtegemacht.

Damit begann für den jungen idealistisch und freiheitlich gesinnten Dichter ein Leidensweg, der, durch die Zwänge des äußeren Lebens herbeigeführt, ihn schließlich zum erbitterten Gegner allen institutionalisierten Christentums werden ließ, sodass er bereits in den *Räubern* drastische Worte für die sog.

Christen fand, sie als *Falschmünzer der Wahrheit* und *Affen der Gottheit*[340] betitelte und sich an anderer Stelle ähnlich scharf über die Institution der Kirche selbst äußerte, von der er sagt, sie sei *das künstlichste aller Gebäude*, das *schlechterdings nur durch eine fortgesetzte Verleugnung der Wahrheit erhalten werden könne.*[341]

Tief innerlich aber war Schillers Verhältnis zur christlichen Religion zeitlebens nicht zu erschüttern. Im Gegenteil. Seinem Freund Goethe gegenüber formuliert er deutlich, welche Bedeutung für ihn seine christliche Gesinnung hat:

> Ich finde in der christlichen Religion virtualiter die Anlage zu dem höchsten und edelsten, und die verschiedenen Erscheinungen derselben im Leben scheinen mir bloß deßwegen so widrig und abgeschmackt, weil sie verfehlte Darstellung dieses höchsten sind. Hält man sich an den eigenthümlichen Charakterzug des Christenthums, der es von allen monotheistischen Religionen unterscheidet, so liegt er in nichts anderm als in der Aufhebung des Gesetzes oder des Kantischen Imperativs, an dessen Stelle das Christenthum eine freie Neigung gesetzt haben will. Es ist also in seiner reinen Form Darstellung schöner Sittlichkeit oder der Menschwerdung des heiligen, und in diesem Sinn die einzige ästhetische Religion.[342]

Schiller spricht vom Christentum als *ästhetischer* Religion; dies war etwa zur selben Zeit, als er mit seinen *Briefen zur ästhetischen Erziehung des Menschen* befasst war. In diesen beschreibt er den Menschen als freie Persönlichkeit, dem es gelingt, sich weder vonseiten seiner natürlichen Triebe noch vonseiten seiner Vernunft einem Zwang oder einer Nötigung zu unterwerfen, und dies, indem er einerseits die Gesetze der Vernunft in den Bereich der Triebe herabholt und andererseits, indem er die menschlichen Triebe und Leidenschaften heraufhebt in die Erkenntnis der sittlichen Ordnung. Denn ein menschenwürdiges Dasein kann im Sinne Schillers *nur hervorgehen aus dem möglichst vollkommensten Bund und Gleichgewicht der Realität und der Form*, einem harmonischen Zustand also, welchen der Dichter als *ästhetische Stimmung des Gemüths*[343] charakterisiert.

In diesem Sinne sind wohl auch Schillers Worte über sein Verhältnis zur christlichen Religion als der *einzigen ästhetischen Religion* zu verstehen. Beschreibt er doch den *eigenthümlichen Chrakterzug* des Christentums als frei von allen äußeren Zwängen, frei aber auch von aller moralischen Nötigung, wie etwa dem Kantschen kategorischen Imperativ, an dessen Stelle im Christentum die freie Neigung getreten sei.

In den Xenien kleidet Schiller dann mit Goethe zusammen sein persönliches Verhältnis zur Religion in die viel zitierten Rätselworte:

> Welche Religion ich bekenne? Keine von allen,
> Die du mir nennst. Und warum keine? Aus Religion.[344]

Später heißt es noch einmal deutlicher:

> Unter der Hülle aller Religionen liegt die Religion selbst, die Idee eines Göttlichen.[345]

Und um diese Religion ist es Schiller zu tun. Tiefe Religiosität kommt in der hier geäußerten Haltung wieder zum Vorschein, die wohl seit der Kindheit des Dichters unverbrüchlich in seinem Inneren fortbestanden hat. Diese Religiosität in Schillers ureigener Ausprägung hat ihren Grund zwar nicht mehr in unreflektierter kindlicher Frömmigkeit, doch lebt sie aus der Gesinnung des freien Menschen-Ichs, das, *vorgestellt in seiner Vollendung,*[346] *die Anlage zu der Gottheit unwidersprechbar in seiner Persönlichkeit in sich trägt.*[347]

Wo diese Idee des Göttlichen beheimatet und zu finden ist, beschreibt der Dichter schon zuvor in einem Gedicht: im menschlichen Herzen nämlich:

> Drum edle Seele, entreiß dich dem Wahn
> Und den himmlischen Glauben bewahre!
> Was kein Ohr vernahm, was die Augen nicht sahn,
> Es ist dennoch, das Schöne, das Wahre!
> Es ist nicht draußen, da sucht es der Tor,
> Es ist *in* dir, du bringst es ewig hervor.[348]

Hier schon deutet sich an, wie nah Schiller die Nachbarschaft und Bedeutung von Kunst und Religion verortet. So ist es nicht verwunderlich, dass er schließlich – ein knappes Jahr vor seinem Tode – in einem Brief an Zelter schreiben kann:

> Daß es hohe Zeit ist, etwas für die Kunst zu thun, fühlen wenige, aber daß es mit der Religion so nicht bleiben kann, wie es ist, läßt sich allen begreiflich machen. Und da man sich schämt selbst Religion zu haben,

und für aufgeklärt passiren will; so muß man sehr froh seyn, der Religion von der Kunst aus zu Hülfe kommen zu können. [...] Kann ich selbst auf irgendeine Art dabei zu brauchen seyn, so zählen Sie auf meine Bereitwilligkeit.[349]

Diese Bereitwilligkeit hat Schiller mit in den Tod genommen, denn er starb bereits im Mai des folgenden Jahres, nachdem er diese Worte an Zelter geschrieben hatte.

Hatte einst in seiner Kindheit der sehnliche, aber im Leben unerfüllbare Wunsch gelebt, dem Christentum im Beruf des Pfarrers dienen zu wollen, so öffnete sich ihm am Ende des Lebens der grandiose Ausblick auf ein ganz neues Wirkensfeld, welchem die große Aufgabe vorbehalten blieb, *der Religion von der Kunst aus zu Hülfe* zu kommen.

Entscheidende Ansätze dazu hatte es schon in den frühen Jahren Schillers gegeben, und das nicht nur in seinen Dramen. Bereits in dem berühmten Vortrag *Die Schaubühne als moralische Anstalt betrachtet* entwickelte er vor der kurpfälzischen *Deutschen Gesellschaft* im Jahre 1784, als 25-Jähriger also, sein umfassendes Konzept von der Bedeutung und Wirkung des Theaters. Die Mitglieder dieser Gesellschaft verstanden Theater damals eher als einen Ort der kurzweiligen Unterhaltung. Schiller aber sprach von einer Bühne, welche *die Bildung des Verstandes und des Herzens* miteinander verbindet und die *Religion* als *festeste Säule eines Staates von ihrer edelsten Seite verteidigt.*

Die Gerichtsbarkeit der Bühne fängt an, wo das Gebiet der weltlichen Gesetze sich endigt.[350] [...] So gewiss sichtbare Darstellung mächtiger wirkt als toter Buchstabe und kalte Erzählung, so gewiss wirkt die Schaubühne tiefer und dauernder als Moral und Gesetze.[351]

Die Schaubühne ist für Schiller

eine Schule der praktischen Weisheit, [...] ein unfehlbarer Schlüssel zu den geheimsten Zugängen der menschlichen Seele.[352] Nicht bloß auf Menschen und Menschencharakter, auch auf Schicksale macht uns die Schaubühne aufmerksam und lehrt uns die große Kunst, sie zu ertragen.[...] Sie lehrt uns auch gerechter gegen den Unglücklichen zu sein und nachsichtsvoller über ihn richten.[353]

So groß und vielfach ist das Verdienst der bessern Bühne um die sittliche Bildung,[354] [...] dass Menschen ... ihrem himmlischen Ursprung sich nähern.

Hier bereits stand es Schiller deutlich vor Augen: Sittliche Bildung ist es, welche die Kunst der Schaubühne leistet. Und auf dieses Fundament konnte der Dichter vertrauen, wenn er davon sprach, dass man der *Religion von der Kunst aus zu Hülfe* kommen müsse. War ihm doch das dramatische Schaffen bis in seine Todesstunden hinein innerstes Anliegen.

Überhaupt war es nach Schillers Überzeugung die Kunst allein, die dem Menschen den Weg in das Gebiet des Geistes zu eröffnen vermochte:

> Dein Wissen teilest du mit vorgezognen Geistern,
> Die Kunst, o Mensch, hast du allein.
>
> Nur durch das Morgentor des Schönen
> Drangst du in der Erkenntnis Land.

So heißt es in einem seiner Gedichte.[355] Mochte es sich dabei um den geistigen Raum des himmlischen Ursprungs handeln oder um den physisch-geografischen Umraum des irdischen Daseins, der Dichter konnte mit seinem souveränen Bewusstsein die Dimensionen des Daseins beschreiben; auch wenn er selbst in seinem kurz bemessenen Leben Deutschland nie verlassen hat, ist es ihm doch gelungen, seinen künstlerischen Blick auf ganz Europa auszuweiten; denn in wenigen Dramen nur ist Deutschland Schauplatz der Ereignisse, die meisten spielen im übrigen Europa.[356]

Doch war es nicht allein sein überschauender Blick in den ihn umgebenden geografischen Raum; Schillers weites Bewusstsein umfasste ebenso auch zeitliche Räume von staunenswerter Dimension, wie dann besonders seine Jenaer Antrittsrede von 1798 erkennen lässt. Dort heißt es u. a.:

> [...] der Universalhistoriker rückt von der neuesten Weltlage aufwärts dem Ursprung der Dinge entgegen. Wenn er von dem laufenden Jahr und Jahrhundert zu dem nächstvorhergegangenen in Gedanken hinaufsteigt und unter den Begebenheiten, die das letztere ihm darbietet, diejenigen sich merkt, welche den Aufschluß über die nächstfolgenden enthalten – wenn er diesen Gang schrittweise fortgesetzt hat bis zum Anfang – nicht der Welt, denn dahin führt ihn kein Wegweiser – bis zum Anfang der Denkmäler, dann steht es bei ihm, auf dem gemachten Weg umzukehren und an dem Leitfaden dieser bezeichneten Fakten,

ungehindert und leicht, vom Anfang der Denkmäler bis zu dem neuesten Zeitalter herunterzusteigen. Dies ist die Weltgeschichte, die wir haben und die Ihnen wird vorgetragen werden.[357]

So spricht der Historiker Schiller. Darüber hinaus aber war das allumspannende Reich der Gedanken, für dessen Freiheitsraum er immer wieder eintrat, die eigentliche Domäne Schillers; und so treffen jene Worte, die Domingo im *Carlos* über den Infanten sagt, zutiefst auf Schillers eigenes Wesen zu:

> Sein Herz entglüht für eine neue Tugend,
> Die, stolz und sicher und sich selbst genug,
> Von keinem Glauben betteln will. – Er d e n k t ![358]

Auch sein Freund Wilhelm von Humboldt charakterisiert diese Fähigkeit, die Schiller vor allem auszeichnet, als die hervorstechendste:

Was jedem Beobachter an Schiller am meisten, als charakteristisch bezeichnend, auffallen mußte, war, daß in einem höheren und prägnanteren Sinn, als vielleicht je bei einem anderen, der Gedanke das Element seines Lebens war. […] Sein Geist strebte immer in Schärfe und Bestimmtheit einem neuen geistigen Gewinne zu, er beherrschte dies Streben und schwebte in vollkommener Freiheit über seinem Gegenstande.[359]

Schillers Denkernatur erschuf auch sprachlich klare Strukturen von nachhaltiger Einprägsamkeit. Am bekanntesten sind die oft moralisierenden, rhetorisch geschliffenen, meist auch antithetisch formulierten Sentenzen aus den Dramen und Gedichten Schillers, die im Deutschen seit Langem als geflügelte Worte in aller Munde sind: *Mit der Dummheit kämpfen Götter selbst vergebens (Jungfrau). Ernst ist das Leben, heiter ist die Kunst (Wallenstein). Der Wahn ist kurz, die Reu ist lang* (Glocke). *… der langen Rede kurzer Sinn* (Wallenstein). *Die Axt im Haus erspart den Zimmermann* (Tell), u. a. m.

Sein eigentliches Streben aber formuliert Schiller selbst in einem Brief an Fichte:

Auch kann ich in Rücksicht auf den philosophischen Vortrag keine Vergleichung meiner Manier mit der eines andern gelten lassen, am wenigsten mit der Manier eines lediglich nur didaktischen Schriftstellers. Meine beständige Tendenz ist, neben der Untersuchung selbst, das Ensemble der Gemüthskräfte zu beschäftigen, und soviel möglich auf alle zugleich zu wirken. Ich will also nicht bloß meine Gedanken dem andern deutlich machen, sondern ihm zugleich meine ganze Seele übergeben, und auf seine sinnlichen Kräfte wie auf seine geistigen wirken.[360]

Das gilt im Umkehrschluss wohl auch für seine dichterischen Werke. Da ist z. B. das große parabolische Gedicht *Der Spaziergang,*[361] welches Schiller etwa zu Beginn der Freundschaft mit Goethe schrieb. Gegenstand dieses Gedichtes ist ein Spaziergang, von dem das lyrische Ich, der Spaziergänger, erzählt, indem er diesen Spaziergang zugleich – die spätere Schilderung von Schillers Antrittsvorlesung vorwegnehmend – als einen Gang durch die Menschheitsgeschichte beschreibt. (Vgl. die parabolische Darstellung des Gedichtes und den im Anhang vollständig abgedruckten Text.)

Der Weg des Spaziergängers beginnt, nachdem dieser das enge *Gefängnis* seines Zimmers verlassen hat, in der freien Natur, deren Erscheinungsbild er aufzeigt. Dabei geht es ihm nicht so sehr um die Darstellung seines eigenen inneren Erlebens, sondern – dem lehrhaften Charakter der Parabel entsprechend – um das Aufzeigen, Betrachten und Nachsinnen über seinen Erzählgegenstand.

Parabolische Darstellung des Gedichtes

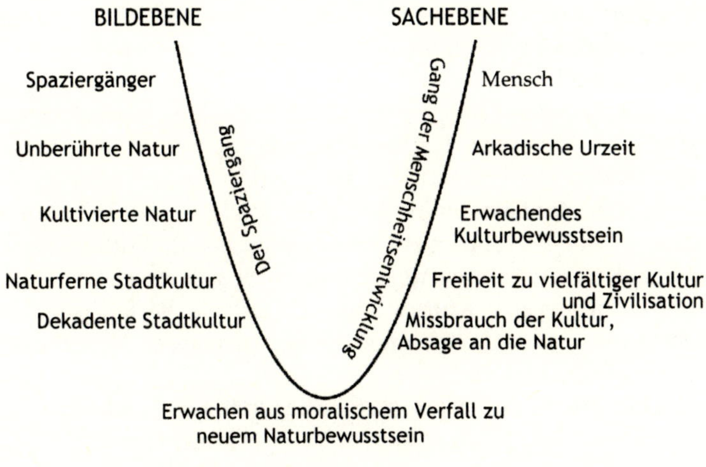

Es ist eine belebte, heitere Landschaft mit Berg, Sonne, Ebene, Vögeln, Himmel, Wald und Strom, durch die der Erzähler zunächst wandert und sie im Gehen gleichsam aus distanzierter Ferne begrüßt (*Sei mir gegrüßt, mein Berg … Sei mir, Sonne, gegrüßt … Dich auch grüß ich …*). Wohl *erquickt* sie ihn, doch scheint sie ihn innerlich nicht tiefer zu berühren. Er scheint nur aufzunehmen und festzuhalten, welche Ereignisse und Veränderungen in der ihn umgebenden Welt vor sich gehen.

Ein schlängelnder Pfad führt ihn aufwärts (Deuten sich hier die Mühen einer geistigen Höherentwicklung an?) bis dorthin, von wo ihn ein *geländerter Steig*, die erste Spur einer durch den Menschen geschaffenen Kultur, zunächst in das einfache Landleben mit seinen *geregelten Feldern, Länder verknüpfenden Straßen* und *Herdengeläut* aufnimmt.

Er gelangt in das faszinierende, vielschichtige Leben und Treiben der Stadt, wo sich die Menschen in geschäftiger Tätigkeit und Umtriebigkeit befinden. Da herrschen *Eigentum, freies Gewerbe, Handwerk, Seefahrt und Handel, Kultur, menschliche Künste, Freiheit und Wissenschaft. (Siehe, da wimmeln die Märkte, der Kran von fröhlichem Leben,/Seltsamer Sprachen Gewirr braust in das wundernde Ohr).* Nachdem der Wanderer sich aber vom wirren Strudel des verführerischen, in verbrecherische Willkür und Niedergang ausufernden Stadtwesens hat mitreißen und betäuben lassen, erwacht er, der nunmehr in solchen *Mauern Gefangene*, schließlich, wie aus einem Tagtraum, einsam und orientierungslos (*Aber wo bin ich?)* wieder in den Armen der Natur. Doch es ist nicht mehr die unbeschwerte, freie Natur des Anfangs, es sind unverbrauchte Stoffe und Lebenskeime, die sich *unter den Wurzeln* des Daseins *Bahn gebrochen* haben, auf eine *bildende Hand hoffend,* die sie fern von den Egoismen der Menschen einer ihr selbst gemäßen Bestimmung zuführen kann.

So steht das Gedicht im Bild einer einzigen großen Parabel vor uns. Es ist ein grandioses Lehrgedicht, das die Entwicklung des Menschen von der arkadisch ungetrübten Urzeit über eine Zeit der aufblühenden Kultur, deren Dekadenz, Verfall und Naturentfremdung bis hin zu einem neu erwachenden Naturbewusstsein vor uns entfaltet.

Über diese Parabel äußert Schiller später in einem Brief an W. von Humboldt: Noch in keinem seiner Gedichte sei *der* ***Gedanke*** *selbst so poetisch gewesen und geblieben, in keinem* habe *das Gemüt so sehr als* ***eine*** *Kraft gewirkt*[362] wie in diesem.

Schon beim ersten Lesen des umfangreichen Gedichtes beeindruckt den Leser zunächst die dichte Fülle und Dynamik der Darstellung. Hören wir genauer hinein, so begegnet uns mit jeder Zeile zunehmend der schier unermessliche Reichtum einer vielfarbigen *(rötlich, braun, blau, versilbert, grünend, grünlich)*, lebendigen Welt, welcher alle Sinne, hier zunächst den Gesichts- und Gehörssinn, *(den wundernden, durstigen, verschlingenden Blick, das wundernde Ohr)* dann den Geruchssinn *(mit balsamischem Strom)* und den Lebenssinn *(in ambrosischer Nacht)* zu umhüllen scheint. Selbst ein Blick auf die Fixsterne tut sich auf und *des Wagens beharrliche Sterne* werden sichtbar. Es ist das von Schiller wieder und wieder in so unerschöpflicher Vielfalt eingesetzte Epitheton ornans, das schmückende Beiwort, welches diesen Reichtum hervorruft. Fast jede Gedichtzeile ist erfüllt davon. Aber der Dichter verwendet es nicht nur in schmückender Funktion, sondern beschreibt mit ihm auch Wesensmerkmale in metaphorischer Dichte, z. B. die verhalten filternde Wirkung des *laubigten Gitters (25)*, welche durch die Baumzweige hervorgerufen wird. Eindrucksvoll ist auch das Bild von der *türmenden Stadt (68)*. Und offensichtlich sind dem Dichter nicht vordergründig die Türme im Stadtbild wesentlich, sondern er bringt dem Leser mit dieser Metapher das Übermaß der gleichsam aufeinandergestapelten erdrückenden Möglichkeiten städtischen Lebens zum Bewusstsein. Erschreckend dann die *abschüssigen Gründe,* die dem Spaziergänger mit *gähnender Kluft* den Weg verstellen. Es ist, als ob sich ein weit geöffneter, gefährlicher Rachen vor und hinter dem Wanderer auftäte, um ihn zu verschlingen.

Zugleich aber setzt an dieser Stelle eine Kette kunstvoll angeordneter Wortwiederholungen und Alliterationen ein, die besonders hier am Schluss, aber auch schon am Anfang des Gedichtes auffallen: ***hinter*** *mir, vor mir* wird der Schritt ge**h**emmt, ***Hinter*** *mir blieb der Gärten, der* ***H****ecken vertraute Begleitung,* ***hinter*** *mir jegliche Spur menschlicher* ***H****ände zurück. […]* ***Reiner*** *nehm ich mein Leben von deinem* ***reinen*** *Altare […]* ***Ewig*** ***w****echselt der* ***W****ille* […], *in* ***ewig W****iederholter Gestalt* ***w****älzen die Taten … Aber* ***immer,*** *in* ***immer*** *veränderter Schöne/* ***Immer*** *dieselbe …*

Diese Eindringlichkeit gilt dem neu erwachenden Naturbewusstsein des Menschen, während am Gedichtanfang noch von Urbewusstseinsstimmung die Rede ist, von Uranfang überhaupt, dies aber ebenso eindringlich: *Sei mir* ***gegrüßt,*** *mein Berg [...] Sei mir, Sonne,* ***gegrüßt,*** *[...] Dich auch* ***grüß*** *ich, belebte Flur [...] Ruhige Bläue,* ***dich auch*** *[...].*

Und so bedient sich die Sprache dieses Gedichtes einer Fülle von Stilelementen, welche von alters her die hohe Kunst der Rhetorik ausmachen. Es ist ein durchweg gehobener, im Sinne Schillers *erhabener*[363] Stil, der seinem Gedicht die poetische Qualität verleiht.

Kunstvoll verschränkt ist der Satzbau innerhalb dieses durchgehend im archaisierenden Metrum des Hexameters pulsierenden Gedichtes, das, durch die häufigen Zeilensprünge[364] gebunden, die geschilderten Szenen in gleichmäßig fließender Bewegung an uns vorüberziehen lässt. Dabei findet sich die im Deutschen „übliche" Reihenfolge der Satzglieder nur in wenigen Sätzen. Meist bestimmt eine Form der Inversion die Satzgliedfolge, und wenn nicht im ganzen Satz, so doch im Detail (z. B. im poetischen Genitiv).

Hier einige Beispiele für die einfache Umkehrung der Subjekt-Prädikat-Objekt-Folge: *Dich auch grüß ich, belebte Flur (3); Und den durstigen Blick labt das energische Licht (10); Und den fröhlichen Fleiß rühmet das prangende Tal (38); Auf dem ebenen Strom gleiten die Flöße dahin (46).*

Besonders häufig taucht, wohl um des poetischen Klanges willen, die Voranstellung des Genitiv-Attributes, des sogenannten poetischen Genitivs auf: *des Zimmers Gefängnis (7); der Sonne Pfeil (17); des Waldes Geheimnis (23);* oder sogar zweimal in einem Satz: *Tief an des Berges Fuß, der gählings unter mir abstürzt, Wallet des grünlichten Stromes fließender Spiegel vorbei (31f.).* Ein Stilmittel übrigens, das sich bezeichnenderweise auch bei Goethe in antikisierenden Epen wie *Hermann und Dorothea* u. a. findet. Das Hyperbaton dagegen hat als plötzliche Unterbrechung eines Satzgliedes eine ebenso kunstvolle und zuweilen retardierende Funktion: *Sei mir, Sonne, gegrüßt (2); Auf den Mauern erschienen, den Säugling im Arme, die Mütter (91); Munter entbrennt, des Eigentums froh, das freie Gewerbe (101); Deiner heiligen Zeichen, o Wahrheit, hat der Betrug sich /Angemaßt (157f.).*

Auf diese Weise erreicht der Dichter über die Fülle des Wortreichtums hinaus eine außerordentlich vielgestaltige und dynamische Lebendigkeit der sprachlichen Darstellung, die wohl auch der besonders in seinen historischen Schriften schon erprobten rhetorischen Kunst zu verdanken ist und die in ihrem Reichtum der Dichte des geschilderten Gedankenganges standhält.

Goethe andererseits, von seinem Freund Schiller um ein Urteil über zwei für den *Musenalmanach*[365] eingereichte Gedichte Hölderlins (nämlich den *Äther* und den *Wanderer*) gefragt, kritisiert in einem Brief, diese seien [...] *weder durch sinnliches noch durch inneres* ***Anschauen*** *gemahlt.* Goethe vermutet: *Der Dichter hat einen heitern Blick über die Natur, mit der er doch nur durch Überlieferung bekannt zu seyn scheint.*[366]

Dass sprachlich *gemalte*, anschauliche Bilder eigentlich von Grund aus Goethes ureigenes Anliegen waren, geht deutlich aus diesem Brief an Schiller hervor. Und es bezeichnet zugleich den eklatanten Unterschied in der Geisteshaltung der beiden Klassiker:

Ist Schiller eher durch seine historisch-philosophische Weltsicht geprägt, so Goethe mehr durch sein an Sinneseindrücken geschultes intensives Beobachten, Erforschen und Entdecken von Naturphänomenen jeglicher Art.[367] Daher auch die sprachlich-metaphorische, ja symbolische Bilddichte, die Goethe in seiner Dichtung erreicht.

Wenn Goethe z. B. in der Anfangsszene von Faust II (siehe Text im Anhang) den nach den vergangenen tragischen Ereignissen den aus dem Schlaf erwachenden Faust schildert,[368] beschreibt er dabei konkret, wie Faust selbst und auch die ihn umgebende Welt, eine anmutige Gegend, neu in Bewegung geraten; Fausts Sinne werden wieder aufgeschlossen für das Hier und Jetzt. Das wird sprachlich durch eine Fülle von Sinneseindrücken dargestellt, die in dichten, anschaulichen Bildern ihren Ausdruck findet. Sie reicht von der noch zarten, erdentrückten *ätherischen Dämmerung* über den *Dämmerschein,* in dem *die Welt* wie neu *erschlossen liegt,* bis hin zur *Himmelsklarheit,* die sich *in die Tiefen senkt* und dabei das Menschendasein ganz einbezieht. Dabei schweift der Blick in fortgesetztem Auf und Ab *herab* zum *Grunde, hinauf* zu den *Gipfelriesen, hernieder zu der Alpe grüngesenkten Wiesen,* und endlich zur Sonne selbst, die *hervortritt.*

Die Natur ihrerseits äußert sich als tätiges Wesen. Sprachlich zeigt sich dies in den Personifikationen, denen jeweils Tätigkeiten zugeordnet sind: Des Lebens Pulse *schlagen,* die Erde *atmet, regt und rührt sich,* Lust *umgibt mich,* Welt *erschließt sich,* Wald *ertönt,* Farbe *klärt sich los.* Das ewige Licht *kündigt sich an und wendet sich zu uns hernieder.*

In wenigen Zeilen wie in eine Nussschale zusammengedrängt, gipfelt dann des Dichters Aussage zu Fausts Schicksalssituation in dem großen Bild der *flügeloffenen Erfüllungspforten.* Es besteht aus zwei zusammengehörigen Komposita von unerhörter Dichte. Goethe benutzt nicht nur die einfache Metapher *Pforten der Erfüllung,* wenngleich auch diese schon als aussagekräftig für die Beschreibung der gemeinten Pforten hätte gelten können; er aber verbindet mit ihr zugleich die seelisch wesentliche Komponente des Wunsches nach *Erfüllung* zu einer neuen Einheit. Und indem er noch die charakterisierende Aussage (weit geöffnete Flügeltüren), in Form eines einzigen adjektivischen Kompositums (*flügeloffen),* hinzufügt, erreicht er gerade durch diese kompakte, doppelte Bilddichte eine sprachliche Intensität von beeindruckender Wirkungskraft.

Deutlich ist, dass hiermit zugleich der innere Standort bezeichnet wird, wo Faust sich nach seinem langen Heilschlaf wiederfindet: *So ist es also, wenn ein sehnend Hoffen / Dem höchsten Wunsch sich traulich zugerungen, / Erfüllungspforten findet flügeloffen.* Es ist, als ob die *Pforten* des faustischen Strebens, die bereits *Erfüllung* verheißen, ihre Torflügel weit geöffnet hätten, *flügeloffen* stünden. Damit wären Fausts sehnliche Hoffnungen am Ziel und sein höchster Wunsch der Erfüllung nahe, wenn nicht die plötzlich hervortretende Sonne ihn empfindlich geblendet und ihn zur Abkehr bewegt hätte. Ihr *Flammenübermaß* (wiederum ein eindringliches Kompositum, das hier Fausts überspannte Erwartung widerspiegelt) hat ihn *betroffen* gemacht und ihn daran gemahnt, dass seine Erdenaufgabe noch nicht erfüllt ist. Die unmittelbare Begegnung mit dem *ewigen Licht,* der Welt des Geistes, hier symbolisiert durch die Sonne, steht noch aus. Im Irdischen gilt vorerst für den Menschen, sich der irdischen Seite des Lichtes, der Welt der Erscheinungen zuzuwenden, *dem farbigen Abglanz,* in dem sich das ewige Licht in der farbigen Mannigfaltigkeit des Erdenlebens bricht.

So könnte im Einzelnen noch manches hervorgehoben werden, was als sprachliche Leistung der Klassiker erwähnt zu werden verdient. Eine Einheitlichkeit dieser sprachlichen Besonderheiten ist jedoch schon deshalb nicht gegeben, weil Goethe und Schiller sich zwar darüber einig waren, dass sie nach dem für beide einschneidenden Ereignis ihrer Begegnung nun *mit einander fortwandern müssten;* doch konnte der Freundschaftsbund nur dadurch wirklich zustande kommen, dass beide zunächst tiefe innere Hindernisse zu überwinden hatten, um das Wesen des anderen von innen heraus in seiner Eigenheit verstehen und würdigen zu lernen. Nur so konnte schließlich eine gegenseitige Förderung und Ergänzung gelingen, nicht aber eine Vereinheitlichung ihrer Arbeit.

Die Namen Goethe und Schiller stehen heute gleichermaßen als Repräsentanten für die große Zeit der deutschen Klassik, die ja nur einen Zeitraum von einem knappen Jahrzehnt, dem Jahrzehnt der Freundschaft zwischen Goethe und Schiller ausmachte (etwa 1796 bis 1805), aber doch einen Gipfel künstlerischer Vollkommenheit beinhaltete.

War die Zeit dieser deutschen Klassik im Wesentlichen eine Zeit des individuellen Persönlichkeitsstrebens beider Dichter, das sich am Ideal der Humanität ausrichtete und das Weltbürgertum, das Streben nach dem sittlich Guten, dem Göttlichen, sowie das Anliegen der Menschenwürde, der Kunst und der Freiheit in den Mittelpunkt ihres Lebens stellte, so konnte es nicht anders sein, als dass sich der Ausdruck dieses Strebens auch im sprachlichen Werk der Klassiker darlebte.

Gewiss zeigen sich in der Sprache der Klassiker übereinstimmende Tendenzen, die jedoch im Einzelnen immer auch in differenzierter Form erscheinen. So ging es hinsichtlich der Vermeidung der mundartlichen Aussprache des Deutschen für den Frankfurter Goethe eher um die Beseitigung von Reimen wie *neige – Schmerzensreiche, Tag – darnach,* für den Schwaben Schiller mehr um solche wie *untertänig – König, vereint – Freund.*

Auf der anderen Seite benutzen sowohl Goethe als auch Schiller durchaus Fremdwörter, meist aus dem Französischen. Inkommodiert euch nicht, sagt Gretchen im Faust *(V. 3080),* und dies sicherlich, um den Standesunterschied gegenüber Faust zu würdigen; Mephisto dagegen spricht ironisch von *reüssieren*

(V. 2673), revidieren (V. 207) und *visieren (V. 2990)*, wobei deutlich wird, dass diese gestelzte Teufelssprache jeglicher Ernsthaftigkeit entbehrt, was im Übrigen zeigt, dass Goethe die Verwendung solchen Vokabulars durchaus geläufig war und ggf. von ihm gezielt benutzt werden konnte.

Doch sind auch bei Schiller entsprechende Fremdwörter belegt, wie z. B. *Billett, Deputat, Gage, Ragout, Subsidien* oder auch *ennuyieren, paralysieren, spondieren* u. a. m.[369]

Goethe sorgt darüber hinaus natürlich für einen gewissen naturwissenschaftlichen Fachwortschatz mit Wörtern wie *Systole und Diastole, Polarität, Perfektibilität, Wahlverwandtschaft, Typus, Urphänomen* u. a. Auch *Morphologie* ist vermutlich eine Prägung Goethes.

Schiller wiederum leistete seinen Beitrag zur Ausdruckserweiterung der deutschen Sprache durch seine ästhetischen und philosophischen Schriften. So wurden z. B. Wörter mit allgemeiner Bedeutung von ihm in philosophische Verwendungsweise umgeprägt: *Freiheit, Gedankenfreiheit, Gewissensfreiheit, Grazie, schöne Seele, Anmut, Würde, Anstand, Einfalt, Idee, Ideal, Größe, erhaben, edel, ideal, naiv, pathetisch, rührend, sittlich, moralisch.*

Aber auch sein historisches Wortgut hat durchaus Eingang in die deutsche Wissenschaftssprache gefunden.[370] So zählen zu den Schillerschen Prägungen z. B. *Kaiserwürde, Reichssystem, Nationalcharakter, Staatenbund, Staatsinteresse, Staatensystem, Machtverhältnisse, Machtgleichheit, Wahlfreiheit, Selbstverteidigung* u. a. m.[371]

Die eindrucksvollsten Wortneubildungen finden sich jedoch sowohl bei Schiller als auch bei Goethe in den deutschesten aller Neologismen, nämlich in den Komposita der verschiedensten Wortklassen. Von diesen seien hier besonders genannt *himmelumwandelnde Sonne, die hochwallenden Gassen* (Schiller, *Braut von Messina*); *fernabdonnernd* (Goethe, *Iphigenie*); *vollbezwingend* (Goethe, *Faust*). Auffällig sind u. a. solche, die obendrein in einer besonderen Weise bildträchtig sind: *tagverschlossen, flügeloffen, sterngegönnt, wellenatmend, neugiergesellig, einsgeworden, raschgeschäftig, krummeng, junghold; Werdelust, Lächelmund, Lagequell, Wallestrom, Wimmelschar* (Goethe). Von Schiller stammen *Blumenschwelle, Ambradüfte, Taumelkelch, Gaukelbund, Silberton, Zitternadel, machtumpanzert.* [372]

Zur Registrierung und Beschreibung der vielen Wortneuschöpfungen und ihrer Bedeutung sind inzwischen ganze Wörterbücher erstellt worden oder sind vielmehr noch in der Entstehung begriffen.[373]

So gilt es heute als anerkannte Tatsache, dass unsere Sprache mit den Werken der deutschen Klassik schließlich in ganz Deutschland und über die Grenzen Europas hinaus Bedeutung erlangt hat.

Nachdem im Jahre 1782 zunächst Schillers Erstlingsdrama *Die Räuber* für nationales Aufsehen gesorgt und den Dichter schlagartig berühmt gemacht hatte, trat auch Goethe zwei Jahre später mit seinem *Roman Die Leiden des jungen Werthers* an die Öffentlichkeit, wurde gleichsam über Nacht in Deutschland und darüber hinaus berühmt, und das Werk gehört nach wie vor zu den erfolgreichsten Romanen der Literaturgeschichte.

Doch liefen in Goethes Werk letztlich alle wesentlichen Fäden und Tendenzen seines Zeitalters zusammen. Josef Mattausch, der Leipziger Goetheforscher, fasst dies so zusammen:

> Von besonderem Gewicht ist [...] die Tatsache, daß Goethes Wirken fast alle Bereiche des gesellschaftlichen Lebens seiner Zeit erfaßt, seine Sprache mithin – jenseits ihres unbestritten schöpferischen Charakters – in einem hohen Maße repräsentativ für seine Zeit ist. [...] Goethes Sprachleistung lässt sich nicht auf seine Dichtungssprache einschränken [...] Sie umfasst vielmehr ein ganzes Ensemble vielfältiger situations- und zweckbestimmter Erscheinungsformen, von persönlich gefärbtem Alltagsausdruck bis zum strengen Duktus wissenschaftlicher Sprache, von konventionell geprägtem Amtsstil bis zur in sich vielfach geschichteten Poesiesprache.[374]

So ist es ein unumstritten einzigartiges Phänomen, dass die Maßstäbe, welche die Klassiker mit ihren Werken vor nunmehr über zwei Jahrhunderten gesetzt haben, noch für lange Zeit bis weit ins 20. Jahrhundert hinein ihre Geltung behielten. Kein Dichter, kein Grammatiker und kein Sprachwissenschaftler kam an den einmal gesetzten Maßstäben vorbei, ohne daran gemessen zu werden und ohne sich auf seine Weise mit der klassischen Norm auseinanderzusetzen.

Nicht allein die Tatsache, dass die Kenntnis der Klassiker fortan zum Standard des Bildungsbürgertums gehörte, es wurde auch dafür Sorge getragen, dass die Ideale der Weimarer Klas-

Wilhelm von Humboldt, 1767–1835

siker schon in den Schulen zur Grundlage der Ausbildung heranwachsender junger Menschen erhoben und deren Plege als unerlässliche Pflicht im Erziehungswesen verankert wurde.

Es war kein Geringerer als Wilhelm von Humboldt,[375] dessen Wirken es zu danken ist, dass durch die von ihm inaugurierte Gründung des humanistischen Gymnasiums die Bildungsideale der Humanität schließlich bis weit ins 20. Jahrhundert hinein als fester Bestandteil in die Ausbildung der jungen Menschen integriert waren. Ganz im Sinne und nach dem Vorbild der Klassiker sollten die Heranwachsenden am humanistischen Gymnasium die Werte der Antike und – damit verbunden – auch die der deutschen Klassik kennenlernen und somit zur Ausbildung edlen Menschentums, d. h. zur größtmöglichen menschlichen Vollkommenheit heranerzogen werden.

Damit ist die Zeit der deutschen Klassik gekennzeichnet als Kulturhöhepunkt und Blütezeit des deutschen Geistes, wie es etwa die Zeit Shakespeares und des elisabethanischen Zeitalters für das englische und die Zeit Dantes und der Renaissance für das italienische Volk auf ihre Weise gewesen sind.

Dante hat, so heißt es, *mit der Göttlichen Komödie* (etwa 13. Jh.) geradezu eine *Synthese mittelalterlichen Wissens* geschaffen, *eingebettet in eine grandiose Jenseitsreise* durch den gesamten damals bekannten, noch am ptolemäischen Weltbild orientierten Kosmos. Und so wird er von einem seiner besten Kenner geradezu als das *Universum Dante*[376] bezeichnet. Die große Reise des Jenseitswanderers wird geführt von Vergil, der als wichtigster Autor der klassischen römischen Antike gilt, und später Beatrice, der verstorbenen Geliebten Dantes als profunden Kennern jener Gebiete. Sie beginnt mit dem Abstieg in das Inferno, dem Ort der Strafen, und führt dann über den Läuterungsberg, das Purgatorium, hinan zu den himmlischen Sphären, dem Paradies.

Ganz anders Shakespeare, etwa 300 Jahre nach Dante. Ihm geht es nicht mehr um das allgemeine, jenseitig kosmische Menschenschicksal, sondern vorrangig um diesseitige Verhältnisse von individuellen Schicksalen und demzufolge auch um die Darstellung komplexer Charaktere. So wird z.B. *Hamlet,* der dänische Student im deutschen Wittenberg, als ein dem Denken der Neuzeit verpflichteter Mensch geschildert. Er ist jedoch zugleich als Königssohn von Dänemark existenziell in festgefügte Traditionszusammenhänge eingebunden und durch diese noch mit einem gleichsam naturgegebenen Wahrnehmungsvermögen begabt, durch das es ihm möglich wird, die Geiststimme des meuchlings ermordeten Vaters zu vernehmen, welche ihn zur Rache aufruft und Hamlet damit dem tragischen Zwiespalt zwischen intellektuellem neuem Denken und noch vorhandenem naturhaftem Auffassungsvermögen aussetzt.

So reiht sich das Anliegen der deutschen Klassik mit ihrem hohen Ideal des edlen, schönen Menschen und die individuell zu leistende Gesinnung *reiner Menschlichkeit* als derzeit letztes Glied in die Entwicklungsfolge des Menschheitsstrebens ein.

Der Begriff *klassisches Deutsch* galt in jener Zeit geradezu als Synonym für *gutes Deutsch.* Und noch 1914 schrieb Friedrich Kluge,[377] der bekannte Sprachwissenschaftler:

> Aus der ewigen Jugendfrische ihrer Werke muß und wird unsere Sprache ihre Gesundheit immer von neuem schöpfen, und die Quelle, in der unsere Klassiker sprachlich ihre Kraft und Nahrung gefunden, versiegt auch in der Zukunft nicht.

Die Entwicklung der neuhochdeutschen Standardsprache war mit der Zeit der Weimarer Klassik im Wesentlichen abgeschlossen, auch wenn sich ihr aktiver Gebrauch zunächst vorwiegend auf eine kleinere Gesellschaftsgruppe aus Bildungsbürgertum und adeligen Kreisen beschränkte. Diese *alle können ihr Lebens- und Lehrbedürfnis innerhalb der Muttersprache befriedigen,* so hören wir noch von Goethe aus dem Jahre 1817.[378]

Solche Aussagen dürfen jedoch nicht über die Tatsache hinwegtäuschen, dass zu jener Zeit *von einer* allgemeinen *Alphabetisierung der Deutschen im Sinne einer Fähigkeit zur aktiven Verwendung der deutschen Schriftsprache […] noch nicht die Rede sein* konnte. Es wird geschätzt, dass noch um 1800 ungefähr die

Hälfte der Bevölkerung Analphabeten waren, Mitte des 19. Jahrhunderts dann rund ein Drittel und schließlich um 1900 noch etwa 1 % der erwachsenen Bevölkerung.[379]

Als etwa mit dem Beginn des 19. Jahrhunderts zunächst langsam, dann aber rasch fortschreitend, der Prozess der Industrialisierung und, damit einhergehend, eine ständige Zunahme des Bevölkerungswachstums einsetzte, wurde Deutschland binnen eines Jahrhunderts eine der stärksten Industriemächte der Welt. Entsprechend bildete sich mit der Bevölkerungsgruppe der Industriearbeiter eine neue soziale Schicht heraus, die neben dem ebenfalls erstarkten Bürgertum ihren festen Platz im 1871 neu gegründeten Deutschen Reich beanspruchte.

Die damit verbundenen gesellschaftlichen, technischen und kulturellen Veränderungen, u. a. die Umstrukturierung des gesamten Verkehrswesens (auf Schienen und Straßen) einschließlich des Warenverkehrs bewirkten eine Umordnung des gesamten Alltagslebens und der Alltagswelt. Schließlich brachten es Elektrizität, neue Nachrichtentechnik und vor allem die seit dem Ausgang des vorigen Jahrhunderts rasant zunehmende Digitalisierung auf allen Lebensgebieten mit sich, dass die Bevölkerung auch sprachlich mehr und mehr in die Teilhabe am öffentlichen Leben eingebunden wurde und Letzteres natürlich umgekehrt auch beeinflusste.

Dass die deutsche Sprache schließlich zu einem so reichen, vielgestaltigen, und sensiblen Instrument für die Differenziertheit und Ausdruckskraft auch seelischer und geistiger Prozesse sowie stets möglicher Wortneuschöpfungen hat werden können, verdankt sie vor allem den tief greifenden Umbildungsprozessen, der langen Zeit ihrer „Unfertigkeit", und damit ihren immer andauernden Reifungsprozessen, die sich deutlich als Wirkungen der *Enérgeia jener ewig sich wiederholenden Arbeit des Geistes* im Laufe der Entwicklung abzeichneten. Sie verdankt es aber auch dem Streben und Wirken einzelner großer Individuen und ebenso der Einwirkung anderer Sprachen, die ihr zuteil wurde und heute noch zuteil wird.

6. DIE DEUTSCHE SPRACHE HEUTE

Die Sprache ist eine ungeheure fortwährende Aufforderung zur Höherentwicklung. Die Sprache ist unser Geisterantlitz.[380]

So hat Christian Morgenstern vor etwa einem Jahrhundert unseren Auftrag hinsichtlich der Sprache formuliert. Und davon ausgehend, wenden wir den Blick zunächst noch einmal zurück auf die Anfänge der nunmehr etwa 1200-jährigen Geschichte unserer Sprache. Dies lässt uns für einen Moment innehalten und mit Staunen bemerken, dass zu jener Zeit jede Art der sprachlichen Äußerung einzig in mündlicher Form, von Mund zu Ohr im Angesicht des sprechenden, bzw. hörenden Gegenübers, möglich war.

Wie anders mögen die Menschen damals das Wort empfunden haben, wenn es allein in der direkten Mitteilung, getragen vom Strom des unmittelbaren Erlebens zwischen Mensch und Mensch in Erscheinung treten konnte? Denn noch gab es keine andere Möglichkeit, das einmal gesprochene Wort gleichsam anonym und losgelöst vom Sprechenden festzuhalten oder es weiterzugeben: nicht den Brief, nicht das Buch, nicht die Zeitung, nicht das Plakat, nicht das Telefon und schon gar nicht die digitalen Medien.

Wie anders gehen wir heute mit dem Wort um, seit Geschriebenes überall für jedermann zur Verfügung steht. Wir greifen zu, und bedienen uns, wann und wo auch immer dies unseren persönlichen Bedarf befriedigt, und wir legen ohne Dank wieder zur Seite, was uns gerade nicht mehr genehm ist; denn ein persönlicher Bezug zu dem, der einmal die von uns genutzten Worte aufgeschrieben hat, ist oft gar nicht gegeben und oft auch nicht gemeint.

Dabei erscheint es allerdings staunenswert, dass heutige Sprachwissenschaftler für die unmittelbar darauf folgende Zeit, als das Althochdeutsche aus dem Dunkel der Schriftlosigkeit auftauchte (ca. 750–1050 n.Chr.), bereits einen Gesamtwortschatz von etwa 30 000 Wörtern festgestellt haben,[381] wobei diese Schätzung natürlich zunächst mündlich tradierte Dichtungen, Glossare und auch das Vokabular des Alltags u.a.m. umfasste, der große Schatz der Volksdichtung jedoch noch weitere Jahrhunderte warten musste, bis er endgültig gehoben wurde.

Unter dem Titel *Reichtum und Armut der deutschen Sprache* hat die Deutsche Akademie für Sprache und Dichtung und die Union der deutschen Akademien der Wissenschaften jüngst einen *Ersten Bericht zur Lage der deutschen Sprache* herausgegeben. Ausgehend von einer Bestandsaufnahme der Ausdrucksmittel unserer Sprache gibt dieser Bericht Rechenschaft darüber, in welchem Umfang die derzeitigen Sprecher dieser Sprache mit den zur Verfügung stehenden Mitteln umzugehen verstehen. Wolfgang Klein, einer der maßgeblichen und für diesen Bericht verantwortlichen Sprachwissenschaftler, kommt zu folgendem Ergebnis:

> Zwei Befunde zeichnen sich sehr klar ab, und sie werden sich auch bei weiteren Untersuchungen nicht ändern:
>
> 1. Die heutige deutsche Sprache verfügt über einen überaus reichen Wortschatz, der weit jenseits dessen liegt, was je in einem Wörterbuch beschrieben worden ist.
> 2. Der Wortschatz, so wie er in seinem Gebrauch in großen Textkorpora fassbar wird, ist im Verlauf der letzten hundert Jahre um mindestens eine Million Wörter angewachsen.
>
> Da der Ausdrucksreichtum einer Sprache letztlich auf ihrem Wortschatz fußt, muss man schließen, dass sich das Deutsche in dieser Zeit zu einem immer mächtigeren Instrument entwickelt hat. Wenn es uns bisweilen so scheint, als würde unsere Sprache verarmen, dann liegt das nicht an der deutschen Sprache, sondern an denen, die von ihr Gebrauch machen. Es reicht nicht, einen Bösendorfer in der Stube stehen zu haben; man muss ihn auch spielen können.[382]

Entgegen allen Unkenrufen, die uns eine *dramatische Verlotterung* oder *ein Sterben der Sprache, einen kulturellen Selbstmord,*[383] oder zumindest eine Verarmung unserer Sprache glauben machen wollen, wird hier doch gerade eine derzeit überaus reiche Fülle des deutschen Wortschatzes herausgestellt; vor allem aber muss uns der Hinweis zu denken geben, dass es wohl doch nicht der Sprache selbst, sondern eher den Nutzern derselben anzulasten ist, wenn uns die temporären Erscheinungsformen dieser Sprache zuweilen als Verarmung anmuten.

a) Angst vor Überfremdung unserer Sprache?

Die Kräfte, die dem unaufhörlichen Fluss des sprachlichen Werdens Richtung und Farbe verleihen, sind vielfältiger und sehr verschiedener Art und verbinden sich miteinander, sodass sprachliche Befunde häufig polygenetisch erklärt werden müssen. [...] Es sind einmal geistige Kräfte, welche die Entwicklung der Sprache bestimmen. Das Weltbild jedes Zeitabschnitts [...] drückt sich in ihr aus. [384]

Und so ist es auch eine Tatsache, dass nicht nur unser heutiges Weltbild, sondern auch unser ganzes Leben weitgehend bis in die alltäglichen Handhabungen hinein von angloamerikanischen Errungenschaften, insbesonderte in Politik, Wissenschaft, Wirtschaft und Technik bestimmt ist, sodass damit in Deutschland wie auch in anderen Ländern das Englische als zweite Verkehrssprache vorrangig geworden ist, ebenso wie es vor Zeiten das Lateinische und bis zum Beginn des vorigen Jahrhunderts noch das Französische gewesen ist.

Alles, was uns z. B. die digitalen Medien an kulturellen und zivilisatorischen Inhalten ins Haus bringen, führt zugleich den Wortschatz dieser Technik und ihrer Inhalte mit sich: Begriffe aus Politik, Wirtschaft, Kultur, Sport, Musik, Unterhaltung, u. a. m., natürlich auch alltagssprachliche oder spezielle jugendsprachliche Wendungen, die gerade in Mode sind.

Da mag sich ein Enkel durchaus noch daran erinnern, dass er einst vom Großvater hatte sagen hören: *Feine Leute kaufen sich am Bahnhof ein Billett, gehen auf den Perron, steigen in ein Coupé und warten auf den Kondukteur. Dein Großvater kauft sich am Bahnhof eine Fahrkarte, geht auf den Bahnsteig, steigt in ein Abteil und wartet auf den Schaffner.*

Heutzutage lädt man sich *papierlos* mit wenigen *Klicks* ein *Online-Ticket* vom eigenen Computer auf das *Smartphone* in die DB *Navigator App*, geht zum Bahnhof, steigt in den ICE und gewährt dort dem Zugbegleiter einen Blick auf das *Smartphone.*

Auf diese und ähnliche Weise hat in unserer Zeit bekanntermaßen die Amerikanisierung aller Lebensbereiche unserer Sprache eine Flut von Angloamerikanismen hinzugefügt.

Natürlich stellt im Wesentlichen der Bereich der Medien das größte Einfallstor für Anglizismen dar, weil nun einmal die Verbreitung der technischen Geräte mitsamt ihren dazugehörigen

Funktionsbestandteilen von den USA ausgegangen ist und somit auch fast alle damit verbundenen Begriffe selbstverständlich angloamerikanische sind.

Es wäre jedoch ein sinnloses Unterfangen, wollte man diesen ganzen Wortschatz ins Deutsche übertragen. Hatte doch auch in früheren Zeiten schon z. B. im Frühdeutschen mit der Aufnahme christlichen und antiken Gedankengutes aus dem Lateinischen und Griechischen, oder später nach dem 30-jährigen Krieg mit der Akzeptanz des Französischen als einer Gebildetensprache, immer zugleich eine Aufnahme des entsprechenden Kulturgutes ins Deutsche bereichernd stattgefunden.

Insofern ist die Angst vor *Überfremdung* sicherlich nicht von vornherein begründet, denn es geht ja eigentlich um eine Erweiterung unseres Ausdrucksvermögens, selbst wenn unsere Sprachkraft heute nicht mehr – wie noch in der Frühzeit des Deutschen – dazu ausreicht, die neu aufgenommenen Begriffe ohne Weiteres zu Lehnwörtern umzuschmelzen.

Fragwürdig wird die Verwendung von Fremdwörtern allerdings, wenn diese aus sach- oder sprachfremden Gründen missbraucht werden, also keine wirklich inhaltliche, stilistische oder ästhetische Funktion erfüllen. Dies geschieht heute jedoch in zunehmendem Maße, z. B. besonders auf dem Gebiet der Werbung, um das Aussehen, die Qualität oder die Bedeutung eines Produktes oder einer Firma für den Kunden höherwertig und attraktiver erscheinen zu lassen, als es in Wahrheit ist. So nennt sich etwa eine Autofirma *Euromaster,* ein Friseur *hairstylist, hairbutler* oder sein Geschäft gar *beauty centre.* In Stellenanzeigen, in denen z.B. eine Toilettenreinigungskraft gesucht wird, wird möglicherweise ein *WC-Manager* ausgeschrieben. Im Jargon der Wirtschaft ist von *Implementierung (Ausführung, Durchführung)* die Rede oder von *Allocation (Zuwendung, Zuteilung), Task Forces (Sondereinheiten)* und *Tools (Werkzeugen, Geräten).* Doch steht auch die Wissenschaft dem keineswegs nach. Hier spricht man u. a. von *Screening (Überprüfung),* von *Assessment (Einschätzung),* von *Evaluation (Auswertung, Beurteilung)* und ebenfalls von *Implementierung.*

Obwohl es durchaus deutsche Wörter statt der englischen gäbe, werden gegenwärtig dennoch Anglizismen zuhauf eingesetzt. Oft dienen sie der Befriedigung des persönlichen Geltungsbedürfnisses, indem man meint, sie zur Vortäuschung eines hohen Bildungsniveaus einsetzen zu sollen, von dem man sich wiederum eine höhere Wertung und Anerkennung der eigenen sozialen oder intellektuellen Bedeutung verspricht. Besonders erwählte Anglizismen werden gerne auch verwendet, um sich sprachlich gleichsam anzubiedern an modische Zeitströmungen, die wiederum Jugendlichkeit und Modernität suggerieren. Man möchte einfach auf der Höhe seiner Zeit, und damit *in* sein.

Die Anforderungen, die sich an die heutigen Sprecher des Deutschen stellen, dürfen freilich nicht allzu gering eingeschätzt werden; geht es doch um nichts weniger, als dass die verantwortlichen Deutschsprachler sich mehr denn je in jedem Augenblick ihres Sprechens auch moralisch der Tatsache bewusst sind, dass sie gerade die Fülle der Ausdrucksmöglichkeiten, die stilistische Differenziertheit und vor allem die Schönheit der deutschen Sprache gleichsam vorbildhaft darleben sollten. Denn in einem Lande, das bereit ist, auch der Mehrsprachigkeit Raum zu geben, sollte gewährleistet sein, dass dessen eigene Sprachsubstanz zugleich all denen als maßgebliche Orientierungsstütze dient, die sich in diesem Lande und in dieser Sprache beheimaten wollen.

Zwar klingt die jüngste Bildungsberichterstattung von 2016 zunächst recht hoffnungsvoll, wenn es dort heißt:. *Der Bildungsstand der Bevölkerung hat sich in den letzten Jahrzehnten kontinuierlich verbessert.*[385] Doch wird andererseits berichtet: *An den Effekten steigender Bildungsbeteiligung partizipieren […] nicht alle gleichermaßen.* Und infolgedessen gehöre *die Reduktion der Zahl formal gering qualifizierter Menschen […] nach wie vor zu den zentralen Herausforderungen von Bildungspolitik und Bildungspraxis.*[386]

Daher wird die Förderung der sprachlichen Kompetenz in unserem gesamten Bildungssystem als vordringliche Bildungsaufgabe angesehen:

> Die sprachliche Bildung bleibt […] für die nächsten Jahre über alle Bildungsbereiche hinweg eine ebenso vordringliche wie kontinuierliche Aufgabe und erfordert in allen Bereichen verstärkte Anstrengungen sowie zusätzliche personelle Ressourcen.[387]

Dass dieser Tatsache und den damit verbundenen Aufgaben von oberster politischer und wissenschaftlicher Warte so klar ins

Auge geschaut wird, ist zumindest hoffnungsvoll und ermutigend; dennoch gilt über die verstärkten Anstrengungen im politischen Bereich hinaus die Herausforderung mehr denn je vor allem den einzelnen Sprechern des Deutschen. Denn die eigentliche Verantwortung für die Sprache und das Sprechen trägt jeder einzelne Sprecher gegenüber dem Geist der Sprache kraft seines individuellen Vermögens allein, so wie Gottfried Benn dies einst formulierte:

> Allein: du mit den Worten
> und das ist wirklich allein.[388]

b) Die Leichte Sprache

Nun fällt just in dem Moment, wo der Reichtum unserer Sprache als solcher und die kontinuierliche Verbesserung des Bildungsstandes der deutschen Bevölkerung insgesamt so hohes Lob erfährt, das Problem des funktionalen Analphabetismus besonders ins Auge, von dem etwa 7,5 Millionen erwachsene Menschen betroffen sein sollen; Menschen mit Lernschwierigkeiten, Demenzkranke, Nicht-Muttersprachler, denen es Mühe macht, einen zusammenhängenden Text auch nur zu verstehen, obwohl sie doch Buchstaben, Wörter und einzelne Sätze sehr wohl lesen und schreiben können.

Sie sind es wohl, welche die hohe Zahl der *gering qualifizierten Menschen* in unserer Gesellschaft ausmachen, von der im Bildungsbericht die Rede ist.

Diesem Problem will nun das Bundesbildungsministerium mit speziellen Lernangeboten zu Leibe rücken, doch dieser Absicht ist inzwischen der Verein *Netzwerk Leichte Sprache* zuvorgekommen, der sich im Jahre 2006 nach dem Vorbild Amerikas in Münster gegründet hat[389] und der sich heute mit seinen Einrichtungen allerorten in Deutschland und in Europa zu etablieren beginnt. Die Einrichtung dieser Institution hat zunehmend großen Anklang gefunden. Daher werden inzwischen Nachrichten in *Leichter Sprache* gesendet, in *Leichte Sprache* übertragene Bücher von namhaften Autoren angeboten u.a.m. Auch die Bibel und das deutsche Grundgesetz sind in *Leichter Sprache* zu haben; und selbst im universitären Bereich hat man Fachbereiche bzw.

regelrechte Forschungsstellen für *Leichte Sprache* eingerichtet.[390]

Leichte Sprache soll den Menschen, die über eine geringe Kompetenz in der deutschen Sprache verfügen, das Verstehen von Texten erleichtern. Gemeint sind wiederum Menschen mit Lernschwierigkeiten, Demenzkranke, Nicht-Muttersprachler u.a., denen ein *barrierefreier Zugang* zu allen Informationen des Lebens ermöglicht werden soll. Dies wird dadurch angestrebt, dass man Sprache z.B. auf einfache, kurze Sätze mit nur einer Aussage reduziert, ebenso sollen möglichst einfache Wörter des Grundwortschatzes gebraucht werden. Komposita, Fremdwörter und Fachwörter sowie hohe Zahlen sollen vermieden werden (z.B. kann statt der Zahl *14865* einfach das Wörtchen *viel* eingesetzt werden), ebenso sollen grammatisch schwierige Strukturen wie beispielsweise der *Genitiv,* der *Konjunktiv* und das *Passiv* in der *Leichten Sprache* außer Gebrauch bleiben.

Im Hintergrund dieses groß angelegten Projektes steht selbstverständlich – gewiss auch im Zusammenhang mit dem allenthalben propagierten und geförderten Projekt der Inklusion – ein großes soziales Engagement von Menschen, welche weniger sprachkompetenten Mitmenschen zu leichterem Sprach- und Sachverständnis verhelfen wollen, angefangen von den Bemühungen der *Aktion Mensch* über die gemeinsame Arbeit von Wissenschaftlern aus Sonderpädagogik, Sozialmedizin, Soziologie und Linguistik unter Einbeziehung von Betroffenen, nämlich u.a. Menschen mit Lernschwierigkeiten, bis hin zur Förderung durch das Bundesministerium für Arbeit und Soziales.

Hohe Achtung verdienen daher einerseits die enormen Anstrengungen und der ungeheure Aufwand, die da eingesetzt werden, um Gerechtigkeit für alle Menschen zu schaffen. denn man geht aus von der Prämisse: *Jeder soll alles verstehen können.*

Andererseits lässt sich freilich ein leises Unbehagen angesichts all der geplanten und bereits in Gang gesetzten Wohltaten nicht verleugnen. Muss wirklich *jeder alles verstehen können*? Ist es tatsächlich so, dass wir ausschließlich Erleichterungen benötigen, damit *jeder alles verstehen kann*? Darf unser Leben gar keine Hürden, Hindernisse und Rätsel, keine Neugier auf noch Unerreichtes mehr enthalten? Sind doch diese oftmals gerade die Triebfedern, ja die eigentlichen Hilfen, welche das Schicksal selber für uns bereithält, um uns zu eigenen Mühen und Anstrengungen aufzurufen, die unsere Entwicklung voranbringen. Wäre es also nicht sinnvoller, mehr Hilfe zu schaffen für jeden, der lernen will, soviel er nur kann; denn das ist es doch eigentlich, worum es geht. Und dabei müsste nicht die Sprache erleichtert, sondern Eigentätigkeit und Motivation zum Lernen gefördert und ermöglicht werden.

In der augenblicklichen Situation ist es freilich nur folgerichtig, dass selbst Menschen, die überhaupt nicht zur Gruppe der funktionalen Analphabeten gehören, sich durchaus gerne auch des vermeintlich gerechten Vorteils der *Leichten* oder *Einfachen* Sprache bedienen.

Eigentlich als *Hilfestellung für Menschen mit kognitiven Schwierigkeiten* gedacht, scheint sich nunmehr das als *gut gemeintes Projekt*[391] in Gang gesetzte Unternehmen *Leichte Sprache* – auch nach Einschätzung von Literaturkritikern – weit von der eigentlichen Zielsetzung und der ursprünglich gemeinten Zielgruppe entfernt zu haben; und *Leichte Sprache* wird geradezu wie eine günstig und bequem angebotene Ware von einem viel größeren Klientel als den wirklich hilfsbedürftigen erwachsenen Menschen im Alltag beansprucht oder wenigstens ausprobiert. Auch sind bereits Behörden und Ämter gehalten, mehr *Leichte Sprache* zu schreiben und ihre Veröffentlichungen in der neuen *Sprachvarietät* zu verfassen. So werden z. B. Nachrichtensendungen in *Leichter Sprache* angeboten, welche auch gerne von solchen Menschen konsumiert werden, die zu geistiger Bequemlichkeit neigen und sich daher zusätzliche Anstrengungen ihres Gehirns ersparen möchten.[392]

Das aber ist alarmierend, weil hiermit unsere eigentlich so reiche, schöne und differenzierte Sprache, nicht nur der *Infantilisierung*[393] preisgegeben, sondern darüber hinaus auch zum Instrument bloßer Informationsvermittlung herabgewürdigt wird, sodass der komplexe Sinn eines in *Leichte Sprache übersetzten* Textes oft durch die *Übersetzung* in seinem Gehalt völlig entstellt wird oder gar verloren geht. So klingt z. B. die im 1. Kapitel des Lukasevangeliums geschilderte Verkündigung an Maria in *leichter Sprache* so:

In Israel gibt es eine Stadt, die heißt Nazareth. Dort lebt eine junge Frau. Die Frau heißt Maria. Maria hat einen Freund. Der heißt Joseph. Joseph ist Zimmermann. Er baut Häuser und Dinge aus Holz. Eines Tages wird es hell in Marias Zimmer. Da steht ein Engel vor Maria. Der Engel heißt Gabriel. Engel Gabriel sagt: Maria, du bekommst bald ein Kind. Maria wundert sich. Sie sagt: Wie kann ich ein Kind bekommen? Ich schlafe doch nicht mit Joseph.[394]

Und schon ist aus einer im Hölderlin'schen Sinne *heilignüchternen* Schilderung der Verkündigung im Evangelium ein platter Alltagsbericht geworden, wodurch auch dessen Inhalt nicht nur komplett verfälscht, sondern wirklich korrumpiert ist.

Auf diese Weise wird jedoch nicht nur unsere Sprache selbst geschädigt, sondern auch das Gehirn derer der Verkümmerung ausgesetzt, die es durch Nicht-Betätigung von aller Weiterbildung durch die Sprache ausschließen. Denken wir dabei auch an das Faktum der sog. *Digitalen Demenz*, deren Ursachen heutzutage wegen ihrer weit verbreiteten Aktualität längst bei Psychiatern und Gehirnforschern größte Sorge hervorgerufen haben, so ist ein fataler Kausalzusammenhang kaum noch von der Hand zu weisen, denn es scheint ein Teufelskreis zu sein: Erst werden die Menschen durch den exzessiven Umgang mit den allgegenwärtigen Medien *um den Verstand gebracht;*[395] dann kann unsere Sprache nicht mehr oder nur noch mit Anstrengung von den Geschädigten verstanden werden, und schließlich soll sie auch noch dem Niveau der nunmehr eingetretenen ruinösen kognitiven Verfassung eines Teiles unserer wenig sprachfähigen oder eben sprachunwilligen Mitbürger angepasst werden! Dabei gehört es inzwischen zu den einleuchtendsten Erkenntnissen der Neurobiologie, *dass sich das Gehirn durch seinen Gebrauch permanent ändert. Wahrnehmen, Denken, Erleben, Fühlen und Handeln – all dies hinterlässt sog. Gedächtnisspuren.*[396] *Unser Gehirn funktioniert also in einer gewissen Hinsicht ähnlich wie ein Muskel: Wird er gebraucht, wächst er; wird er nicht benutzt, verkümmert er.*[397]

Doch dies ist nur die eine Seite der Medaille.

c) Die Digitale Sprache

Ein weiterer massiver Angriff auf den Bereich der Sprache überhaupt hat sich weltweit schon etwa seit der Mitte des vergangenen Jahrhunderts mit dem Zugang zur sog. *Digitalwelt* angebahnt. E-Mail, WhatsApp, Twitter, SMS u. a. sind die digitalen Kommunikationsformen, die als unkomplizierte und im Wesentlichen mündliche Rede verstanden werden.

Digitale Sprache findet nun freilich nicht mehr unter dem sozialen Deckmantel der Hilfeleistung für Behinderte und Kranke statt, sondern im Gegenteil, sie erscheint eingekleidet in eine geradezu euphorische Zukunftsvision für alle.[398] Jetzt wird prophezeit, dass in naher Zukunft die Komplexität der Verständigung zwischen den Menschen überall und an allen Stellen zunehmen werde. *Alle haben allen etwas mitzuteilen, ständig, dauernd, überall.*[399] Ob sachliche, ob persönliche, ob wichtige oder völlig banale Inhalte: Es werden im Ganzen Unmengen an Text durch die Welt geschickt, wobei erklärtermaßen der sprachliche Ausdruck einschließlich Rechtschreibung, Grammatik und Interpunktion nur noch eine völlig untergeordnete Rolle spielt. Wichtig ist die Schnelligkeit der Nachrichtenübermittlung und des Nachrichtenaustausches. Kurze, knappe Sätze oder Satzfragmente manchmal auch nur Satzfetzen mit und ohne Präpositionen, mit und ohne Pronomina, und vor allen Dingen voller Abkürzungen scheinen zu genügen (z. B. LG =*Liebe Grüße*, HDL = *Hab dich lieb*, OMG = *O mein Gott*). Auch einfach mehrere Wörter, möglichst zusammengezogen in eines wie z. B.: *Hee Frida-Schatz, oberherzlichen Dank. Wiegeetdatdir? Knuddels ganz doll, Paulina.*[400] Oder im Hin und Her von Aussage und Antwort: *Knuddel-zurückknuddel-dichganz doll knuddel*.[401] Meist und immer mehr wird in Kleinschrift geschrieben.

Es muss nichts von Bedeutung sein, wichtig ist, dass man miteinander „spricht", und wenn es nichts als eine unterhaltsame Geste ist oder eine kurz hingeworfene Einwort-Bemerkung, u. a. in Form von irgendwelchen Inflektiven (d. h. infiniten und unflektierten Verbformen wie z. B. *heul*, *würg* *tröst* [402]) oder sonst eines der gerade passend erscheinenden lachenden, weinenden, von gebrochenem Herzen, von Glück kündenden oder einfach Grimassen schneidenden *Smileys* (sog. *Emoticons)*, durch welche die jeweiligen Schreiber ihre Befindlichkeiten auch gerne bildlich signalisieren. So z. B. durch diese:

Demgegenüber scheint es in Gegenwart all dieses lieblosen, zersetzenden, ja ruinösen Umgangs mit unserer Sprache an der Zeit, *den Bösendorfer in unserer Stube* doch endlich auch so oft und so schön zum Klingen zu bringen, wie nur möglich, damit wir seinen Klangreichtum nach Vermögen ausschöpfen. Ist uns doch mit dem Besitz und der Qualität unseres Sprachinstrumentes eine hohe Verantwortung zugemutet und auferlegt worden, eine Verantwortung zugleich für die Schulung unserer geistigen Kompetenz. Denn diese kann weder von Amts wegen verordnet noch durch die Diktatur digitalen Massengeschwätzes reguliert werden. Sie obliegt einzig der Denk-, Empfindungs- und Handlungskompetenz des Einzelnen. Und als Einzelne sind wir offensichtlich heute aufgerufen, darüber zu wachen, dass das Wort nicht allmählich unserer Verantwortung entgleitet, würde doch der Verlust des Wortes zugleich den Verlust unserer geistigen Substanz mit sich bringen.

In seinen jüngst veröffentlichten Schriften zur modernen Lyrik (*WORT(W)ENDE* und *Rudolf Steiner und das Nicht-Wort in der Lyrik des 20. Jahrhunderts)* stellt Rainer Patzlaff dar, dass Resignation und Verstummen, Sprachverlust und Sprachzerfall letztlich die Suche nach einer zeitgemäßen Dichtkunst kennzeichnen. Zugleich aber weist er darauf hin, dass heute Sprache gerade aus dem Verstummen neu geboren werden kann, indem dabei wie bei jeder Evolution erst ein Nullpunkt (Hilde Domin z.B. nennt diesen das *Nicht-Wort)* durchschritten werden muss. Erwächst doch gerade dadurch, dass der Mensch erst sich selbst zum Schweigen bringt, *eine völlig neue Sprache, [...] die sich nicht mehr im hörbaren oder lesbaren Laut kundtut, sondern im inneren Hörvermögen, in den Ohren der lauschenden Seele.*[403] Ein Wahrnehmen des Übersinnlichen setzt ein.

d) Die Sprache der Dichtung

Halten wir nun Umschau in der Landschaft der zeitgenössischen deutschen Dichtung, um den Erscheinungen der Sprache dort nachzuspüren. Dabei kann natürlich von dem vielfältig differenzierten Gesamtoeuvre, das am Anfang des 21. Jahrhunderts überhaupt erst sichtbar zu werden begann, nur Weniges zunächst stellvertretend in den Blick genommen werden. So beschränken wir uns in dem von uns gesteckten Rahmen nur auf einige Beispiele aus Epik und Lyrik.

Da ist zunächst am Beginn unseres Jahrhunderts neben ihrer umfangreichen Lyrik Ulla Hahns großer autobiografischer Roman vom *verborgenen Wort*, der schildert, wie die Individualität eines Kindes sich stetig und unbeirrbar Bahn bricht inmitten einer engen, verständnislosen Umwelt, in der nur wenige Menschen Sinn für dieses Kind haben, wie z. B. der geliebte Großvater, der immer zur rechten Zeit Geschichten aus den Steinen vom Rheinufer, den *Bochsteenen*, herauslesen kann.

Ulla Hahn, *1946

Später sind es Bücher, aus denen das Kind selbst lesen und seelische Nahrung schöpfen kann, von der die Dichterin berichtet:

Es waren die Wörter, die Sätze, der Rhythmus, die mich erregten, das lange, langsame Zusammensein mit einem Buch, die Form, die Gestalt der Wörter, ihr Rollen und Rauschen im Ohr, die mich in die sicher gefügte Wirklichkeit einer Geschichte davontrugen.[404] .

Und es waren die Bilder, die in dieser Sprache lebten und die das Kind sein ganzes Leben lang begleiteten. Hier soll stellvertretend das einprägsame Bild von den ausgestreckten Ohren vergegenwärtigt werden, den Ohren, die sich wie große Tastorgane zu den Dingen hintasten, um in sie hineinzuhören und ihnen ihre Geheimnisse abzulauschen:

Regungslos lagen wir auf dem Rücken im Sand, wenn der Großvater befahl, die Augen zu schließen und die Ohren auszustrecken. An geschmeidigen Röhren fuhr ich meine Ohren in die Landschaft hinaus, näherte mich dem Erdboden, den zirpenden Grillen, ein betäubender Lärm, suchte nach stillen Fleckchen im Gras, hörte das beharrliche Trommeln seiner Wurzeln, das Zischen millionenfacher grüner Zungen, hörte die Käfer fressen, ein kleines Knacken, winziges Knistern, der Käfer kam näher, die Käferkiefer fragten: Wo bist du Biß, du, als wollten sie mich fressen. Ich zog die Ohren ein. Fuhr sie im hohen Bogen durchs zischelnde Schilf ins Sausen der Pappeln, hier einen Kuckuck schnappend wie der Fisch die Mücke, dort ein Bienensummen, Hummelbrummen, Libellensirren. Das Tuscheln der Wellen, ihr aufgeregtes Schlagen, wenn ein Kahn sich näherte, den Rhein hinauf oder hinunter, beladen oder leer. Mit meinen ausgestreckten Ohren lauschte ich es den Wellen ab; ließ die Ohren ein Stück weit auf den Kähnen fahren; das Flattern der Wäsche im Wind, das Bellen des Hundes an Bord, das Klappern der Töpfe aus der Kombüse, helle Frauenstimmen, die rauhen der Männer, Kindergeschrei. Über allem aber das Stampfen der Maschinen, so, daß ich die Ohren bald wieder zurückzog, sie hochfuhr, weit in den Himmel hinein, bis sie dort pendelten und an meiner Kopfhaut ruckten wie ein Luftballon in der Hand. Zwischen den Wolken schwangen sie oder standen einfach im Blau, kein schönerer Laut auf der Welt als die Sehnsuchtsstille des Himmelblaus, so süchtig machend nach einer Stille, die stillt, Sehnsucht stillt, daß ich die Ohren immer nur für Sekunden hoch oben lassen konnte, so sehr zerrten sie an meinem Kopf, als wollten sie ihn zu sich hinaufreißen. Langsam zog ich die Ohren dann wieder näher, durch Pappeln, Schilf und Gräser, bis ich tief in mir das Rauschen meines Blutes vernahm, den Herzschlag in meiner Brust. Der Großvater schnarchte.[405]

In unendlicher Vielfalt offenbaren sich den weit zu den Dingen hin ausgefahrenen und in sie hinein tastenden Ohren der Lauschenden die Klanggeheimnisse der Natur und der ganzen Umgebung durch die jetzt gewonnene Nähe; und sie werden zugleich in innerer Verdichtung umgewandelt ins eigene mitteilbare Sprachbild, das dichterische Wort.

Und diese weit ausfahrenden Ohren durchmessen die Weite des Raumes von unten nach oben und wieder zurück. Erst nähern sie sich unter dem wohl schwer erträglichen Lärm *der zirpenden Grillen* dem Erdboden und erhorchen darunter *das beharrliche Trommeln der Graswurzeln*, welches das unter der Oberfläche hervordrängende Pulsieren neuen Lebens und neuen Beginnens in wohl hautnaher, unerträglicher Aufdringlichkeit ankündigt. Dazu noch bedrängt, bedroht und geängstigt durch das *millionenfache Zischen grüner Zungen*, die *aggressive Fressgier* und den sich nähernden *Biss der Käfer*, werden diese Ohren wieder eingezogen und fahren jetzt in hohem Bogen bis zu den Kähnen im Fluss, ein Rückzug in der angespannten Abwehr des *Bienensummens, Hummelbrummens, Libellensirrens* wie der gespenstischen

Atmosphäre des als heimlich oder gar hinterhältig empfundenen Flüsterns, des *Tuschelns der Wellen* und ihres *aufgeregten Schlagens.* Doch auch hier, gleichsam umzingelt von dem unheimlichen nicht endenwollenden *zischelnden Schilf* sowie von dem fortwährenden auf- und abschwellenden Geräusch des *Sausens* der Pappelblätter, scheinen diese empfindlich offenen Ohren endlich, den Fluss entlanggleitend, nur noch dem *Flattern der Wäsche* im Wind, dem *Hundegebell* an Bord, dem *Klappern der Töpfe in der Kombüse* und dem menschlichen *Stimmen*gewirr ausgesetzt zu sein. Dem alles übertönenden *Stampfen der Maschinen* aber halten sie dennoch nicht mehr stand; und als ihnen endlich die Aufwärtsbewegung *weit in den Himmel hinein* gelingt, *stehen* sie dort, scheinbar in der Ruhe des Zieles angekommen, einfach *im Blau,* in der ungestörten befreienden Weite, der *Sehnsuchtsstille des Himmelblaus,* die aber wohl kein abschließendes Zur-Ruhe-Kommen bedeutet, sondern eher ein zukunftsoffenes Innehalten; von dort aus finden schließlich die Ohren, wieder in die vertraute Nähe gezogen, tief ins *Rauschen des eigenen Blutes* und in den eigenen *Herzschlag* hinein.

Ist es nicht, als ob die ausgefahrenen Ohren in dem nie verstummenden Grillenzirpen und Graswurzeltrommeln, in diesem Zischen der grünen Zungen, dem Biss der Käfer, dem Summen und Sirren, dem Tuscheln und Zischeln der Elementarwelt dem heimlichen und unheimlichen Wesen unsichtbarer Geister nachgelauscht hätten?[406] Und ist nicht mit diesem Ausfahren der Ohren geradezu eine neue Art der Sinneswahrnehmung erwacht, eine nicht mehr nur rezeptive, sondern nunmehr auch aktiv gelenkte Tätigkeit des Hörsinnes? Damit wäre auch, wieder ganz bei sich selbst angekommen, in dem Kind zugleich eine neue Bereitschaft gewonnen, dem eigenen Herzschlag allein und ohne weitere Hilfe des Großvaters (*Der Großvater schnarchte.*) vertrauen zu können.

Ist es die Bedeutung dieser neuen Erfahrung, von der die Autorin in dem grandiosen Bild von den ausgefahrenen Ohren in autobiografischer Rückbesinnung hier spricht? Ist es vielleicht überhaupt die leise Hindeutung auf eine ganz neu geartete Möglichkeit der aktiven Sinneswahrnehmung, die sich in unserer Gegenwart herausbilden will?

Das Hören wäre dann zugleich ausgeweitet und intensiviert zum Hinhören, zum Zuhören, zum In-die-Dinge-Hineinhören.

Wenden wir uns nun der Lyrik des gegenwärtigen Jahrhunderts zu. Bei einer so außerordentlich reichen Sprache wie der deutschen und auch im Hinblick darauf, dass selbst längst verloren geglaubte Strophenformen wie Sonett, Terzine, Stanze u. a. sowie Klangfiguren und Reimschemata verschiedenster Art heute wieder aufgegriffen werden, mag man erwartungsvoll auf Neuveröffentlichungen hinschauen.

Da ist unter den Dichtern wohl an prominenter Stelle Jan Wagner zu nennen, der hauptsächlich als Lyriker hervorgetreten ist, obwohl er gerade mit dem *verschlossenen Raum* ein nicht-lyrisches Werk, eine lesenswerte Sammlung von Essays, veröffentlicht hat. In Jan Wagners jüngstem Gedichtband aber, den *Regentonnenvariationen*, finden sich eine Reihe von Naturgedichten, neben Gedichten über Alltagsgegenstände, die in ihrer Bedeutung als Einzelheiten oder Einzigartigkeiten an die Rilkeschen Dinggedichte erinnern. Ob es sich um Titel wie *Marder, Nagel, Melde, Eule, Seife* oder *Giersch* handelt oder um *das Requiem für einen Friseur*, immer ist Bekanntes oder Unerwartetes, genau und originell Beobachtetes geschildert und zu anschaulichen Bildern im wahrsten Sinne des Wortes vedichtet.

Jan Wagner,
* 1971

Das Eingangsgedicht, ein Naturgedicht, trägt den Titel *giersch* und handelt von dem in jedem Garten gefürchteten widerborstigen Unkraut, dem Giersch – hier in einzigartiger Weise in die poetisch strenge Form eines Sonetts gebändigt, aber eben doch von Anfang bis Ende unaufhörlich von Vers zu Vers, ja schließlich von Strophe zu Strophe, gleichsam im Enjambement weiterwuchernd:

Jan Wagner
GIERSCH

nicht zu unterschätzen: der giersch
mit dem begehren schon im namen – darum
die blüten, die so schwebend weiß sind, keusch
wie ein tyrannentraum.
kehrt stets zurück wie eine alte schuld,
schickt seine kassiber
durchs dunkel unterm rasen, unterm feld,
bis irgendwo erneut ein weißes wider-
standsnest emporschießt, hinter der garage,
beim knirschenden kies, der kirsche: giersch
als schäumen, als gischt, der ohne ein geräusch
geschieht, bis hoch zum giebel kriecht, bis giersch
schier überall sprießt, im ganzen garten giersch
sich über giersch schiebt, ihn verschlingt mit nichts als giersch[407]

Kein hergebrachtes Reimschema ist in diesem Gedicht zu finden, wohl aber der für deutsche Ohren ungewohnte, hier jedoch durchgehend verwendete Slant-Reim,[408] der vergeblich auf einen harmonischen Zusammenklang der Verse hoffen lässt, aber unvermerkt etwas wie einen anhaltenden Missklang im Gedicht hervorbringt, da sich die Verse eben nur halb reimen (giersch – keusch; schuld – feld u. a.). Ebenso erweist sich auch die Lautung als unangenehm aufdringlich, sodass der Leser am Ende das Gefühl hat, durch die unerträgliche Wiederholung der immer wiederkehrenden **-ie**-Laute (sch**ie**ßt, k**ie**s, g**ie**rsch, gesch**ie**ht, g**ie**bel, kr**ie**cht, spr**ie**ßt, sch**ie**bt) einfach aufgespießt zu werden**;** dann die harten Gaumenstöße **-g, -k,** und **-r**-(**g**a**r**age, **k**nirschend, **k**ies, **k**i**r**sche, **g**ie**r**sch, **kr**iecht, im **g**anzen **g**arten **g**iersch) und dazu das nachhaltig sich durchsetzende schlangenhafte Gezisch der **-s** und **–sch-**Laute, an jedem Zeilenende des letzten Terzetts gipfelnd in dem Wort ***giersch***, (knir**sch**end, kie**s**, kir**sch**e, **sch**äumen, gi**sch**t, geräu**sch**, **sch**ier, **s**prie**ß**t, gier**sch**, **sch**iebt, ver**sch**lingt), dem von Anfang an schon das *Begehren*, die **Gier**, *im Namen* eingeschrieben ist.

Was dieses Gedicht auszeichnet, ist die Tatsache, dass hier eine Pflanze, der Giersch, welcher Thema des Gedichtes ist, sein Wesen anscheinend wie von selbst im dichterischen Nachvollzug durch die Sprache entfaltet und offenbart. Ganz im Sinne eines

Dinggedichtes[409] beschreibt sich hierbei der „Gegenstand" der Dichtung gleichsam von innen heraus, während der Dichter ganz hinter seinen Gegenstand zurücktritt.

Dies ist allerdings wohl kein allgemeines Anliegen der gegenwärtigen Lyrik. Halten wir Umschau auf dem weiten Felde der lyrischen Neuveröffentlichungen,[410] einschließlich der Anthologien,[411] so zeigt sich uns ein sehr vielfarbiges Gesamtbild, in dem wir kaum auf den ersten Blick alle Linien zu erkennen und zu deuten vermögen, die sich dort abzeichnen.

Merkwürdigerweise aber taucht ganz unerwartet ein längst gekanntes, jedoch in seiner Aktualität wenig beachtetes Motiv auf, das sich schließlich sogar schicksalhaft als eines der Hauptmotive unseres gegenwärtigen Lebens und unserer gegenwärtigen Sprache erweist. Es ist das Motiv des Fremdseins, der Heimatlosigkeit, das gerade in jüngster Vergangenheit nicht nur verändernd in unser Leben eingegriffen hat, sondern immer öfter auch Wort geworden ist in der deutschen Lyrik. Gewinnt es doch in dieser Zeit zunehmend an existenzieller Aktualität in all unserem Tun und Trachten.

Ist es nicht bewegend, dass gerade im Schrifttum der Exilliteratur noch vor Beginn des neuen Jahrtausends Stimmen laut geworden sind, die uns zur Besinnung auf unseren eigenen Standort in der Welt aufrufen und uns dabei auf unser eigenes Fremdsein in dieser Welt verweisen? Fremdsein und Heimatlosigkeit erscheinen heute auf einmal für den Menschen nicht mehr allein als zu erduldendes Leiden, sondern als willentlich zu erübende Tugenden, die erstrebbar und erlernbar sind.

Mag sein, dass es die Mühsal des radikalen Umdenkens für die gegenwärtigen Menschen ist, die fast ein ganzes Jahrhundert in Anspruch genommen hat, bis endlich den aufrüttelnden Stimmen geglaubt wurde, die sich immer unerbittlicher aufdrängten.

Es war Rainer Maria Rilke, der in Prag geborene deutsche Dichter, der bereits zu Beginn des vergangenen Jahrhunderts im Jahre 1908 vom Fremdsein als einer inneren Haltung des Menschen sprach, die er in einem Gedicht charakterisierte:

Rainer Maria Rilke
DER FREMDE

Ohne Sorgfalt, was die Nächsten dächten,
die er müde nicht mehr fragen hieß,
ging er wieder fort; verlor, verließ –.
Denn er hing an solchen Reisenächten

anders als an jeder Liebesnacht.
Wunderbare hatte er durchwacht,
die mit starken Sternen überzogen
enge Fernen auseinanderbogen
und sich wandelten wie eine Schlacht;

andre, die mit in den Mond gestreuten
Dörfern, wie mit hingehaltnen Beuten,
sich ergaben, oder durch geschonte
Parke graue Edelsitze zeigten,
die er gerne in dem hingeneigten
Haupte einen Augenblick bewohnte,
tiefer wissend, dass man nirgends bleibt;
und schon sah er bei dem nächsten Biegen
wieder Wege, Brücken, Länder liegen
bis an Städte, die man übertreibt.

Und dies alles immer unbegehrend
hinzulassen, schien ihm mehr als seines
Lebens Lust, Besitz und Ruhm.
Doch auf fremden Plätzen war ihm eines
täglich ausgetretnen Brunnensteines
Mulde manchmal wie ein Eigentum.[412]

Dieses Gedicht spricht von dem Fremden nicht als von einem Vertriebenen, sondern als einem innerlich unabhängigen Menschen, der sein Fremdsein *ohne Sorgfalt, was die Nächsten dächten,* aus eigener freier Entscheidung darlebt, denn ihm gilt es als eine Selbstverständlichkeit, *dass man nirgends bleibt.* Und *fortzugehen, zu verlieren, zu verlassen,* empfindet er daher als Notwendigkeit. Ja mehr noch, denn später heißt es:

Und dies alles immer unbegehrend
hinzulassen, schien ihm mehr als seines
Lebens Lust, Besitz und Ruhm.

Es wird deutlich, dass dieser Fremde den erstrebten Verzicht einem höchsten Ziel unterstellen will, nämlich dem der Selbstlosigkeit. Anders sind wohl auch die letzten Verse nicht zu verstehen, die von dem Glück einer leisen Geborgenheit sprechen, welche nur in einer Heimat gefunden werden kann, die nicht mehr außerhalb in Besitztümern, sondern im Menschen selbst wie ein Eigentum begründet ist:

> Doch auf fremden Plätzen war ihm eines
> täglich ausgetretnen Brunnensteines
> Mulde manchmal wie einEigentum.

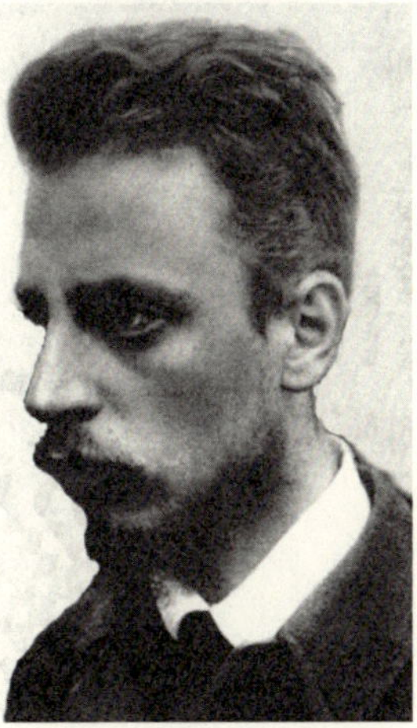

Rainer Maria Rilke, 1875–1926

Im formalen Aufbau von Rilkes Gedicht zeigt sich noch eine durchgehend harmonisch geordnete und ausgewogene Struktur mit fließenden 5-hebigen Iamben, kunstvoll verschränkten Reimen und sorgfältig mit dem Inhalt korrespondierenden vokalischen und konsonantischen Lautgebärden. Zusammen mit dem eigenwillig gegliederten Bau von Satz und Strophe, der geglückten und aussagekräftigen Wortwahl, bis hin zu dem großen rhythmischen Spannungsbogen, der vom Anfang bis zur Mitte ansteigt, in nicht enden wollenden Zeilensprüngen vorandrängt, und sich dann zum Ende zu wieder löst und zur Ruhe kommt, bildet all dies eine stimmige formschöne Einheit.

Etwa ein halbes Jahrhundert später, im Jahre 1959, formuliert die deutsch-jüdische, nach Schweden emigrierte Dichterin Nelly Sachs, die ein Leben lang in der Auseinandersetzung mit dem Schicksal des jüdischen Volkes gelebt hat, wiederum in bedenkenswerten Worten, was ihr Heimat bedeutet:

> An Stelle von Heimat
> halte ich die Verwandlungen der Welt –[413]

Nelly Sachs,
1891–1970

Es ist kein geografischer Ort im irdischen Besitz, den Nelly Sachs als Heimat versteht; geht es ihr doch um eine geistige Errungenschaft, eine innere Haltung zur Welt, die kein Verlangen nach äußerer Sesshaftigkeit und materiellem Besitz duldet, wohl aber die innere Sicherheit begründet, sich stets ichhaft so in der Welt zu verorten, dass fortwährende Verwandlungen von innen her möglich werden. Dazu gehören am Ende auch Abschied und Tod, selbst *wenn die aufgerissene Wunde des Himmels schmerzt.*[414] Tieferes Hinhören auf die Botschaft der Erde muss gelernt werden, die vom Beginn des Lebens im Tode spricht:

O preßt an der Zerstörung Tag
An die Erde das lauschende Ohr,
Und ihr werdet hören, durch den Schlaf hindurch
Werdet ihr hören
Wie im Tode
Das Leben beginnt.[415]

Das Leiden an dem unermesslichen Schicksal der Zeit, das als ständige Bedrohung auch die Dichterin selbst und ihren eigenen, persönlichen Lebenskreis hart betraf, war es, was Nelly Sachs als das Lernen des Sterbens überhaupt verstand und was sie in ihren Dichtungen als Aufgabe zu bewältigen und zu meistern suchte. Obwohl Nelly Sachs selbst äußerlich mit knapper Not den Konzentrationslagern entkommen war, litt sie doch unsagbar an den *Schornsteinen* von Auschwitz, und trug letztlich tiefe seelische Verletzungen davon, Wunden, die nie heilten.

O die Schornsteine
Auf den sinnreich erdachten Wohnungen des Todes,
Als Israels Leib zog aufgelöst in Rauch
Durch die Luft –[416]

Nelly Sachs fand nie wieder endgültig nach Deutschland zurück. Sie befand sich im Grunde ihr Leben lang *in der Flucht, unterwegs.*

Nelly Sachs
IN DER FLUCHT

welch großer Empfang
unterwegs —

Eingehüllt
in der Winde Tuch
Füße im Gebet des Sandes
der niemals Amen sagen kann
denn er muß
von der Flosse in den Flügel
und weiter –

Der kranke Schmetterling
weiß bald wieder vom Meer–
Dieser Stein
mit der Inschrift der Fliege
hat sich mir in die Hand gegeben –

An Stelle von Heimat
halte ich die Verwandlungen der Welt –[417]

Anders als in den noch harmonisch gebauten Rilkeschen Versen finden wir in den Gedichten der Nelly Sachs nicht mehr die Sicherheit einer gefestigten Struktur. Ohne Umschweife ziehen uns die Worte der drei knappen Eingangsverse jäh in das Ereignis der Flucht hinein, in den *großen Empfang* des *Unterwegs.* Ein grandioses Bild, das voller Unwägbarkeiten, mit einem Gedankenstrich auch syntaktisch offen, stehen gelassen wird. Man mag entscheiden, wer die Empfangenden sind.

Die Sprecherin dieser Zeilen steht gleichsam schutzlos *eingehüllt in der Winde Tuch, mit den Füßen im Gebet des Sandes,* der keinen festen Stand geben und kein *Amen sagen* kann, denn ein Ende dieses Schicksals scheint nicht absehbar; Letzteres hat sich der Betroffenen wie das Gewicht eines Steines – oder ist es ein leichter gezeichneter Bernstein? – *in die Hand gegeben* und muss getragen werden. So heißt es an anderer Stelle:[418]

es muss ausgelitten werden
das Lesbare
und Sterben gelernt
im Geduldigsein –

Auch am Ende der zweiten Strophe wieder ein Gedankenstrich, in dem sich schon anzudeuten scheint, dass der Schmetterling – ein häufig gebrauchtes Bild der Dichterin – ein *kranker* ist. Doch dieses Kranksein führt nicht zum Tod, sondern am Ende des Gedichtes ist gerade von Verwandlung die Rede. Ist doch der Schmetterling selbst ein aus der Puppe Verwandelter, einer, der die Unveränderbarkeit seines ursprünglichen Daseinsortes aufgebrochen und sich in einer neuen Gestalt beheimatet hat. Das ist es auch, was der Dichterin als Ertrag des Unterwegsseins *an Stelle von Heimat* wesentlich geworden ist.

Hilde Domin,
1909–2006

Einen weiteren Meilenstein in der Dichtung des Fremdseins hat Hilde Domin, die jüngere Schicksalsgenossin von Nelly Sachs, gesetzt, die der Dichterfreundin in einem offenen Brief mit den bewegenden Worten dankte: *Als ich Deine Gedichte las, da hast Du meine Toten* [die in den Konzentrationslagern Gestorbenen] *bestattet.*[419]

Schon frühzeitig war Hilde Domin über Italien, Frankreich, England ins Exil nach Santo Domingo gegangen und hatte insgesamt 22 Jahre in der Fremde verbracht.

Als sie dann nach Deutschland zurückkehrte, empfand sie diese Rückkehr nach der durchlebten *Sprachodyssee* als eine Rückkehr in die eigene Sprache, in der sie Heimat und Halt finden konnte. Und ihre Stimme ist bis in unser Jahrhundert hinein ohne Klage hörbar geblieben, denn sie hatte sich eine geistige Heimat im deutschen Wort erobert. Sie selbst hat ihre Rückkehr so beschrieben:

Wie ich, Hilde Domin, die Augen öffnete, die verweinten, in jenem

Hause am Rande der Welt, wo der Pfeffer wächst und der Zucker und die Mangobäume, aber die Rose nur schwer, und Äpfel, Weizen, Birken gar nicht, ich verwaist und vertrieben, da stand ich auf und ging heim, in das Wort. Ich richtete mir ein Zimmer ein in der Luft/unter den Akrobaten und Vögeln, von wo ich unvertreibbar bin. Das Wort aber war das deutsche Wort. Deswegen fuhr ich wieder zurück über das Meer, dahin, wo das Wort lebt.[420]

Eines aber scheint doch wie eine Art Bedingung damit verknüpft gewesen zu sein, selbst als der Entschluss zur Rückkehr schon gefasst war. In ihrem Gedicht *Ziehende Landschaft heißt es:*

> Man muss weggehen können
> und doch sein wie ein Baum:
> als bliebe die Wurzel im Boden,
> als zöge die Landschaft und wir ständen fest.
> Man muss den Atem anhalten,
> bis der Wind nachlässt
> und die fremde Luft um uns zu kreisen beginnt,
> bis das Spiel von Licht und Schatten,
> von Grün und Blau,
> die alten Muster zeigt
> und wir zuhause sind,
> wo es auch sei.[421]

Einfach wegzugehen, ohne zu sein wie ein Baum, der sich in den Jahren des Exils in der fremden Heimat eingewurzelt hat, gewachsen und stark geworden ist und dessen Kraft und Standfestigkeit sich in fremdem Wetter und in fremden Stürmen hat behaupten lernen, das wäre ein Unrecht gewesen. Denn die Wurzeln gehören dem Mutterboden der fremden Erde. Die Kraft aber, – dürfen wir sie Heimatkraft nennen? – will jeweils auch dort weiterwirken, wohin man jetzt geht. Um es noch einmal mit Rilkes Worten zu sagen: *tiefer wissend, dass man nirgends bleibt.* Denn wir brauchen das Abschiednehmen und das Fremdsein, um auf unserer Erdenwanderung nicht stehen zu bleiben, ganz in dem Sinne, wie es auch Angelus Silesius formuliert hat:

> Freund, so du etwas bist, so bleib doch ja nicht stehn,
> Man muss aus einem Licht fort in das andre gehn.[422]

Das Weggehen-Können ist das eine, doch wie dies geschehen sollte, ist das andere. Darüber äußert sich Hilde Domin im folgenden Gedicht.

Hilde Domin
MIT LEICHTEM GEPÄCK

Gewöhn dich nicht.
Du darfst dich nicht gewöhnen.
Eine Rose ist eine Rose.
Aber ein Heim
ist kein Heim.
Sag dem Schoßhund Gegenstand ab
der dich anwedelt
aus den Schaufenstern.
Er irrt. Du
riechst nicht nach Bleiben.

Ein Löffel ist besser als zwei.
Häng ihn dir um den Hals,
du darfst einen haben,
denn mit der Hand
schöpft sich das Heiße zu schwer.
Es liefe der Zucker dir durch die Finger,
wie der Trost,
wie der Wunsch,
an dem Tag
da er dein wird.

Du darfst einen Löffel haben,
eine Rose,
vielleicht ein Herz
und, vielleicht,
ein Grab.[423]

Schon der Titel des Gedichtes spricht davon, dass dieses Weggehen nur mit *leichtem Gepäck* vonstattengehen sollte, unbelastet von irdischen Gütern; denn jegliche *Gewöhnung an den Schoßhund Gegenstand* würde ein Stehenbleiben, ein *Bleiben* im äußeren Eingerichtetsein bedeuten. Ein auf diese Weise eingerichtetes *Heim* wäre kein wirkliches, kein inneres Zuhause.

Eine *Rose* dagegen *ist ohn' warum; sie blühet, weil sie blühet,*[424] so hören wir schon von Angelus Silesius. Auch ist sie nicht etwas, an das man sich gewöhnen könnte, denn sie ist schön, aber vergänglich – beides keine gegenständlichen Qualitäten. Und nur so kann sie *Stütze* sein, – wie Hilde Domin an anderer Stelle[425] formuliert – eine Stütze, die man *haben* darf.

Dazu einen *Löffel, um den Hals zu hängen,* wie im Konzentrationslager, um ihn immer bei sich zu haben, damit eine tägliche Mindestration von Nahrungsaufnahme stattfinden könnte und nicht ohne Löffel schon der ohnehin geringe, tröstend süße Geschmack, eine doch noch heimatliche Erinnerung, verloren ginge (*durch die Finger ränne).*

Auch ein *Herz* darf man *vielleicht* haben, denn es ist der Ort, an dem alle unsere Empfindungen, und besonders die allerschönste, die Liebe, sich versammeln, wo sie aufgehoben und geborgen sind. Sie sollten nicht zurückbleiben müssen; bilden sie doch, anders als jeder gegenständliche Besitz, die tragende Substanz und Kraft neuer Anfänge im Leben.

Am Lebensende darf es schließlich – *vielleicht* – noch ein *Grab* sein, ein kleines Stück Erde. Ob heimatlich oder fremd, mag dann nicht mehr von Belang sein.

Es darf eine letzte einsame Bleibe für den abgelegten Leib sein, ein Stück *Gepäck,* von dem wir uns schließlich auch trennen werden, wenn wir darin nicht mehr beheimatet sind. Auch formal beschließt das Wort *Grab* dieses fünfstrophige Gedicht, wo es allein in der allerletzten Zeile seinen Platz gefunden hat.

Wenige Dichter sind von ihrem Publikum so geliebt worden wie Hilde Domin, so liest man in einem Nachruf[426] für die Dichterin, deren Anliegen es war, ihre Gedichte auch den Menschen hörbar werden zu lassen. Zu wie vielen Autorenlesungen ist sie nicht bis ins hohe Alter hinein immer wieder gereist, denn es war ihre Überzeugung, dass ein Gedicht geradezu ein *magischer Gebrauchsartikel* ist, *etwas wie ein Schuh, der sich jedem Fuß anpasst, der ohne ihn den Weg in das Ungangbare nicht gehen könnte, den Weg zu jenen Augenblicken, in denen der Mensch wirklich identisch ist mit sich selbst.*[427]

Die Botschaften dieser Gedichte sprechen nicht von Kummer und Klage über das Schicksal des Vertriebenseins, sondern von Hoffnung und von Vertrauen in die Zukunft, ja sie wollen Mut machen, das Leben und das Schicksal in dieser Zeit zu bestehen, *nicht müde zu werden,* sich nicht an gewohnte Heimat und Erinnerungsgegenstände zu klammern, sondern Trennung und Fremdheit zu akzeptieren und zu ertragen. Sie selbst richtete sich einen geistigen Ort in der Welt ein, nämlich das deutsche Wort, von wo sie *unvertreibbar* war. Und hierin fand sie den Mut zur Begegnung mit sich selbst, den *Mut zur Identität;* das bedeutete für sie: den Mut zum *Sagen*, den Mut zum *Benennen* und den Mut *zum Rufen.*[428], und dies *mit der Kraft zum Optimismus: Hilde Domin ging immer ihren eigenen Weg.*[429] Durch ihre langjährige im Exil täglich geübte Tätigkeit als Übersetzerin der wissenschaftlichen Arbeiten ihres Mannes war sie gleichermaßen in allen ihren Exilsprachen zu Hause, der italienischen, der französischen, englischen und spanischen. Doch hat Hilde Domin alle ihre Gedichte in der Heimatsprache geschrieben. Mittelbar aber wirkte die reiche Sprach- und Welterfahrung, die sie im Exil gesammelt hatte, – sie selbst nannte dies ihre Sprachodyssee,[430] in ihre deutschen Worte hinein. Doch wurden diese Gedichte nach ihrer Entstehung in mindestens zwei Dutzend fremde Sprachen übersetzt.[431] So erwies sich die Dichterin im Grunde als eine Wegbereiterin länderübergreifender interkultureller Literatur, obschon sie selbst das deutsche Wort als ihre Heimat empfand, wohin sie ja auch nach dem Exil zurückgekehrt war.

Demgegenüber hat sich heute die Situation für eine Reihe von deutschsprachigen Dichtern, deren geografische Heimat gerade nicht Deutschland ist, völlig verändert. Sie sprechen und schreiben mit Überzeugung in deutscher Sprache, und haben sich im Grunde bewusst und sicher in dieser Sprache angesiedelt und beheimatet, sind deutsche Dichter geworden.

Was wir heute als inter- oder multikulturelle Literatur bezeichnen, hieß zunächst *Gastarbeiterliteratur*, *Migrantenliteratur* oder auch *Brückenliteratur.* Was auch immer diese Begrifflichkeiten meinten, so traf es letzlich doch nicht den Kern des Prozesses, der hier seit Jahrzehnten im Gange ist und offensichtlich noch lange nicht zu einem Ende kommen kann. Handelt es sich doch um nichts weniger, als dass es erstmalig im deutschsprachigen Raum auf breiter Front möglich geworden ist, Autoren aus allen Ländern und Kulturen auf kultureller, d. h. geistiger Ebene, ohne Wenn und Aber als gleichberechtigte Sprachschöpfer in der Gemeinschaft der deutschsprachigen Dichter willkommen zu heißen. Darin wird niemand ein irgendwie geartetes nationales Bestreben sehen wollen.

Es war im Übrigen kein Geringerer als Goethe, der, wie bereits erwähnt, vor nahezu 200 Jahren vorausschauend äußerte:

> Nationalliteratur will jetzt nicht viel sagen, die Epoche der Weltliteratur ist an der Zeit, und jeder muss jetzt dazu wirken, diese Epoche zu beschleunigen.[432]
>
> Offenbar ist das Bestreben der besten Dichter und ästhetischen Schriftsteller aller Nationen schon seit geraumer Zeit auf das allgemein Menschliche gerichtet. In jedem Besondern [...] wird man durch Nationalität und Persönlichkeit hindurch jenes Allgemeine immer mehr durchleuchten und durchschimmern sehn.[...] bei der Überzeugung [...], dass das wahrhaft Verdienstliche sich dadurch auszeichnet, dass es der ganzen Menschheit angehört. Zu einer solchen Vermittlung und wechselseitigen Anerkennung tragen die Deutschen seit langer Zeit schon bei.
>
> Wer die deutsche Sprache versteht und studiert, befindet sich auf dem Markte, wo alle Nationen ihre Waren anbieten, er spielt den Dolmetscher, indem er sich selbst bereichert.[433]

Die eben besprochenen Gedichte können in thematischer Hinsicht durchaus schon als deutliche Wegemarken gelten, welche die Richtung eines Weges angeben, der endgültig von der Heimat in die Fremde führt. Im Goethe'schen Sinne bedeutet dies vielleicht sogar schon einen Schritt heraus aus der Nationalität hin in die Weite der Welt.

Lassen wir an dieser Stelle noch zwei Schriftsteller zu Wort kommen, die, wiewohl beide mit fremdländischen Wurzeln, sich doch mittlerweile als deutschsprachige Autoren einen Namen gemacht haben. Gemeinsam ist beiden, dass ihre Dichtungen sich thematisch noch ganz im Spannungsfeld von Heimat und Fremde bewegen.

Der ältere von beiden, Gino Chiellino (*1946), gebürtiger Italiener, mit 23 Jahren zum Studium der Germanistik nach Deutschland gekommen, hat als Literaturwissenschaftler das Studium der interkulturellen Literatur zum Anliegen seiner Forschungsarbeit gemacht und dies selbst noch im Titel seiner Habilitationsschrift *(Am Ufer der Fremde)* zum Ausdruck gebracht.

Das folgende Gedicht von Gino Chiellino ist dem Zyklus *Sehnsucht nach Sprache* entnommen:

Gino Chiellino, * 1946

Gino Chiellino
HEIMAT

Die Heimat
ist kein Stück Land
das
entwurzelt
hinter der Abfahrt
zurückbleibt
Die Heimat
ist
ein Teil der Entscheidung
sie kommt mit.
In der Fremde
lebt sie mit ihm zusammen
weiter.[434]

Der Titel des Gedichtzyklus' legt nahe, zu denken, der Dichter wolle in dem Gedicht seinen Empfindungen gegenüber dem, was ihm *Heimat* bedeutet, dichterisch Sprache verleihen.

Es enthält jedoch nur drei knapp und nüchtern formulierte Aussagen oder Mitteilungen in wenigen, auf drei Strophen verteilten Zeilen zusammengefasst, die, – so klingt es – jemandem mahnend mitgegeben werden, der sich entschieden hat, seine Heimat, d. h. sein bisheriges Leben, zu verlassen. Ist es das lyrische Ich selbst, das hier zu sich spricht, sich mit wenigen Worten Rechenschaft über seine Entscheidung gibt?

Heimat, so heißt es, gehört unverbrüchlich zum Menschen als ein Teil seines Selbst, den man nicht einfach von sich abtrennen und gleichsam unbeachtet hinter sich lassen kann; er kommt immer mit, auch wenn man fortgeht (*ist kein Stück Land, das entwurzelt hinter der Abfahrt zurückbleibt).*

Heimat muss also in der Fremde neu eingewurzelt werden, damit das, was mitkommt, – es ist schließlich der an anderem Ort bereits gelebte Teil des Schicksals – in der Fremde weiterleben und weitergelebt werden kann.

Das ist die entscheidende Aussage zum Thema, doch lässt sie

auch Fragen offen und schweigt offensichtlich über das, was in seinem Inneren vorgeht und was künftig in der noch fremden Heimat zu erwarten und zu leisten sein wird.

Nevfel Cumart,
* 1964

Ein anderer Schriftsteller mit fremdländischen, in diesem Falle türkisch-arabischen Wurzeln, jedoch bereits gebürtiger Deutscher, ist Nevfel Cumart. Cumart, der nach einem Studium der Orientalistik zunächst Dozent an verschiedenen Universitäten Deutschlands war, wirkt heute hauptsächlich als einer der produktivsten deutschen Lyriker, daneben auch u. a. als Journalist und Übersetzer.

Ihn bewegt das Fremdsein in unserer Gegenwart mit geradezu existenziellem Leidensdruck, zumal er seiner Abstammung wegen als junger Mensch zunächst von deutschen Mitbürgern oft tief verletzende und herablassende oder auch unwürdige, degradierende Behandlungen hatte hinnehmen müssen, was sich besonders in seiner frühen Lyrik niederschlug, die eine „Chronik des Leidens" genannt worden ist.

Im Übrigen hat Nevfel Cumart es sich heute zur Aufgabe gemacht, Schulen und Jugendzentren zu besuchen, wo er Vorträge hält und Seminare leitet über diverse türkeikundliche Themen, über die Situation von Ausländern in Deutschland u. a. Hier eines seiner frühen Gedichte:

Nevfel Cumart
ZWEI WELTEN

zwischen
zwei
welten
inmitten
unendlicher
einsamkeit

möchte
ich eine brücke sein

doch kann ich
kaum fuß fassen
an dem einen ufer
vom anderen
löse ich mich
immer mehr

die brücke bricht
droht mich
zu zerreißen
in der mitte[435]

Auch dieses Gedicht spricht von Heimat und Fremde. Hier aber geht es nicht mehr um den Weg in eine neue Heimat, sondern um die kaum zu ertragende Zerreißprobe zwischen zwei Welten, der alten und der neuen Heimat, zwischen denen das lyrische Ich eine Verbindung herstellen möchte (es *möchte Brücke sein*). Doch kann es weder in der einen Welt schon Halt finden, noch sich von der anderen Welt wirklich trennen (*doch kann ich kaum Fuß fassen an dem einen Ufer, vom anderen löse ich mich immer mehr*). Dazwischen aber leidet es an unsäglicher Einsamkeit (*inmitten unendlicher Einsamkeit*). Und so lebt es in einer ständigen Zerreißprobe (*die Brücke bricht, droht mich zu zerreißen).*

Auch hier eine Wortkargheit, die kaum zu übertreffen ist. Wieder sind es nur drei kurze Strophen, in denen der Autor ausspricht, was ihn bewegt. Nur zwei Zeilen, die aus vier Worten bestehen. In der ersten Strophe sind es allein sieben Verse mit nur je einem einzigen Wort. Dann gibt es noch vier Zweiwortverse und fünf Dreiwort-Zeilen. Das ist alles.

Es ist, als habe das, was der Autor auf dem Herzen hat und was er eigentlich sagen will, ihm einfach die Sprache verschlagen, in der er sich doch schon so tief beheimatet hatte.

Aus demselben Entstehungsjahr (1996) wie das Gedicht *zwei welten* sei nun aber noch Cumarts Gedicht *nach hause* dazugestellt, in dem es dem Dichter gelingt, in einem eindrucksvollen grandiosen Bild das *schmerzhaft tröstliche* Erlebnis zu schildern, welches ihm zuteil wurde, als er im Flugzeug *von zu hause* (wohl aus der Türkei) *nach hause* (Berlin) unterwegs war. Es sei hier einfach kommentarlos wiedergegeben, weil es gleichsam ein Gegenstück zu der bitteren Erfahrung beschreibt, von der er in dem Gedicht *zwei welten* gesprochen hatte:

Nevfel Cumart

NACH HAUSE

als
das flugzeug
zum landen
ansetzte über berlin

durchfuhr
mich plötzlich
der gedanke
von zu hause
nach hause
gekommen zu sein
und mein
körper erstreckte
sich in diesem augenblick
auf eine schmerzhafte
und zugleich
fast tröstliche weise
durch europa
über die brücke
legte sich behutsam
über die asiatische
halbinsel[436] in der sich
meine träume verloren.[437]

Ist das Schicksal der Heimatlosigkeit, der Sprachlosigkeit und Einsamkeit womöglich nicht allein das Schicksal derer, die als Dichter davon sprechen, sondern auch das Schicksal des Menschen unserer Zeit, an dem er im Fremdsein und im Abstandnehmen zur Welt sich eine innere Haltung anzueignen vermag, die ihm hilft, sich dort zu beheimaten, wo er aus freien Stücken die Notwendigkeit dazu sieht, nämlich in seinem Ich?

So soll zum Abschluss dieser Betrachtungen über die Dichtung der Gegenwart noch eine der heute jüngeren und vielleicht originärsten Schriftstellerinnen zu Worte kommen, die das

Schicksal hatte, erst in ihrem 10. Lebensjahr in ihrer Wahlheimat Deutschland und in der deutschen Sprache Fuß fassen zu können. Es ist die 1973 in Dalmatien geborene und heute in Berlin lebende Marica Bodrožić. Sie schreibt u.a. Gedichte, Romane, Erzählungen und Essays in der von ihr geliebten zweiten Muttersprache Deutsch und ist bereits mit zahlreichen Preisen für ihr Werk ausgezeichnet woren.

Was sogleich auffällt, wo auch immer man einen Text von Marica Bodrožić aufschlägt, ist der ungewöhnlich große Bilderreichtum des Gesagten. Kein Buch, das nicht schon im Titel eine eindrückliche Metapher oder Synästhesie enthielte. Titel ihrer Bücher sind z. B.: *Das Wasser unserer Träume, Das Auge hinter dem Auge, Mein weißer Frieden, Der Windsammler, Sterne erben, Sterne färben Meine Ankunft in Wörtern.* Alles wird von der Dichterin in eine reiche Fülle von poetischen Bildern gekleidet, die dem Leser das Gesagte zunächst geheimnisvoll, rätselhaft oder gar unwirklich erscheinen lassen. So heißt es z. B. im Klappentext zu ihrem Buch *Das Auge hinter dem Auge:*

Marica Bodrožić,
* 1973

Das Wort speichert alle Verwandtschaftslinien, diese Lichtverbindungen, Schneisen und Zugschienen der Sehnsucht, die Flugrouten des Glücks und des Unglücks.[438]

Als Beispiel ihrer erzählerischen Sprachkraft sei hier eine von Bodrožićs Erzählungen aus dem *Windsammler* betrachtet: der *Bildinspektor.*

Schon seit der Ankunft des Schiffes auf der Langen Insel, wo zwei Mädchen bereits ihre Kindheit verbracht haben, hat sich zugleich mit ihnen ein Bildinspektor eingestellt, der offensichtlich auf dem Schiff mitgereist ist. Sogleich verdächtigt er die Ich-Erzählerin, die nach Jahren des Wegbleibens zusammen mit ihrer Schwester Ada auf die Lange Insel zurückgekommen ist, eine

Lichtharfe zu besitzen. Letztere sei unbedingt registrierungspflichtig. Und obwohl die beiden Mädchen noch nicht wissen, was ein Bildinspektor ist, er sich auch nicht vorgestellt, sondern nur gleich gesagt hat, was er will, wissen die Mädchen doch, warum er auf der Insel ist. Für den Leser aber bleibt auch das noch ein Geheimnis. Warum dieser Bildinspektor ausgerechnet jetzt aufgetaucht ist und nicht schon in der Stadt, wissen die Mädchen nicht; dennoch klingt ihnen irgendwie alles vertraut, was er erzählt. Auch weiß man, dass er manchmal Dinge sieht, die sonst niemand wahrnehmen kann. Umgekehrt weiß und protokolliert der Bildinspektor alles, was die Mädchen betrifft. Ebenso rätselhaft wie er selbst aber ist die Lichtharfe, nach deren Verbleib er forscht.

Bald kommt er regelmäßig mit einem Kollegen zum Haus der Kinder. Sie erfahren von ihm, dass man Lichtharfen vom Mond aus sehen kann. Die gesuchte Harfe sei aus Fichte gebaut und bringe deshalb mehr Obertöne als Harfen aus einem anderen Holz hervor.

Ada und die Erzählerin fangen schon an, selbst an diese Obertonharfe zu glauben, und suchen nach ihr, im Keller des Hauses, auf dem Grundstück, auch oben auf dem Taubenposten. Eine Lichtharfe aber finden sie nicht, da sie wohl auch nicht unter den sichtbaren Dingen versteckt ist. Merkwürdigerweise zieht die Erzählerin selbst plötzlich die Möglichkeit der Existenz einer solchen Lichtharfe in Betracht (*Möglich, dass wir sie damals, unter der Schirmherrschaft der auf unsere Entdeckung wartenden Brieftauben, verloren haben, denke ich im Stillen für mich)* und beschließt, dies dem Inspektor zu erzählen.

Doch bleiben die Mädchen nach außen hin bis zum Schluss bei ihrer anfänglichen Aussage, sogar dann, als sie vor einem Ausschuss darüber befragt werden. Als sie abschließend vonseiten der Prüfer hören: *Sie behaupten also, dass Sie grundlos auf die Lange Insel zurückgekehrt sind, und keine von Ihnen hat eine Lichtharfe im Gepäck dabeigehabt?* antwortet dieses Mal Ada: *Wir haben keine Musikinstrumente mitgebracht, wir wollten nur unser Geburtshaus sehen und hier Ferien machen.* Ada scheint allerdings noch nicht wie die Erzählerin zu ahnen, dass es dem Bildinspektor vielleicht gar nicht darum ging, Sichtbares zu entdecken, sondern dass eine Lichtharfe möglicherweise auch *anderswo versteckt* unter *unsichtbaren Dingen* zu finden sein könnte. Als der Prüfer mit den Worten abschließt *Sie glauben also selbst, die Wahrheit zu sagen und im Unterholz ihrer eigenen Wünsche kein Instrument aus Fichte zu besitzen,* nicken beide Mädchen, obwohl sie inzwischen verunsichert sind. Schließlich fragt die Erzählerin offensichtlich vorsichtiger und leise, ob man so eine Lichtharfe in der Kindheit verlieren könne, möglich sei es wohl doch. Eine Antwort erhält sie aber in diesem Augenblick von niemandem.

Als die Mädchen sich dann zur Rückreise rüsten, sieht die Erzählerin den Bildinspektor in der Ebene auf sich warten. Er hat sie kommen sehen, spricht aber nicht mehr von der Harfe, sondern setzt sich neben sie wie zu seinesgleichen auf eine Bank am Hafen. Dort kann ihm die Erzählerin nun auch plötzlich sagen, was sie wohl längst geahnt hat: *Die Lichtharfe war mein einziger Besitz und ich habe sie als Kind verloren. Als sie verschwunden war, habe ich es nicht einmal gleich bemerkt, dass sie fehlte.* Erst am Abend ist die Harfe von Ada vermisst worden. Sie erzählt nicht mehr, dass die Mädchen dann oben am Taubenposten noch lange danach Ausschau gehalten haben, ob sie sie wieder finden, doch vermuten sie, dass die Erwachsenen sie wohl inzwischen mit ihren Rufen und Lampen vertrieben haben; *und du* – so redet die Erzählerin jetzt den Bildinspektor an – *du hast mir Angst gemacht mit deinen wissenden Augen und den durchdachten Fragen.* Er sagt nichts, nimmt sie nur in stillem Einverständnis in den Arm. Vom Schiff aus sieht die Erzählerin dann, als sie ihm hinterher schaut, dass er einfach fortgeht und sich nicht mehr nach ihr umdreht.

Die Erzählung schließt mit dem erstaunlichen, aber doch erhellenden Satz: *Das hätte er getan, da bin ich mir sicher, wenn er noch der Bildinspektor gewesen wäre.*

Er ist es nicht mehr und muss es auch nicht mehr sein, denn offensichtlich war seine Aufgabe auf der Insel der Kindheit mit der plötzlich erwachten Einsicht der Ich-Erzählerin erfüllt, sie habe als Kind, ohne es selbst zu bemerken, die lichtstrahlende Zeit der Kindheit, die Lichtharfe, verloren.

Ist dies zugleich die von der Erzählerin selbst erhoffte Antwort auf ihre einstige Frage? Denn ist nicht eine jede Kindheit mit dem Erwachsenwerden unwiederbringlich verloren? Die für das Leben eines jungen Menschen verantwortliche Instanz kann, sobald das eigene Ich selbstverantwortlich dafür zuständig ist, wirklich kein Bildinspektor mehr sein, welcher allgemein der Einhaltung gültiger Gesetze verpflichtet ist.

Vieles bleibt im Laufe der Erzählung ungesagt oder die Autorin lässt es merkwürdig in der Schwebe. Doch ebendies schafft eine Atmosphäre des Geheimnisvollen, die nicht zuletzt durch die Bildsprache der Dichterin bewirkt wird. Schon der ungewöhnliche Anfangssatz *Im Schaltwerk der Bilder kamen wir selbst,* die Ich-Erzählerin und ihre Schwester Ada, *lange nicht namentlich vor* lenkt die Aufmerksamkeit des Lesers sogleich ins Zentrum dieser Bilderwelt. Deren Zusammenhang wird dann durch die Figur des *Bildinspektors,* den Ort der Erzählung, die *Lange Insel,* und auf den Kern der Handlung, die Suche nach einem rätselhaften Gegenstand, der *Lichtharfe,* bezeichnet. Auf Adas Hinweis, dass sich in ihrem Gepäck keine Harfe befindet, hört man vom Bildinspektor, *er wisse genau, dass eine Lichtharfe auch anderswo versteckt werden könne.* Und schon verdächtigt er die beiden Mädchen *in der Mittagshitze dieses Sommers der unsichtbaren Dinge.* Dass die gesuchte Lichtharfe gerade ein solches *unsichtbares Ding* sein könnte, bemerkt auch der Leser erst am Ende der Erzählung. Den Mädchen fällt auf, dass es sie wie von selbst hierher gezogen hat. *Der Wind besprach ihre Schritte und ihre Füße hörten auf ihn [...]. Die Bilder sind dann von allein gekommen, eines nach dem anderen, auf die Art der Bilder. Die Brieftauben haben an alter Stelle auf die Mädchen gewartet, haben in aller Stille ihren Platz eingenommen, als* die Kinder *noch mit der Luft befreundet und mit Hilfe der Leiter in das Innere der Wunder gestiegen waren.* Und schon sind die beiden Mädchen inmitten der Bilderwelt, die ihnen aus der Zeit der Kindheit völlig vertraut sein muss. Zugleich aber fühlt sich auch der Leser mit hineingenommen in diese Wunderwelt der Kindheitsbilder, welche die Dichterin in geheimnisvoll rätselhafter Sprache vor ihm entfaltet.

Wie Marica Bodrožić selbst die Sprachkraft ihrer zweiten Muttersprache erlebt, beschreibt sie vor allem in ihrem weitgehend autobiografischen Buch *Sterne erben, Sterne färben Meine Ankunft in Wörtern*:

Aber erst in der deutschen Sprache wird mein eigenes Zuhause für mich selbst hörbar.[439] *Mit den Wörtern fängt es an, mich selbst ‚für mich selbst' zu geben.* Diese geradezu existenzielle Kraft nennt

Bodrožić *eine Sternensaat des Hierseins.*[440] Es ist wie ein Erbteil des Himmels, mit dem die Dichterin in den deutschen Wörtern angekommen ist, und in dem dann nach der *Ankunft im Hiersein* und nach dem Aufgehen der Sternensaat das Einfärben in die eigene individuelle Aussagekraft beginnen konnte. Marica Bodrožić empfindet die deutsche Sprache als etwas wie *ein Gewirk aus Bewegungen, Tönen, Gerüchen, Kopf- und Körperhaltungen, aus Augenblicken, Augenfarben, Mundregionen und Wangenleuchten […] mit dem Klang vereinigt. […] Das Gespür für* diese Sprache *kommt aus dem daraus erwachsenden Bleibenden*[441]: Dieses *Bleibende,* so hören wir von der Dichterin, *trotz oder gerade wegen des Vergehenden, ist aufgrund eines sakramentgleichen Erlebens stets vorhanden. […]* Deshalb nennt sie ihre *Kindheit eine immerwährende Einweihung in das Bildverstehen. Bild an Bild ist zu einer Leuchtekraft der Jahre gereift.*[442] Dabei wurde das Deutsche und mit ihm die ganze Bilderfülle von Bodrožićs Werken *immer mehr zu einem wärmenden Kleidungsstück.*[443]

Das Besondere ihrer bildschaffenden Kraft ist nicht nur originell, weil ihre neu erschaffenen meist synästhetischen Bildwörter in sich weiter zu leben scheinen, sondern weil sich die Autorin – und das ist wohl in diesem Jahrhundert überhaupt neu – in einem imaginativen Bewusstsein beheimatet fühlt, das z.B. von Rudolf Steiner wie folgt beschrieben wird.

> Ich nenne es imaginatives Bewusstsein, nicht weil etwas Unwirkliches dargestellt werden soll, sondern weil die Seele in diesem Bewusstsein erfüllt ist von Bildern, und zwar zunächst nichts als Bildern, aber von Bildern einer Realität […] und von denen sie ganz genau sieht, sie sind nicht selbst eine Realität, sondern Bilder einer Realität, dass sie drinnen steht im realen Weltenzusammenhang, dass sie diese Bilder nicht webt aus irgendeinem Nichts aus beliebigen Einfällen heraus, sondern aus einer inneren Notwendigkeit.[444]

Das können wir beim Lesen der elf Erzählungen des *Windsammlers* erleben. Hier finden wir uns bereits bei den ersten Worten aufgenommen und einverwoben in diese Bildsprache einer imaginativen Welt, in der wir Figuren treffen wie den *Bildinspektor*, einen *Windsammler*, einen *Eroberer des Wörterbuchs*, einen *Boten des Cerebellums*, und selbst den *Erzengel Raphael* als vermeintlichen Dieb. Auch Tiere wie ein *schwarzer Lipizzaner mit Anisstern-*

augen, ein *auf Rache sinnender Damhirsch* und *musizierende Katzen* spielen eine Rolle; und dann begegnen wir auch Dingen wie der *Lichtharfe* oder einer *Sonnentränke* oder da ist plötzlich ein *Brief, der sich von selbst immer weiter schreibt …*

Das Eigene dieser Dichterin und ihres Werkes ist wohl, dass sie dieser ihr zugänglichen Welt den gleichen Realitätscharakter zuerkennt wie der mit leiblichen Sinnen erfahrbaren.

7. RÜCKBLICK UND AUSBLICK

Ein Blick zurück auf die bemerkenswerte Entstehungsgeschichte des Deutschen und auf die geschilderten Wesensmerkmale dieser Sprache deutet, wohin man auch schaut, auf die ihr von Anfang an innewohnende Kraft, die *Enérgeia*. Ist diese doch nichts anderes als die immer von Neuem impulsierende Ichkraft, die als strukturierendes Element die Grunddisposition dieser Sprache ausmacht und in ihr wirkt und lebt. Das wurde versucht, an einer Reihe von charakteristischen Eigenheiten aufzuzeigen. Diese Grunddisposition allein würde allerdings noch nicht dafür hinreichen, *dass das Geistige sich ausdrückt und mitschwingt in den Worten.*[445] Stehen doch die Sprecher dieser Sprache in der besonderen Verantwortung, durch ihr Sprechen zum Erhalt und zur Fortentwicklung der vorhandenen Substanz nach Kräften beizutragen.

So konnte es auch in dieser Darstellung nicht um ein vollständiges Erfassen aller Besonderheiten dieser Sprache gehen. Vielmehr sollten einige der vorhandenen und neu entstandenen Wesenszüge dieser vielseitigen und vielschichtigen Sprache aufgezeigt, charakterisiert und erlebbar gemacht werden.

Zwar wurde noch kürzlich im *Zweiten Bericht zur Lage der deutschen Sprache*[446] beklagt, dass *der Wissensstand zum Deutschen* [...] *sehr uneinheitlich* sei und dass gerade Varietäten wie *Jugendsprache, Migrantensprache, internetbasierte Sprache* u.a., um die es in diesem Bericht geht, *weit weniger gut untersucht seien* als gewünscht; doch lässt sich danebenhalten, dass zur Wertung dieser Sprache gar nicht allein ein möglichst einheitlicher Wissensstand hinsichtlich der Situation des Deutschen ausschlaggebend sein muss. Gebührt doch vor allem einer erbrachten schöpferischen Sprachleistung, ganz gleich welcher Varietät, unsere besondere Aufmerksamkeit. Denn in ihr gilt nicht geregelte Vereinheitlichung, sondern individuelle schöpferische Kraft.

Ist es nicht ein großes Glück, dass es noch nicht gelungen ist, der deutschen Sprache, die sich in einer solch reichhaltigen Vielfalt darlebt, *einen vernünftig geregelten Standard zu schaffen?*[447]

Und warum sollte nicht gerade die schöpferische Sprachkompetenz zu einem Standard künstlerischer Art erhoben und damit zugleich zur *Überdachung der Varietäten* werden können? Kommt es doch mehr und mehr auf die individuelle Verantwortung gegenüber dem gesprochenen und auch gegenüber dem geschriebenen Wort an, wobei wir gewiss den höchsten Maßstab an das eigene Sprechvermögen wie auch an die Sprachkraft unserer Mitmenschen legen sollten. Denn selbstverständlich kann es nicht angehen, dass wir uns neben oder statt der allseits verfügbaren und weitgehend auch gehandhabten Hochsprache wissentlich einer zufälligen, wie auch immer gearteten Sprachvarietät bedienen, die wir vor uns selbst nicht verantworten können.

Dass eine Sprache zunehmend komplexer wird, weil sich die Sprachgemeinschaft ausweitet und weil im Laufe der Entwicklung auch neue Ausdrucksträger (Schrift, Buchdruck, Telefon, Internet u. a.) hinzutreten, ist nicht von der Hand zu weisen. Dass aber eine Sprachgebung neuer Inhalte der kulturellen und technischen Entwicklung nur möglich sei, wenn man neue Wörter dafür hat, neue Grammatik aber nicht gebraucht wird,[448] kann ja so in keiner Weise gelten. Denn ein reicher Wortschatz allein garantiert noch nicht das anspruchsvolle Niveau einer Sprache, und schon gar nicht ihren guten Stil; ist doch Gestaltung des sprachlichen Ausdrucks erst möglich, wenn auch die Grammatik in all ihrem Formenreichtum voll ausgeschöpft und sinnvoll eingesetzt wird. So sind wir geradezu in jedem Augenblick aufgefordert zu ständiger Neuschöpfung und Weiterentwicklung mit und an der Sprache.

In diesem Sinne soll ein Aphorismus Christian Morgensterns unsere Betrachtungen abschließen:

> Die Sprache ist eine ungeheure fortwährende Aufforderung zur Höherentwicklung. Die Sprache ist unser Geistesantlitz, das wir wie ein Wanderer in die unabsehbare und unausdenkbare Landschaft Gott unablässig weiter hineintragen.[449]

Dass es Christian Morgenstern war, der diese Worte sagen konnte, hat seine eigene Bedeutung. Denn zum einen wusste er als Dichter, dass wir *mit jedem Worte wachsen*,[450] und zum anderen waren seine Worte in dem tief in seinem Inneren verankerten Lebenswunsch begründet, über *die unbeschränkte Möglichkeit* verfügen zu dürfen, *auszubilden, was von Entwicklungsfähigem in ihm ist.*[451] War er doch ein Mensch, der ohnehin *mit fertigen Menschen nichts anfangen* konnte, (*keiner ist fertig, keiner soll je fertig sein*).[452] Und so scheinen seine Worte gerade auf die Sprache zuzutreffen, in der das Wort *werden* die innere Mitte ihrer ganzen Wortwelt bildet und in der die Ichkraft wirkendes Prinzip ist, sodass dadurch in unserem Sprechen sich die Möglichkeit auftut, *dass das Geistige sich* unmittelbar *ausdrückt und mitschwingt in den Worten.*[453]

Damit ist offensichtlich zugleich etwas wie die Grundbedingung für eine stetige Höherentwicklung des Menschen bereitgestellt.

Eine immerwährende Aufgabe mag somit allen Sprechern dieser Sprache zugemutet und in die Verantwortung gegeben sein und darüber hinaus mehr und mehr ein Anliegen für jeden Sprecher einer Sprache werden.

ANHANG

ZEITSTUFEN DER ÜBERNAHME UNSERER NHD. SCHRIFTSPRACHE

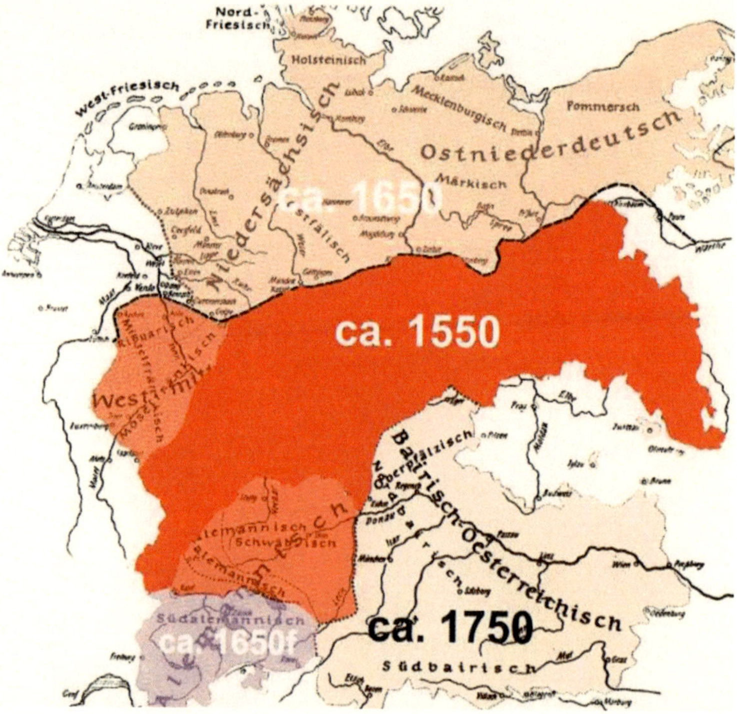

Kartengrundriss nach Sonderegger 1979, historische Bearbeitung Besch 2011. Aus: Werner Besch: Luther und die deutsche Sprache, Berlin 2014, S. 146.

DIE HÄUFIGSTEN WÖRTER IN DEUTSCHSPRACHIGEN TEXTEN

aufgeschlüsselt nach Wortarten und Rangfolgen

a) Duden Rechtschreibung, Berlin [26]2013, S. 137

Rang	Die häufigsten Substantive	Die häufigsten Adjektive	Die häufigsten Verben
1.	Jahr	neu	werden
2.	Uhr	ander…	haben
3.	Prozent	groß	sein
4.	Euro	viel	können
5.	Million	erst	müssen
6.	Zeit	deutsch	sollen
7.	Tag	gut	sagen
8.	Land	weit	geben
9.	Mensch	eigen	kommen
10.	Frau	kein	wollen

b) Duden Rechtschreibung, Berlin [27]2017, S. 157

Rang	Die häufigsten Substantive	Die häufigsten Adjektive	Die häufigsten Verben
1.	Jahr	neu	sein
2.	Euro	groß	gehen
3.	Uhr	erst	werden
4.	Prozent	viel	können
5.	Deutschland	ander…	müssen
6.	Zeit	deutsch	sagen
7.	Tag	weit	sollen
8.	Mensch	gut	geben
9.	Land	klein	wollen
10.	Million	eigen	kommen

DIE LAUTVERSCHIEBUNGEN

Schema der ARTIKULATIONSVERSCHIEBUNG
Die Verschlusslaute bei den Lautverschiebungen

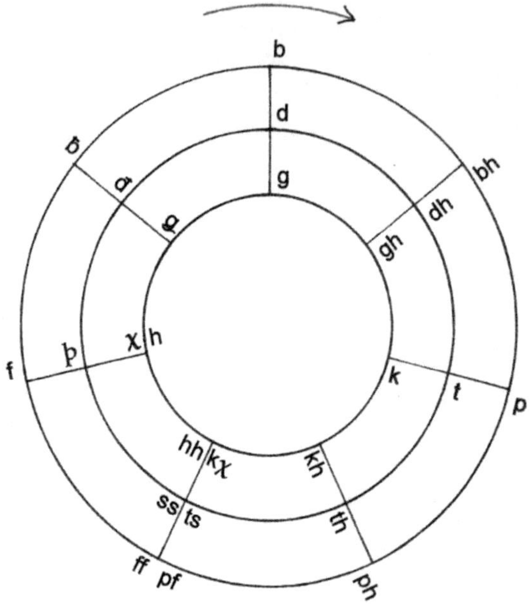

Die erste (germanische) LAUTVERSCHIEBUNG
– Vom Indogermanischen zum Germanischen –
ca. 1000 bis 300 v.

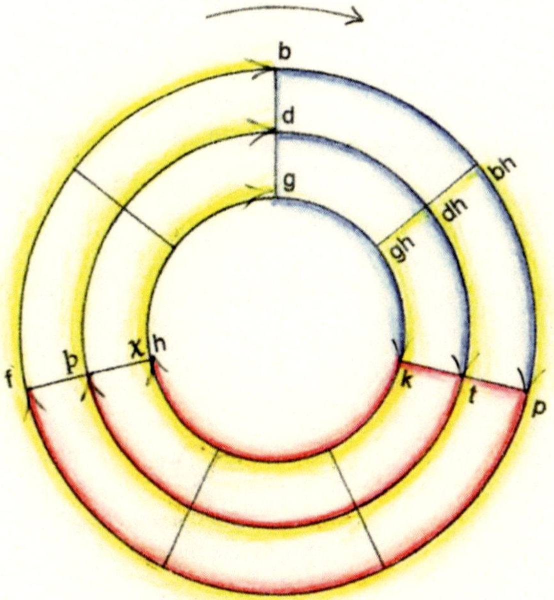

Die Veränderungen der indogermanischen Verschlusslaute durch die erste Lautverschiebung:

1. Die stimmhaften Verschlusslaute (Mediä) b, d, g werden zu stimmlosen Verschlusslauten (Tenues) p, t, k.
2. Die stimmlosen Verschlusslaute (Tenues) p, t, k werden zu stimmlosen Reibelauten (Spiranten) f, þ, χ/h.
3. Die stimmhaften behauchten Verschlusslaute (Aspiraten) bh, dh, gh werden zu stimmhaften Verschlusslauten (Mediä) b, d, g.

BEISPIELE ZUR ERSTEN LAUTVERSCHIEBUNG

1. **b > p**
lat. *sca**b**ere* > got. *ska**p**jan*
lat. *tur**b**a* > got. *þáur**p***
d > t
lat. *e**d**ere* > got. *i**t**an*
lat. ***d**uo* > got. ***t**wai*
g > k
lat. *e**g**o* > got. *i**k***
lat. *ju**g**um* > got. *ju**k***

2. **p > f**
lat. ***p**iscis* > engl. ***f**ish*
lat. ***p**ecu* > got. ***f**aihu*
t > þ
lat. ***t**res* > got. ***þ**reis*
lat. ***t**oga* > got. ***þ**æk*
k > χ/h
lat. *o**c**to* > got. *a**h**tan*
lat. ***c**ornu* > got. ***h**áurn*

3. **bh > b**
nd. *bharami > got. ***b**airan*, engl. ***b**ear*
sansr. ***bh**rātā* > got. ***b**roþar*, engl. ***b**rother*
dh > d
idg. *dhura > got. ***d**áur*, engl. ***d**oor*
idg. *medhios > got. *mi**d**jis*
gh > g
idg. *ghostis > got. ***g**asts*
idg. *ghordho > got. ***g**ard*

Die zweite (hochdeutsche) LAUTVERSCHIEBUNG
– Vom Germanischen zum Althochdeutschen –
ca. 5. – 8. Jh. n. Chr.

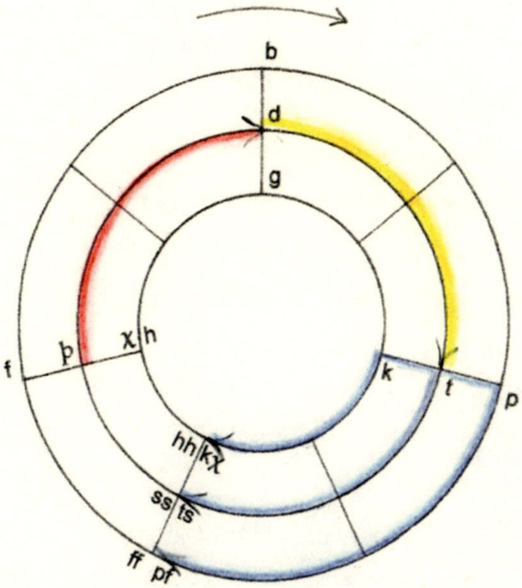

Die weiteren Veränderungen der einstigen idg. Verschlusslaute:

1. Die bei der ersten Lautverschiebung entstandenen stimmlosen Verschlusslaute (Tenues) werden erneut verändert. Sie werden nach Vokalen zu stimmlosen Doppelspiranten (Doppelreibelauten) ff, ss, hh, bzw. im Anlaut, Inlaut und in der Gemination zu Affrikaten (stimmlosen Verschlusslauten pf, ts, kχ.
2. Der bei der ersten Lautverschiebung entstandene stimmlose Reibelaut (Spirans) þ wird zum stimmhaften Verschlusslaut (Media) d.
3. Der bei der ersten Lautverschiebung entstandene stimmhafte Verschlusslaut (Media) d wird zum stimmlosen Verschlusslaut (Tenuis) t.

1. k > kχ /hh

got. ***k**alds*	>	ahd. (al.-bair.) ***kch**ald*
engl. ***c**ake*	>	ahd. ***ch**uohho*
got. *ju**k***	>	ahd. jo***hh***
got. *i**k***	>	ahd. *i**h***

t > ts /ss

as. ***t**aken*	>	ahd. ***z**eichan*
*got **t**wai*	>	*ahd. **z**wêne*
got. *i**t**an*	>	ahd. *e**ss**an*
got. *le**t**an*	>	ahd. *lā**ss**an*

p > pf /ff

engl. *a**pp**el*	>	ahd. *a**pf**ul*
engl. ***p**ound*	>	ahd. ***pf**unt*
got. *ska**p**jan*	>	ahd. *sca**ff**an*
engl. ***p**i**p**e*	>	ahd. ***pf**i**ff**a*

2. þ > d

got. ***þ**reis*	>	ahd. ***d**ri*
engl. ***th**orn*	>	ahd. ***d**orn*
ags. *bro**þ**ar*	>	ahd. *bruo**d**er*

3. d > t

engl. ***d**ay*	>	ahd. ***t**ag/**t**ac*
engl. ***d**eath*	>	ahd. ***t**od*
ags. ***d**ōn*	>	ahd. ***t**uon*

Friedrich Schiller: Der Spaziergang

Sei mir gegrüßt, mein Berg mit dem rötlich strahlenden Gipfel!
Sei mir, Sonne, gegrüßt, die ihn so lieblich bescheint!
Dich auch grüß ich, belebte Flur, euch, säuselnde Linden,
Und den fröhlichen Chor, der auf den Ästen sich wiegt,
Ruhige Bläue, dich auch, die unermeßlich sich ausgießt
Um das braune Gebirg, über den grünenden Wald,
Auch um mich, der endlich entflohn des Zimmers Gefängnis
Und dem engen Gespräch freudig sich rettet zu dir.
Deiner Lüfte balsamischer Strom durchrinnt mich erquickend,
Und den durstigen Blick labt das energische Licht.
Kräftig auf blühender Au erglänzen die wechselnden Farben,
Aber der reizende Streit löset in Anmut sich auf.
Frei empfängt mich die Wiese mit weithin verbreitetem Teppich,
Durch ihr freundliches Grün schlingt sich der ländliche Pfad,
Um mich summt die geschäftige Bien, mit zweifelndem Flügel
Wiegt der Schmetterling sich über dem rötlichen Klee.
Glühend trifft mich der Sonne Pfeil, still liegen die Weste,
Nur der Lerche Gesang wirbelt in heiterer Luft.
Doch jetzt brausts aus dem nahen Gebüsch, tief neigen der Erlen
Kronen sich, und im Wind wogt das versilberte Gras.
Mich umfängt ambrosische Nacht; in duftende Kühlung
Nimmt ein prächtiges Dach schattender Buchen mich ein,
In des Waldes Geheimnis entflieht mir auf einmal die Landschaft,
Und ein schlängelnder Pfad leitet mich steigend empor.
Nur verstohlen durchdringt der Zweige laubigtes Gitter
Sparsames Licht, und es blickt lachend das Blaue herein.
Aber plötzlich zerreißt der Flor. Der geöffnete Wald gibt
Überraschend des Tags blendendem Glanz mich zurück.
Unabsehbar ergießt sich vor meinen Blicken die Ferne,
Und ein blaues Gebirg endigt im Dufte die Welt.
Tief an des Berges Fuß, der gählings unter mir abstürzt,
Wallet des grünlichten Stroms fließender Spiegel vorbei.
Endlos unter mir seh ich den Äther, über mir endlos,
Blicke mit Schwindeln hinauf, blicke mit Schaudern hinab.
Aber zwischen der ewigen Höh und der ewigen Tiefe
Trägt ein geländerter Steig sicher den Wandrer dahin.

Lachend fliehen an mir die reichen Ufer vorüber,
Und den fröhlichen Fleiß rühmet das prangende Tal.
Jene Linien, sieh! die des Landmanns Eigentum scheiden,
In den Teppich der Flur hat sie Demeter gewirkt.
Freundliche Schrift des Gesetzes, des menschenerhaltenden Gottes,
Seit aus der ehernen Welt fliehend die Liebe verschwand,
Aber in freieren Schlangen durchkreuzt die geregelten Felder,
Jetzt verschlungen vom Wald, jetzt an den Bergen hinauf
Klimmend, ein schimmernder Streif, die Länder verknüpfende Straße;
Auf dem ebenen Strom gleiten die Flöße dahin.
Vielfach ertönt der Herden Geläut im belebten Gefilde,
Und den Widerhall weckt einsam des Hirten Gesang.
Muntre Dörfer bekränzen den Strom, in Gebüschen verschwinden
Andre, vom Rücken des Bergs stürzen sie gäh dort herab.
Nachbarlich wohnet der Mensch noch mit dem Acker zusammen,
Seine Felder umruhn friedlich sein ländliches Dach,
Traulich rankt sich die Reb empor an dem niedrigen Fenster,
Einen umarmenden Zweig schlingt um die Hütte der Baum.
Glückliches Volk der Gefilde! noch nicht zur Freiheit erwachet,
Teilst du mit deiner Flur fröhlich das enge Gesetz.
Deine Wünsche beschränkt der Ernten ruhiger Kreislauf,
Wie dein Tagewerk, gleich, windet dein Leben sich ab!
Aber wer raubt mir auf einmal den lieblichen Anblick? Ein fremder
Geist verbreitet sich schnell über die fremdere Flur!
Spröde sondert sich ab, was kaum noch liebend sich mischte,
Und das Gleiche nur ists, was an das Gleiche sich reiht.
Stände seh ich gebildet, der Pappeln stolze Geschlechter
Ziehn in geordnetem Pomp vornehm und prächtig daher.
Regel wird alles, und alles wird Wahl und alles Bedeutung,
Dieses Dienergefolg meldet den Herrscher mir an.
Prangend verkündigen ihn von fern die beleuchteten Kuppeln,
Aus dem felsigten Kern hebt sich die türmende Stadt
In die Wildnis hinaus sind des Waldes Faunen verstoßen,
Aber die Andacht leiht höheres Leben dem Stein.
Näher gerückt ist der Mensch an den Menschen. Enger wird um ihn,
Reger erwacht, es umwälzt rascher sich in ihm die Welt.
Sieh, da entbrennen in feurigem Kampf die eifernden Kräfte,
Großes wirket ihr Streit, Größeres wirket ihr Bund.
Tausend Hände belebt ein Geist, hoch schläget in tausend

Brüsten, von einem Gefühl glühend, ein einziges Herz,
Schlägt für das Vaterland und glüht für der Ahnen Gesetze,
Hier auf dem teuren Grund ruht ihr verehrtes Gebein.
Nieder steigen vom Himmel die seligen Götter und nehmen
In dem geweihten Bezirk festliche Wohnungen ein,
Herrliche Gaben bescherend erscheinen sie; Ceres vor allen
Bringet des Pfluges Geschenk, Hermes den Anker herbei,
Bacchus die Traube, Minerva des Ölbaums grünende Reiser,
Auch das kriegrische Roß führet Poseidon heran,
Mutter Cybele spannt an des Wagens Deichsel die Löwen,
In das gastliche Tor zieht sie als Bürgerin ein.
Heilige Steine! Aus euch ergossen sich Pflanzer der Menschheit,
Fernen Inseln des Meers sandtet ihr Sitten und Kunst,
Weise sprachen das Recht an diesen geselligen Toren,
Helden stürzten zum Kampf für die Penaten heraus.
Auf den Mauren erschienen, den Säugling im Arme, die Mütter,
Blickten dem Heerzug nach, bis ihn die Ferne verschlang.
Betend stürzten sie dann vor der Götter Altären sich nieder,
Flehten um Ruhm und Sieg, flehten um Rückkehr für euch.
Ehre ward euch und Sieg, doch der Ruhm nur kehrte zurücke,
Eurer Taten Verdienst meldet der rührende Stein:
»Wanderer, kommst du nach Sparta, verkündige dorten, du habest
Uns hier liegen gesehn, wie das Gesetz es befahl.«
Ruhet sanft, ihr Geliebten! Von eurem Blute begossen,
Grünet der Ölbaum, es keimt lustig die köstliche Saat.
Munter entbrennt, des Eigentums froh, das freie Gewerbe,
Aus dem Schilfe des Stroms winket der bläulichte Gott.
Zischend fliegt in den Baum die Axt, es erseufzt die Dryade,
Hoch von des Berges Haupt stürzt sich die donnernde Last.
Aus dem Felsbruch wiegt sich der Stein, vom Hebel beflügelt,
In der Gebirge Schlucht taucht sich der Bergmann hinab.
Mulcibers Amboß tönt von dem Takt geschwungener Hämmer,
Unter der nervigten Faust spritzen die Funken des Stahls.
Glänzend umwindet der goldene Lein die tanzende Spindel,
Durch die Saiten des Garns sauset das webende Schiff.
Fern auf der Reede ruft der Pilot, es warten die Flotten,
Die in der Fremdlinge Land tragen den heimischen Fleiß,
Andre ziehn frohlockend dort ein, mit den Gaben der Ferne,
Hoch von dem ragenden Mast wehet der festliche Kranz.

Siehe, da wimmeln die Märkte, der Kran von fröhlichem Leben,
Seltsamer Sprachen Gewirr braust in das wundernde Ohr.
Auf den Stapel schüttet die Ernten der Erde der Kaufmann,
Was dem glühenden Strahl Afrikas Boden gebiert,
Was Arabien kocht, was die äußerste Thule bereitet,
Hoch mit erfreuendem Gut füllt Amalthea das Horn.
Da gebieret das Glück dem Talente die göttlichen Kinder,
Von der Freiheit gesäugt, wachsen die Künste der Lust.
Mit nachahmendem Leben erfreuet der Bildner die Augen,
Und vom Meißel beseelt, redet der fühlende Stein,
Künstliche Himmel ruhn auf schlanken jonischen Säulen,
Und den ganzen Olymp schließet ein Pantheon ein.
Leicht wie der Iris Sprung durch die Luft, wie der Pfeil von der Senne,
Hüpfet der Brücke Joch über den brausenden Strom.
Aber im stillen Gemach entwirft bedeutende Zirkel
Sinnend der Weise, beschleicht forschend den schaffenden Geist,
Prüft der Stoffe Gewalt, der Magnete Hassen und Lieben,
Folgt durch die Lüfte dem Klang, folgt durch den Äther dem Strahl,
Sucht das vertraute Gesetz in des Zufalls grausenden Wundern,
Sucht den ruhenden Pol in der Erscheinungen Flucht.
Körper und Stimme leiht die Schrift dem stummen Gedanken,
Durch der Jahrhunderte Strom trägt ihn das redende Blatt.
Da zerrinnt vor dem wundernden Blick der Nebel des Wahnes,
Und die Gebilde der Nacht weichen dem tagenden Licht.
Seine Fesseln zerbricht der Mensch. Der Beglückte! Zerriss' er
Mit den Fesseln der Furcht nur nicht den Zügel der Scham!
Freiheit ruft die Vernunft, Freiheit die wilde Begierde,
Von der heilgen Natur ringen sie lüstern sich los.
Ach, da reißen im Sturm die Anker, die an dem Ufer
Warnend ihn hielten, ihn faßt mächtig der flutende Strom,
Ins Unendliche reißt er ihn hin, die Küste verschwindet,
Hoch auf der Fluten Gebirg wiegt sich entmastet der Kahn,
Hinter Wolken erlöschen des Wagens beharrliche Sterne,
Bleibend ist nichts mehr, es irrt selbst in dem Busen der Gott.
Aus dem Gespräche verschwindet die Wahrheit, Glauben und Treue
Aus dem Leben, es lügt selbst auf der Lippe der Schwur.
In der Herzen vertraulichsten Bund, in der Liebe Geheimnis
Drängt sich der Sykophant, reißt von dem Freunde den Freund,
Auf die Unschuld schielt der Verrat mit verschlingendem Blicke,

Mit vergiftendem Biß tötet des Lästerers Zahn.
Feil ist in der geschändeten Brust der Gedanke, die Liebe
Wirft des freien Gefühls göttlichen Adel hinweg.
Deiner heiligen Zeichen, o Wahrheit, hat der Betrug sich
Angemaßt, der Natur köstlichste Stimmen entweiht,
Die das bedürftige Herz in der Freude Drang sich erfindet,
Kaum gibt wahres Gefühl noch durch Verstummen sich kund.
Auf der Tribüne prahlet das Recht, in der Hütte die Eintracht,
Des Gesetzes Gespenst steht an der Könige Thron.
Jahrelang mag, jahrhundertelang die Mumie dauern,
Mag das trügende Bild lebender Fülle bestehn,
Bis die Natur erwacht, und mit schweren ehernen Händen
An das hohle Gebäu rühret die Not und die Zeit,
Einer Tigerin gleich, die das eiserne Gitter durchbrochen
Und des numidischen Walds plötzlich und schrecklich gedenkt,
Aufsteht mit des Verbrechens Wut und des Elends der Menschheit
Und in der Asche der Stadt sucht die verlorne Natur.
O, so öffnet euch, Mauren, und gebt den Gefangenen ledig,
Zu der verlassenen Flur kehr er gerettet zurück!
Aber wo bin ich? Es birgt sich der Pfad. Abschüssige Gründe
Hemmen mit gähnender Kluft hinter mir, vor mir den Schritt.
Hinter mir blieb der Gärten, der Hecken vertraute Begleitung,
Hinter mir jegliche Spur menschlicher Hände zurück.
Nur die Stoffe seh ich getürmt, aus welchen das Leben
Keimet, der rohe Basalt hofft auf die bildende Hand.
Brausend stürzt der Gießbach herab durch die Rinne des Felsen,
Unter den Wurzeln des Baums bricht er entrüstet sich Bahn.
Wild ist es hier und schauerlich öd. Im einsamen Luftraum
Hängt nur der Adler und knüpft an das Gewölke die Welt.
Hoch herauf bis zu mir trägt keines Windes Gefieder
Den verlorenen Schall menschlicher Mühen und Lust.
Bin ich wirklich allein? In deinen Armen, an deinem
Herzen wieder, Natur, ach! und es war nur ein Traum,
Der mich schaudernd ergriff mit des Lebens furchtbarem Bilde,
Mit dem stürzenden Tal stürzte der finstre hinab.
Reiner nehm ich mein Leben von deinem reinen Altare,
Nehme den fröhlichen Mut hoffender Jugend zurück!
Ewig wechselt der Wille den Zweck und die Regel, in ewig
Wiederholter Gestalt wälzen die Taten sich um.

Aber jugendlich immer, in immer veränderter Schöne
    Ehrst du, fromme Natur, züchtig das alte Gesetz,
Immer dieselbe, bewahrst du in treuen Händen dem Manne,
    Was dir das gaukelnde Kind, was dir der Jüngling vertraut,
Nährest an gleicher Brust die vielfach wechselnden Alter;
    Unter demselben Blau, über dem nämlichen Grün
Wandeln die nahen und wandeln vereint die fernen Geschlechter,
    Und die Sonne Homers, siehe! sie lächelt auch uns.

Goethe· Faust II, 1 Fausts Monolog.

Des Lebens Pulse schlagen frisch lebendig,
ätherische Dämmerung milde zu begrüssen;
Du, Erde, warst auch diese Nacht beständig
Und atmest neu erquickt zu meinen Füssen,
Beginnest schon, mit Lust mich zu umgeben,
Du regst und rührst ein kräftiges Beschliessen,
Zum höchsten Dasein immerfort zu streben. -
In Dämmerschein liegt schon die Welt erschlossen,
Der Wald ertönt von tausendstimmigem Leben,
Tal aus, Tal ein ist Nebelstreif ergossen,
Doch senkt sich Himmelsklarheit in die Tiefen,
Und Zweig und äste, frisch erquickt, entsprossen
Dem duft'gen Abgrund, wo versenkt sie schliefen;
Auch Farb' an Farbe klärt sich los vom Grunde,
Wo Blum' und Blatt von Zitterperle triefen -
Ein Paradies wird um mich her die Runde.

Hinaufgeschaut! - Der Berge Gipfelriesen
Verkünden schon die feierlichste Stunde;
Sie dürfen früh des ewigen Lichts genießen,
Das später sich zu uns hernieder wendet.
Jezt zu der Alpe grüngesenkten Wiesen
Wird neuer Glanz und Deutlichkeit gespendet,
Und stufenweis herab ist es gelungen; -
Sie tritt hervor! - und, leider schon geblendet,
Kehr' ich mich weg, vom Augenschmerz durchdrungen

So ist es also, wenn ein sehnend Hoffen
Dem höchsten Wunsch sich traulich zugerungen,
Erfüllungspforten findet flügeloffen;
Nun aber bricht aus jenen ewigen Gründen
Ein Flammenübermaß, wir stehn betroffen;
Des Lebens Fackel wollten wir entzünden,
Ein Feuermeer umschlingt uns, welch ein Feuer!
Ist's Lieb'? ist's Hass? die glühend uns umwinden,
Mit Schmerz und Freuden wechselnd ungeheuer,

So dass wir wieder nach der Erde blicken,
Zu bergen uns in jugendlichstem Schleier.

So bleibe denn die Sonne mir im Rücken!
Der Wassersturz, das Felsenriff durchbrausend,
Ihn schau' ich an mit wachsendem Entzücken.
Von Sturz zu Sturzen wälzt er jetzt in tausend,
Dann abertausend Strömen sich ergiessend,
Hoch in die Lüfte Schaum an Schäume sausend.
Allein wie herrlich, diesem Sturm erspriessend,
Wölbt sich des bunten Bogens Wechseldauer,
Bald rein gezeichnet, bald in Luft zerfliessend,
Umher verbreitend duftig kühle Schauer.
Der spiegelt ab das menschliche Bestreben.
Ihm sinne nach, und du begreifst genauer:
Am farbigen Abglanz haben wir das Leben.

Aus Diewald, Gabriele: ABTÖNUNGSPARTIKEL.
In: Handbuch der deutschen Wortarten, hg. Ludger Hoffmann,
Berlin 2007, S. 118 f.

Was sind Abtönungspartikeln? - Erste Abgrenzung
Zur ersten Orientierung eignet sich die von Weydt in der Frühphase der Partikelforschung gegebene „zusammenfassende Definition der Abtönungspartikeln":

Abtönungspartikel [sic] sind unflektierbare Wörtchen, die dazu dienen, die Stellung des Sprechers zum Gesagten zu kennzeichnen. Diese Wörtchen können in gleicher Bedeutung nicht die Antwort auf eine Frage bilden und nicht die erste Stelle im Satz einnehmen. Sie beziehen sich auf den ganzen Satz; sie sind im Satz integriert. In ande- rer syntaktischer Stellung oder anders akzentuiert, haben sie alle eine oder mehrere andere Bedeutungen. In dieser anderen Verwendung gehören sie dann anderen Funktionsklassen an. (Weydt 1969:68)

Unspezifisch, wie sie ist, nennt diese Bestimmung doch wesentliche Kri- terien zur Abgrenzung der Wortart „Abtönungspartikel", die seither, ergänzt durch weitere Merkmale (morphologischer, syntaktischer, intonatorischer, semantischer, funktionaler, pragmatischer Natur) in einschlägigen Arbeiten genannt werden.
Die Abtönungspartikeln des Deutschen werden als eine relativ geschlossene Subklasse der Partikeln betrachtet, die in eine Kerngruppe und eine Gruppe der peripheren Mitglieder zerfällt.

a) Die Kerngruppe der Abtönungspartikeln:

Zu den Kernmitgliedern zählen aber, *auch, bloß, denn, doch, eben, eigentlich, etwa, halt, ja, mal, nur, schon, vielleicht, wohl* (nach Gelhaus 1998: 379). Typische Verwendungsbeispiele sind aber in (1) und eigentlich in (2):

1. Das ist aber keine gute Konstruktion. (Sagerer [u. a.] 1994)
2. Gibt's da eigentlich auch eine Messeermäßigung? (Keil 1990: 7)

b) Periphere Mitglieder der Abtönungspartikeln: Periphere Mitglieder der Klasse der Abtönungspartikeln sind zum Beispiel fein, ganz, gerade, gleich- und, wenn sie nicht bereits zur Kerngruppe gerechnet werden – einfach, erst und ruhig. Es handelt sich um Elemente, deren diachrone Entwicklung zu abtönenden Funktionen, die einen Grammatikalisierungsprozess darstellt (siehe Abschnitt 3,1) noch nicht so weit fortgeschritten ist, wie es bei der Kerngruppe unter a) der Fall ist. Daher istdiese Gruppe weniger geschlossen als die Kerngruppe. Weydt (1969: 69) spricht hier von „abtönungsfähige[n] Partikeln" [...] d.h. solchen, die [...] „in einer bestimmten Verwendung - Abtönungspartikel [sic] sein können". Die folgenden Beispiele zeigen die peripheren Mitglieder einfach, erst, gleich und ruhig in Abtönungsfunktion, die durch ihre Substituierbarkeit durch Abtönungspartikeln aus der Kerngruppe verdeutlicht wird.

3. Ich war einfach zu faul, das Licht anzudrehen. (Thomas Mann, Zauberberg, 274, nach Paul/Henne 1992)
   Ich war halt/eben zu faul, das Licht anzudrehen.
4. Wären wir erst wieder zuhause! (Helbig 1994: 137) Wären wir nur/bloß wieder zuhause!
5. Wie heißt gleich dein Hund? (Helbig 1994: 156)
   Wie heißt denn/doch/eigentlich dein Hund?
6. Da darf es ruhig ein bisschen später, so zwischen 4 und 5 Uhr, sein. (Keil 1990: 45)
   Da darf es schon/auch ein bisschen später, so zwischen 4 und 5 Uhr, sein.

In Weydt / Hentschel (1983: 18) wird eine Klasse „Partikeln mit abtönungsähnlichen Funktionen" unterschieden, wozu die Autoren allerdings, eh, immerhin, jedenfalls, ohnehin, schließlich. sowieso und überhaupt rechnen. Diese Gruppe wird hier nicht zu den Abtönungspartikeln gerechnet. Sie überschneidet sich mit den „Konnektivpartikeln" der IDS-Grammatik (Zifonun [u. a.] 1997: 59). Obwohl die Zuordnung einzelner Elemente zu einer Klasse oft schwierig (und strittig) ist, ist sie doch Voraussetzung für eine linguistische Analyse der Abtönungspartikeln. [Die] Tabelle [...] gibt zur groben Abgrenzung von anderen Partikelsubklassen sinngemäß die Systematik der IDS-Grammatik (Ziofonun [u.a.] 1997: 66 f.) wieder; gängige Alternativbezeichnungen für einzelne Untergruppen sind in Klammern beigegeben:

EINTEILUNG DER PARTIKELN NACH G. ZIOFONUN

Bezeichnung	**Charakteristik**	**Beispiele**
Abtönungspartikel (Modalpartikel)	erwartungs-/ wissensbezogen	eben, vielleicht, ja
Gradpartikel (Fokuspartikel)	Gesagtes gradierend	ausgerechnet, bereits, sogar, vor allem
Intensitätspartikel (Steigerungspartikel)	Eigenschaft spezifizierend	recht, sehr, ungemein, weitaus
Konnektivpartikel (Rangierpartikel)	Relationale Integration von Satz/ K[ommunikativer] Minimaleinheit]	allerdings, dennoch, erstens, indessen, sonst, zwar
Modalpartikel (Modalwort)	Sachverhaltsgeltung spezifizierend	Bedauerlicherweise, sicherlich, vielleicht
Negationspartikel	Sachverhaltsgeltung negierend	Nicht, gar nicht

Aus dem Artikel
Wort in: LEXIKON DER SPRACHWISSENSCHAFT,
hrsg. Hadumod Bußmann, Stuttgart ^{4}2008, S. 794:

Wort

Intuitiv vorgegebener und umgangssprachlich verwendeter Begriff für sprachliche Grundeinheiten, dessen zahlreiche sprachwissenschaftliche Definitionsversuche uneinheitlich und kontrovers sind. Das W[ort] wird je nach theoretischem Vorverständnis und Beschreibungskontext durch unterschiedliche und im Einzelnen nicht immer widerspruchsfreie Eigenschaften charakterisiert, vgl. die folgenden Definitionsvorschläge, aufgelistet nach Beschreibungsebenen: (a) Phonetisch-phonologische Ebene: W[orte][454] sind kleinste, durch Wortakzent und Grenzsignale wie Pause, Knacklaut u. a. theoretisch isolierbare Lautsegmente, die auf (b) orthographisch-graphemischer Ebene durch Leerstellen im Schriftbild isoliert werden. (c) Auf morphologischer Ebene sind W[orte] als Grundeinheiten von gramm[atischen] Paradigmen wie Flexion gekennzeichnet und zu unterscheiden von den morphologisch charakterisierten Wortformen, vgl. *schreiben* vs. *schreibst, schrieb, geschrieben:* sie sind strukturell stabil und nicht trennbar sowie durch spezifische Regeln der Wortbildung zu beschreiben, (d) Auf lexikalisch-semantischer Ebene sind W[orte] kleinste, relativ selbstständige Träger von Bedeutung, die im Lexikon kodifiziert sind, und (e) unter syntaktischem Aspekt lassen sie sich als kleinste verschiebbare und ersetzbare Einheiten des Satzes beschreiben. Wenngleich sich als Essenz aller Definitionen die drei Komponenten akustische und semantische Identität, morphologische Stabilität und syntaktische Mobilität als Hauptkriterien ergeben, ist der Terminus W[ort] inzwischen vielfachen terminologischen Differenzierungen unterworfen oder ganz zugunsten von Begriffen wie Morphem, Lexem, Formativ aufgegeben worden.

ABBILDUNGSNACHWEIS

S. 11 Das römische Weltreich zur Zeit seiner größten Ausdehnung, ca. 115 n. Chr.
Tataryn - Eigenes Werk, CC BY-SA 3.0, https://commons.wikimedia.org/w/index.php?curid=19625326, Farbe verändert (23.05:2020)

S. 12 Karte nach Hugo Moser: Annalen der deutschen Sprache, Stuttgart 1961
Hugo Moser: *Annalen der deutschen Sprache*, Stuttgart 1961, Faltblatt am Ende des Buches

S. 17 Notker der Deutsche um 1000 n. Chr.
https://www.dimused.uni-tuebingen.de/e-sequence.php (23.05.2020)

S. 36 Verbreitung der bestimmten und unbestimmten Artikel in Europa
Daniel Nikolić - Eigenes Werk, CC BY-SA 4.0, https://commons.wikimedia.org/w/index.php?curid=3121056, unverändert übernommen (23.05.2020)

S. 76 Die Sprachmelodie im Deutschen
Matthias Pöhm, Rhetorik Netz, vgl. Anmerkung 189

S. 91 Die Brüder Jakob und Wilhelm Grimm, 1843
https://nat.museum-digital.de/singleimage.php?imagenr=74467 (23.05.2020)

S. 94 Walther von der Vogelweide Manesse Hs ca. 1300
https://digi.ub.uni-heidelberg.de/diglit/cpg848/0243 (23.05.2020)

S. 98 Meister Eckhart (1260–1328)
https://www.meinesuedstadt.de/termine/event/c-g-jung-und-meister-eckhart/ (23.05.2020)

S. 99 Johannes Tauler, 1300–1361
Ji-Elle - Eigenes Werk, CC BY-SA 3.0, https://commons.wikimedia.org/w/index.php?curid=11571317 (23.05.2020)

S. 100 Heinrich Seuse, 1295–1366
<Abb. 143 seus>
https://www.mariens-hilfe.org/tagesheilige-23-januar-sel-heinric/ (23.05.2020)

S. 102 Martin Luther, 1528
https://commons.wikimedia.org/wiki/File:Lucas_Cranach_d.%C3%84._(Werkst.)_-_Portr%C3%A4t_des_Martin_Luther_(Lutherhaus_Wittenberg).jpg (23.05.2020)

S. 110 Die erste vollständige Bibelübersetzung von Martin Luther, Druck 1534
Torsten Schleese, https://commons.wikimedia.org/wiki/File:Lutherbibel.jpg (23.05.2020)

S. 114 Johann Gottfried Herder, 1744–1803
https://commons.wikimedia.org/wiki/File:Johann_Gottfried_Herder.jpg (23.05.2020)

S. 115 Johann Wolfgang v. Goethe 1828
https://commons.wikimedia.org/wiki/File:Goethe_(Stieler_1828).jpg (23.05.2020)

S. 125 Friedrich Schiller 1794
https://commons.wikimedia.org/wiki/File:Friedrich_Schiller_by_Ludovike_Simanowiz.jpg (23.05.2020)

S. 131 Parabolische Darstellung des Gedichtes
Helga Lauten

S. 140 Wilhelm von Humboldt 1767–1835
https://commons.wikimedia.org/wiki/File:W.v.Humboldt.jpg (23.05.2020)

S. 154 Ulla Hahn *1946
https://www.literaturinhamburg.de/index.php?id=1&day=07&month=8&year=2017

S. 157 Jan Wagner, *1971
Lesekreis – Eigenes Werk, CC0, https://commons.wikimedia.org/w/index.php?curid=38885466 (23.05.2020)

S. 161 Rainer Maria Rilke, 1875–1926
https://commons.wikimedia.org/wiki/File:Rainer_Maria_Rilke,_1900.jpg (23.05.2020)

S. 162 Nelly Sachs, 1891–1970
https://www.nobelprize.org/prizes/literature/1966/sachs/facts/

S. 164 Hilde Domin, 1909–2006
http://juergen-bauer.com/indexABC.htm

S. 170 Gino Chiellino *1946
Szilvia Lengl – Eigenes Werk, CC BY-SA 4.0, https://commons.wikimedia.org/wiki/File:Carmine_Chiellino_2019.jpg?uselang=de (23.05.2020)

S. 171 Nevfel Cumart *1964
Foto: Helmut Ölschlegel, mit frdl. Genehmigung von Nevfel Cumart

S. 174 Marica Bodrožić *1973
Petervonfelber – Eigenes Werk, CC BY-SA 4.0, https://commons.wikimedia.org/wiki/File:Marica_Bodro%C5%BEi%C4%87,.jpg (23.05.2020)

S. 184 Kartengrundriss nach Sonderegger 1979, historische Bearbeitung Besch 2011
Werner Besch: Luther und die deutsche Sprache, Berlin 2014, S. 146.

S. 186 Schema der Artikulationsverschiebung.
Helga Lauten

S. 187 Die erste (germanische) Lautverschiebung.
Helga Lauten

S. 189 Die zweite (hochdeutsche) Lautverschiebung.
Helga Lauten

LITERATURHINWEISE UND ANMERKUNGEN

Die wörtlichen Textzitate wurden in der jeweils zu ihrer Entstehungszeit geltenden Rechtschreibung belassen.

1 Schönberger, Birgit: *Sind wir mit unserem Deutsch am Ende?* Umwelt & Aktiv, 3/2007.

2 Göttert, Karl-Heinz: *Deutsch, Biografie einer Sprache,* Berlin ^{4}2010, S. 366.

3 Es sind z. B. die *Gesellschaft für deutsche Sprache (GfdS)* seit 1947, die *Deutsche Akademie für Sprache und Dichtung seit 1949,* die *Arbeitsgemeinschaft Literarischer Gesellschaften* (ALG) seit 1986, der *Verein deutsche Sprache (VdS) seit 1997, der deutsche Sprachrat* seit 2003. Auch das *Goethe-Institut, seit 1951, obwohl mehr für die Pflege der deutschen Sprache im Ausland zuständig, muss hier genannt werden.*

4 Vgl. z. B.: *Deutsch ins Grundgesetz?* http://www.bpb.de/politik/grundfragen/sprache-und-politik/42777/debatte, Internet 13.06.2015.

5 Allerdings wurde diese Regelung durchaus auch als *obrigkeitlicher Gewaltakt der Kultusbürokratie* angeprangert. Vgl.: Schmoll, Heike: *Chaos im Schreiben und Denken.* FAZ 01.08.2015.

6 Göttert: *Deutsch,* a. a .O., S. 371.

7 Steiner, Rudolf: *Wege der geistigen Erkenntnis und der Erneuerung künstlerischer Weltanschauung.* GA 161, Dornach 1980, S. 196 f.

8 Herder, Johann Gottfried: *Über den Ursprung der Sprache.* Stuttgart 1965, S. 47.

9 Krischke, Wolfgang: *Was heißt hier Deutsch?* Kleine Geschichte der deutschen Sprache, München 2009, S. 29.

10 Internet, 22.04.2016: https://www.google.de/search?q=das+r%C3%B6mische+reich&biw=1366&bih=673.

11 Bußmann, Hadumod (hg), *Lexikon der Sprachwissenschaft,* ^{4}Stuttgart 2008, S. 387: In spätantiker Zeit (200-600) bilden sich die (schriftlosen) Einzeldialekte der römischen Provinzen aus (Vulgärlatein), die sich vor allem durch lexikalische und lautliche Veränderungen von der Literatursprache unterscheiden.

12 Etwa zwischen dem 5. und 8. Jahrhundert (siehe Anhang).

13 Vgl. Morciniec, Norbert: [2012] *Inwiefern ist „Althochdeutsch" Deutsch?* Internet 26.02.2013. http://www.morciniec.eu/80,inwiefern_ist_althochdeutsch_deutsch.

14 Schmitt, Christian: *Aspekte einer europäischen Sprachgeschichte,* in: Wer-

ner Besch (Hg.): *Deutsche Sprachgeschichte.* Bd. II, Frankfurt 2000, S. 1018.

15 Berschin, Walter: Kleine Geschichte des Mittellateins als Universitätsfach, in: Einleitung *in die Lateinische Philologie des Mittelalters,* Heidelberg 2008, S. 4. http://www.philosophische-fakultaet.uni-hd.de/mlat/einleitung/einleitung_2.pdf, Internet: 12.03.2012.

16 Der Begriff stammt von W. von den Steinen, *Notker der Dichter und seine geistige Welt* 1, Bern 1948, p. 34sqq.

17 Hier seien einige der bedeutendsten Schriftsteller, die sich in den Jahrhunderten nach der Zeit Karls des Großen mit ihren in Latein abgefassten Werken einen Namen gemacht haben, genannt: Da ist z. B. Einhard (770–840), der Biograf Karls des Großen, sodann der Gelehrte, Abt und Erzbischof Hrabanus Maurus (780–856), die Kanonissin und Dichterin Hroswitha von Gandersheim (935–973), die Benediktinerin, Dichterin und Gelehrte Hildegard von Bingen (1098–1179), der große Gelehrte, Philosoph und Lehrer des Thomas von Aquin Albertus Magnus (1193–1280), sodann der Reformator Martin Luther (1483–1546), die beiden bedeutenden Mathematiker und Astronomen Nikolaus Kopernikus (1473–1543) und Johannes Kepler (1571–1630) wie auch der Mathematiker Carl Friedrich Gauß und schließlich der Universalgelehrte, humanistische Sprachforscher und Bildungsreformer Wilhelm von Humboldt (1767–1835). Sogar der Philosoph Arthur Schopenhauer: (1788–1860) mit seiner lateinisch abgefassten Farbenlehre, der *Theoria colorum physiologica* muss hier noch genannt werden. Vergessen wir auch nicht, dass es kaum ein Jahrhundert her ist, dass unsere Großväter ihre Abschlussreden am Gymnasium noch in lateinischer Sprache abzuhalten hatten und dass erst unter Wilhelm II. der bis dahin obligatorische lateinische Abituraufsatz endgültig abgeschafft wurde.

18 Humboldt, Wilhelm von: *Über die Verschiedenheit des menschlichen Sprachbaues.* In: Schriften zur Sprachphilosophie. Werke in 5 Bänden, Darmstadt [5]1979, Bd. III, S. 418 f.

19 Leibniz, Gottfried Wilhelm (1646 –1716). Zitiert nach Internet: 04. 04.2014. http://www.vds-ev.de/ag-literarisches-sprueche-zitate.

20 Merkwürdigerweise wird dieser doch immerhin nicht unbedeutenden Tatsache in der sprachwissenschaftlichen Literatur kaum Erwähnung getan.

21 *tam latine quam theodisce, quo omnes intellegere potuissent.* Zitiert nach Morciniec, *Inwiefern ist Ahd. deutsch?* Internet: a. a. O.

22 Vgl. Göttert: *Deutsch,* a. a. O., S. 35 f.

23 Vgl. Morciniec, *Inwiefern ist Ahd. deutsch?* Internet: a. a. O.

24 *Lorscher Annales regni Francorum.* Zitiert nach Morciniec, ebd.

25 Siehe Albert Hauck: *Kirchengeschichte Deutschlands* II. Teil, Leipzig [2]1900, S.210.

26 Vgl. Morciniec: *Inwiefern ist Ahd. deutsch?* Internet: a. a. O.
Vgl. auch Sonderegger, Stefan.: *Althochdeutsche Sprache und Literatur*. Berlin – New York 1974, S. 30.

27 *Ludhuuicus romana, Karolus vero teudisca.* (Straßburger Eide). *Teudisca lingua* ist hier die Sprache des fränkischen Heeres Ludwigs des Deutschen.

28 Notker der Deutsche: Übersetzung von Boethius' Bearbeitung der ‚Categoriae' des Aristoteles. Zitiert nach Morciniec: *Inwiefern ist Ahd. deutsch?* Internet: a.a. O.

29 Vgl. Morciniec ebd.

30 *Das Annolied*. A diplomatic text of the Early Middle High Poem, transcribed from the Opitz Edition by Graeme Dunphy, Internet: http://www.dunphy.de/ac/al.htm, 17.02.2013.

31 Ebd.

32 Twain, Mark: *The Awful German Language,* hg. US-Botschaft, Berlin 2010, p. 16. Übersetzung H. Lt.

33 Moser, Hugo: Annalen der deutschen Sprache, Stuttgart 1961. S. 28.

34 Bock, Michael, Hagenschneider, Klaus, Schweer, Alfred: *Zur Funktion der Groß- und Kleinschreibung beim Lesen deutscher, englischer und niederländischer Texte.* In: Eisenberg, Peter, Günther Hartmut (Hg.): *Schriftsystem und Orthographie* (= *Reihe germanistische Linguistik.* Bd. 97). Tübingen 1989, S. 23–55. Und: Gfroerer, Stefan, Günther, Hartmut, Bock, Michael: *Augenbewegungen und Substantivgroßschreibung. Eine Pilotstudie.* In: Eisenberg, P., Günther, Hartmut (Hg.): *Schriftsystem und Orthographie* (= *Reihe germanist. Linguistik.* Bd. 97), a. a. O., S. 111–135.

35 Vgl. Polenz, Peter von: *Geschichte der deutschen Sprache.* Berlin 2009, S. 96.

36 Vgl. Schmidt, Wilhelm: *Geschichte der deutschen Sprache,* Stuttgart [11]2013, S. 359.

37 Hahn, Herbert: *Vom Genius Europas,* Stuttgart 1964, Bd. II, S. 564.

38 Kinski, Klaus (1926-1991): *Ich bin so wild nach deinem Erdbeermund* (Autobiografie), 1975. Hervorhebung: H. L. Internet: 24.03.2014.
http://www.klaus-kinski.de/bio/kkzit.htm.

39 Eichendorff, Joseph Freiherr von: *Schläft ein Lied in allen Dingen.* Werke in vier Bänden, hg. René Strasser, Köln 1965, Bd. 1, S. 149.

40 Duden: *Die deutsche Rechtschreibung,* Berlin [26]2013, S. 137 und Duden. *Die deutsche Rechtschreibung,* Berlin [27]2017, S. 157.

41 Grimm, Jacob und Wilhelm: *Deutsches Wörterbuch,* München 1984: *werden* (got. *waírþan,* ahd. *werdan,* mhd. *werden,* lat. *vertere*) Bd. 29, S. 224.
Kluge, Friedrich: *Etymologisches Wörterbuch der deutschen Sprache,* Berlin [23]1999, *werden* S. 885.

42 z. B. arm, reich, gesund, krank, blind, alt, müde, zornig, böse, frech,

übermütig, traurig werden. Oder Arzt, Lehrer, Kaufmann werden, Mutter werden, zum Segen, zur Freude, zur Last, zum Verderben werden. Redewendung: Was soll nur aus dir werden? Oder unbeherrscht herausfordernd: Na, wird's bald?

43 Morgen, Abend, Nacht werden. Es wird höchste Zeit. Redensart: Was nicht ist, das kann noch werden. Aus nichts wird nichts. Das wird schon noch (ugs). Aus Kindern werden Leute. Das Kunstwerk ist noch im Werden, u.a.m.

44 *Uuerða thîn uuilleo,* Internet: 21. 10. 2013. http://www.schaeferwesterhofen.de/schule/bergpredigt/vusprachen.htm.

45 *Uuerde uuillo diin,* Ebd.

46 *Geweorthe thîn willa,* http://www.linguistics.ruhr-unibochum.de/~strunk/Deutsch/vergleic.htm, Internet 21.10.2013.

47 *dîn uuillo gescehe in erdo.* Ebd.

48 *Din wille werde dem gelich.* Internet 21.10.2013 .http://www.schaefer-westerhofen.de/schule/bergpredigt/vusprachen.htm,

49 *dein wil der werd* (erste dt. bibel, die Mentelin—Bibel) Zitiert nach *Deutsches Wörterbuch* von Jacob und Wilhelm Grimm, München 1984, Bd. 29, S. 225.

50 *Genesis I, 3.* Altes Testament, I. Mose 1. In: Die Bibel nach der Übersetzung Martin Luthers, Stuttgart 1975, S. 19.

51 Goethe, Johann Wolfgang: *Wiederfinden,* Suleika Nameh·Buch Suleika, West-östlicher Diwan, dtv-Gesamtausgabe, München 1961, Bd. 5, S. 74.

52 Grimm, Jacob und Wilhelm: *Deutsches Wörterbuch,* a. a. O., S. 224.

53 Ebd.

54 got. *waírþs,* ahd. *werd,* mhd. *wert,* wert/ (geschätzt, angesehen, würdig) ahd. *wirdîg,* mhd. *wirdec,* wie auch in substantivierter Form (Wert, Preis, Kostbarkeit)

55 ahd. *wirdi, werdi,* mhd. *wirde, werde* (Wert, Wertsein).

56 Kluge, Friedrich: *Etymologisches Wörterbuch der deutschen Sprache,* a. a. O.: *wert,* S. 886; *Würde,* S. 898.

Grimm, Jacob und Wilhelm: *Deutsches Wörterbuch,* a. a. O., *werden,* Bd. 29, S. 224.

Grimm, Jacob und Wilhelm: *Deutsches Wörterbuch,* a. a. O.: *wirdî [Würde]* ist feminin-abstrakt zu *wert, Bd. 30, S. 2061.*

Kluge, Friedrich: *Etymologisches Wörterbuch der deutschen Sprache,* a. a. O.: „*Würde* […] Abstraktum zu *wert*". S. 898.

Schnoor, Günther: *Wirde – Wirdekeit, Untersuchungen zur Bedeutungsgeschichte*, Diss. Göttingen 1961: […], dass eine „Verbindung von lat. *vertere (wenden, drehen) [werden]* mit got. *waírþs [wert]* angenommen" werden muss. S. 1 f.

Duden, *Das Herkunftswörterbuch, Etymologie der deutschen Sprache,* Berlin, Mannheim, Zürich [5]2014: „Das gemeingerm. Adjektiv mhd. *wert*, ahd. *werd*, got. *wairþs* gehört vielleicht zu der unter *werden* behandelten idg. Wortgruppe", S. 923.

Duden, *Das Herkunftswörterbuch, Etymologie der deutschen Sprache, a. a. O. „Würde* [...] Bildung zu dem unter *wert* behandelten Adjektiv", S. 934.

57 Die frühesten Belege sind etwa aus der Zeit von 1120 – 1130 bekannt. Vgl. Günther Schnoor, a. a. O., S. 74.

58 Grimm, Jacob und Wilhelm: *Deutsches Wörterbuch*, a. a. O., Hier unter dem Stichwort *Würdigkeit*, S. 2125.

59 Ulrich Mölk spricht von einem „Kollektivsingular" in: *Herrschaft, Ideologie und Geschichtskonzeption in Alexanderdichtungen des Mittelalters*, Göttingen 2002, S. 342.

60 Duden, Das *Herkunftswörterbuch* a. a. O., S. 376.

61 Ebd.

62 Vgl. Schnoor, Günther, a. a. O., S. 120.

63 Eschenbach, Wolfram von: 3. Heft *Parzival*, hg. Albert Leitzmann, Tübingen [5]1960, XIII, 632, Z. 28, S. 40.

64 Walther von der Vogelweide (1170 – 1230) u. a., Gottfried von Straßburg († um 1215).

65 Die Voraussetzung für den Gebrauch von *w[erdekeit]* im Sinne von mhd. *tugent* bei Wolfram und im Minnesang liegt in der Bedeutung, die der von lat. *meritum* entspricht. In dem Ausdruck *vitae meritum*, den man mit *virtutis meritum* gleichsetzen kann und der einen der Zentralbegriffe der Benediktinerregel darstellt, rückt sie in unmittelbare Nähe von *w[erdekeit]* als dem Inbegriff der höfischen Vollkommenheit bei Wolfram und Walther. (Vgl. Schnoor, Günther, a. a. O., S. 120 f.)

66 Eschenbach, Wolfram von: *Parzival*, a. a. O.: Buch XVI, 827, Z. 15 ff., S. 197. Übertragung ins Neuhochdeutsche: H.L.

67 Goethe Johann Wolfgang: Aus *Selige Sehnsucht*. Moganni Nameh·Buch des Sängers, West-östlicher Diwan, dtv-Gesamtausgabe, a. a. O., Bd. 5, S. 15.

68 Morgenstern, Christian: *Sphärenharmonie*, Tagebücher, ca. Ende des 19. Jh. Zitiert nach Bauer, Michael: Christian Morgensterns Leben und Werk, München 1933, S. 95 f.

69 Art. 1, Absatz 1, Grundgesetz.

70 Bopp, Franz (1791-1867), Entdecker der indogermanischen Sprachgemeinschaft. f. Bopp selbst bevorzugte den Begriff *indoeuropäische* Sprachgemeinschaft.

71 Jacob Grimm: *Geschichte der deutschen Sprache*. 2 Bände in einem Band, Hildesheim · New York 1970, S. 276.

72 Auch ist es kürzlich erst einem Forschungsteam der Max-Planck-Ins-

titute gelungen, die bis dahin in der offiziellen Linguistik gültige Annahme zu widerlegen, dass Laute in Wörtern zum größten Teil nur zufällig mit Bedeutung verknüpft seien. Siehe Blasi, Damian u.a.: *Wörter sind kein Zufall*, Publikation der Max-Planck-Gesellschaft, 12. Sept. 2016, Internet 24.06.2019.

73 A. a. O., S. 440 f.

74 Quelle: Archiv zur Geschichte der Max-Planck-Gesellschaft, Abt. Va, Rep. 11 Planck, Nr. 1797) Max Planck in einem Vortrag in Florenz 1944. Internet 28.06.2019.

75 Anmerkung: Allerdings stehen die Darstellungen, welche Guy Deutscher in seinem viel beachteten Werk über *die Evolution der Sprache* [Deutsche Übersetzung 2018] veröffentlicht hat, zu der hier vertretenen Ansicht in deutlichem Gegensatz. Ausgehend von dem Paradoxon „Die Sprache ist die größte Erfindung der Menschheit – obwohl sie natürlich nie erfunden wurde", soll das Buch von den damit zusammenhängenden *Geheimnissen* handeln. De facto begegnet der Leser immer wieder Aussagen oder Fragen, die im Grunde niemand beantworten kann, wie z. B.: „Wer könnte sich wohl einen derart raffinierten Apparat ausgedacht haben?" (S. 13, S. 15) Dann „Die Gehirngröße ist als Indikator für Sprache problematisch, denn letzlich hat niemand die geringste Ahnung, wie viel Gehirn man genau für wie viel Sprache braucht."(S. 25) oder „Woher stammt das Rohmaterial für die Sprachstruktur?"(S. 21) und schließlich "Ungeachtet bemerkenswerter Fortschritte in der Neurologie sind Wissenschaftler immer noch sehr weit davon entfernt, direkt beobachten zu können, wie eine abstrakte Information, also etwa eine grammatische Regel, im Gehirn codiert sein könnte – als Hardware (das, was vorverkabelt ist) oder als Software (das, was gelernt ist) (S. 30). Am Schluss des Buches lesen wir dann: „Dennoch gibt es genügend Spuren, die uns eine Vorstellung davon vermitteln können, wie sich zumindest einige der komplizierteren Schemata entwickelt haben k ö n n t e n." Ähnliche, wenig hilfreiche Konjunktive finden sich immer wieder statt realer Aussagen im Indikativ.

76 Pokorny, Julius, *Indogermanisches etymologisches Wörterbuch*, Bern, München 1959, S. 128.

77 Georges, Karl Ernst: *Kleines Lateinisch-Deutsches Handwörterbuch,* Hannover u. Leipzig ^{9}1909, S. 2175.

78 Georges, Karl Ernst: *Kleines Lateinisch-Deutsches Handwörterbuch,* a. a. O., S. 1125 ff.

79 Menge, Hermann, *Lateinische Synonymik,* hrsg.O. Schönberger, Heidelberg ^{6}1977, S. 34.

80 Pokorny, Julius, *Indogermanisches etymologisches Wörterbuch,* a. a. O., S. 277.

81 Georges, Karl Ernst: *Kleines Lateinisch-Deutsches Handwörterbuch,* a. a. O., S. 2817 f.
82 Georges, Karl Ernst: *Kleines Lateinisch-Deutsches Handwörterbuch,* a. a. O., S. 2639.
83 Vgl. „claritas" in: Menge, Hermann, *Lateinische Synonymik,* a.a. O., S. 162.
84 Georges, Karl Ernst: *Kleines Lateinisch-Deutsches Handwörterbuch,* a. a. O., S. 1229.
85 Menge, Hermann, *Lateinische Synonymik,* a.a. O., S. 162.
86 Georges, Karl Ernst: *Kleines Lateinisch-Deutsches Handwörterbuch,* a. a. O., S. 473.
87 Georges, Karl Ernst: *Kleines Lateinisch-Deutsches Handwörterbuch,* a. a. O., S. 1281.
88 Diphthongierung = ein Lautwandel, der aus einem einfachen Vokal (Monophthong) eine Folge von zwei Vokalen (Diphthong) werden lässt. Der umgekehrte Lautwandel ist die Monophthongierung.
89 Wessén, Elias: Die nordischen Sprachen, Berlin 1968, S. 17.
90 Twain, Mark: *The Awful German Language,* a. a. O., p. 14. Übersetzung H.Lt.
91 Twain, Mark: *The Awful German Language,* a. a. O., p. 16. Übersetzung H. Lt.
92 *Steinhauer, Antje, Diewald, Gabriele* (Hg.): Dudenredaktion, Berlin 2017.
93 Quelle: https://de.wikipedia.org/wiki/Artikel–(Wortart), Internet 13. 06. 17.
93 a Goethe, Johann Wolfgang: *Faust I, 2608ff.* dtv Gesamtausgabe, a. a. O., Bd. 9, S. 78 f. https://de.wikipedia.org/wiki/Artikel – (Wortart), Internet 13. 06. 17.
94 Goethe, Johann Wolfgang: *Faust I, 2610ff.* dtv Gesamtausgabe, a. a. O., Bd. 9, S. 78 f.
95 Dieses Wort war zu Goethes Zeiten noch wertfrei und bedeutete: *Junges Mädchen.* Vgl.: http://woerterbuchnetz.de/B/?lemma=Dirne, Bd. 2, Sp. 1217. Vgl. Internet 13.09.2016.
96 Goethe, Johann Wolfgang: *Faust I, 2626.* dtv Gesamtausgabe, a. a. O., Bd. 9, S. 79.
97 Goethe, Johann Wolfgang: *Faust I, 2641ff.* dtv Gesamtausgabe, a. a. O., Bd. 9, S. 79.
98 Goethe, Johann Wolfgang: *Faust I, 4600ff.* dtv Gesamtausgabe, a. a. O., Bd. 9, S. 136.
99 Goethe, Johann Wolfgang: *Faust I, 3414.* dtv Gesamtausgabe, a. a. O., Bd. 9, S. 102.

100 Goethe, Johann Wolfgang: *Faust I, 3470f.* dtv Gesamtausgabe, a. a. O., Bd. 9, S. 103.

101 Goethe, Johann Wolfgang: *Faust II, 12062ff.* dtv Gesamtausgabe, a. a. O., Bd. 9, S. 350 f.

102 Goethe, Johann Wolfgang: *Faust II, 12100ff.* dtv Gesamtausgabe, a. a. O., Bd. 9, S. 351.

103 Shakespeare, William: *Hamlet II, 2.* Übersetzung H. L.

104 Shakespeare, William: *Hamlet II, 2.* Internet 16. 02. 2018. http://gutenberg.spiegel.de/buch/hamlet-ubersetzt-von-august-wilhelm-von-schlegel-5600/3.

105 Otto, Walter F: *Sprache als Mythos.* In: Sprache, hrsg. von der Bayrischen Akademie der Künste, WB Darmstadt 1959, S. 120 f.

106 *Jo 1, 1-5.* Das Evangelium nach Johannes in der Übersetzung von Heinrich Ogilvie. Das Neue Testament, hrsg. Friedrich Ogilvie u. a. Stuttgart 1996, S. 187.

107 Ebd. S. 550.

108 *Bilder-Conversations-Lexicon für das deutsche Volk.* Ein Handbuch zur Verbreitung gemeinnütziger Kenntnisse und zur Unterhaltung. Leipzig 1841, 4. Bd., S. 753.

109 Schiller, Friedrich: *Die Huldigung der Künste.* Sämtliche Werke, München 1959, Bd. II, S. 1089.

110 Bußmann, Hadumod (Hg.) *Lexikon der Sprachwissenschaft,* a. a. O. Hervorhebungen in Kursivschrift und Ergänzungen in eckigen Klammern von H. Lt. Ausführlicher Lexikontext im Anhang,

111 Duden, *Das Synonymwörterbuch,* Mannheim 2007, 1061.

112 Duden, *Die Grammatik,* Mannheim ^{8}2009, S. 634 f.

113 Humboldt, Wilhelm von: *Über die Verschiedenheit des menschlichen Sprachbaus und ihren Einfluss auf die geistige Entwicklung des Menschengeschlechts.* In: Schriften zur Sprachphilosophie, Darmstadt ^{5}1979, S. 392 f.

114 d. h. Neukombination zweier vorhandener Nominalstämme.

115 Bichsel, Peter: *Ein Tisch ist ein Tisch.* Internet: 21.11.2016. http://www.deutschunddeutlich.de/contentLD/GD/GT67cTischistTisch.pdf.

116 Morgenstern, Christian: *Der Flügelflagel gaustert.* In: Christian Morgenstern: Werke und Briefe, hrsg. Reinhardt Habel, Stuttgart 1990, Bd. III, S. 213.

117 Veränderung von Worten durch Verengung, Erweiterung, metaphorische Verwendung von Bedeutungen, wie auch Veränderung in der sozialen Bewertung, etwa der Verschlechterung oder der Verbesserung.

118 Übernahme von Wörtern aus einer Fremdsprache in die Muttersprache, wobei Lautung, Flexion und Schreibung eingedeutscht werden.

119 Zusammensetzung aus mindestens zwei einfachen eigenständigen Wörtern. bzw. Wortstämmen.

120 Schranz, Erwin: Martin Luthers Einfluss auf die deutsche Sprache. http://www.wienerzeitung.at/themen_channel/wz_reflexionen/vermessungen/885872_Die-Machtworte-des-Reformators.htmlvom 15.04.2017, 09:00 Uhr. Internet, 17.01.2018.

121 Goethe, Johann Wolfgang: *Prometheus.* Hamburger Ausgabe, hrsg. von Erich Trunz [3]1956, Bd. I, S. 46.

122 Twain, Mark: *The Awful German Language*, a. a. O., p. 24. Übersetzung H.Lt.

123 So in einem Bericht der FAZ vom 03.04.2014.

124 Twain, Mark, *The Awful German Language*, a. a. O., p. 22. Übersetzung H.Lt.

125 Paul, Jean: *Über die deutschen Doppelwörter.* Eine grammatische Untersuchung in zwölf alten Briefen und zwölf neuen Postskripten. Zweites Postskript, Internet 07.12.2016, http://gutenberg.spiegel.de/buch/-3213/1.

126 Patzlaff, Rainer: *Wort(w)ende. Die Geburt der modernen Lyrik im 20. Jahrhundert*, Frankfurt 1919, S. 9.

127 Vgl. Steiner, Rudolf: *Ungeist und Geist in der Gegenwart*, Vortrag vom 17.03.1920, in: *Vom Einheitsstaat zum dreigliedrigen Organismus*, GA 334, S. 95 ff.

128 Patzlaff, Rainer: Wort(w)ende: A. a. O., S. 11.

129 Pörksen, Uwe: Plastikwörter, Die Sprache einer internationalen Diktatur, Stuttgart [2]1988

130 A. a. O., S. 120 f.

131 A. a. O., S. 118 f.

132 Nietzsche, Friedrich: *Unzeitgemäße Betrachtungen*, Viertes Stück: Richard Wagner in Bayreuth, Werke in drei Bänden, hg. Karl Schlechta, München 1954, GBd. I, S. 387 f..

133 Die Zahl der vielfältigen Ansätze, den Satzbegriff zu bestimmen, soll sich etwa auf 200 belaufen. Vgl. Katja Kessel, Sandra Reimann: Basiswissen deutsche Gegenwartssprache, Tübingen [5]2017.

134 Bußmann, Hadumod (Hg.): *Lexikon der Sprachwissenschaft*, a. a. O., S. 601.

135 Grimm, Jacob und Wilhelm: *Deutsches Wörterbuch*, a. a. O., S. 1837 ff.

136 Goethe, Johann Wolfgang: *Das Märchen.* In Unterhaltungen deutscher Ausgewanderten. dtvGesamtausgabe, a. a. O., Bd. 20. S. 83.

137 Twain, Mark: *The Awful German Language*, a. a. O., p.13.

138 Twain, Mark: *Bummel durch Europa*, Köln 2009, S. 447 (Übersetzung: A. M. Brock).

139 *Ja*, sagte Goethe, *die Gesinnung, aus der er [Carlyle] handelt, ist besonders*

schätzbar. Und wie ist es ihm Ernst! und wie hat er uns Deutsche studiert! Er ist in unserer Literatur fast besser zu Hause als wir selbst. Eckermann, Joh. Peter: *Gespräch mit Goethe am 11. Okt. 1828.* Gespräche mit Goethe in den letzten Jahren seines Lebens 1823-1832, Berlin 1836 ff.

140 Stifter, Adalbert: *Bunte Steine/Granit.* Werke, Erzählungen, hrsg. U. Japp u. J. Piechotta, Bd. II, S. 203 f.

141 Herder, Johann Gottfried: *Ideen zur Philosophie der Geschichte der Menschheit,* Herders Werke, Leipzig u. Wien o. J., Bd. IV, Buch IV, S. 77.

142 Dürrenmatt, Friedrich: *Der Auftrag oder vom Beobachten des Beobachters der Beobachter. Novelle in 24 Sätzen.* Zürich 1988.

143 Kronauer, Brigitte: *Schachtelei und Klang.* In: Gauger, Hans-Martin (Hg.), Lob der deutschen Sprache. Göttingen 2009, S. 67.

144 Goethe, Johann Wolfgang: *Faust* II, 3. Akt. dtv-Gesamtausgabe a. a. O., Bd. 9. S. 246.

145 Hesse, Hermann (1877–1962). *Prosa und Feuilletons aus dem Nachlass.* Internet, http://www.vds-ev.de/ag-literarisches-sprueche-zitate. 21. 03.2014.

146 Mann, Thomas: http://www.vds-ev.de/ag-literarisches-sprueche-zitate, Internet, 21.03.2014. Vgl. auch Richter, Jean Paul: *Die deutsche Sprache ist die Orgel unter den Sprachen* (http://www.aphorismen.de/zitat/180977, Internet: 25.03.2014) und De Mandariaga, Salvador: *Deutsch […] kommt an Klangfülle der Orgel […] am nächsten* (http://www.vds-ev.de/ag-literarische-sprueche-zitate).

147 Uhland, Ludwig: Werke. Band 1, München 1980, S. 59 f. Permalink: http://www.zeno.org/nid/20005823307. Internet, 21.03. 2014.

148 Tschinag, Galsan, http://www.vds-ev.de/ag-literarisches-sprueche-zitate, a. a. O., Internet, 21.03.2014.

149 Wilde, Oscar, https://www.aphorismen.de/zitat/2356. Internet, 21. 03.2014.

150 Twain, Mark: *The Awful German Language,* a. a. O., p. 9.

151 Twain, Mark: *The Awful German Language,* a. a. O., p. 9. (Übersetzung: H. L.).

152 Siehe S. 46 f.

153 Trabant, Jürgen: Zitiert in *Lob der deutschen Sprache,* hg. Hans-Martin Gauger, Göttingen 2009, S. 18 f.

154 Kapust, Antje: *Der Krieg und der Ausfall der Sprache,* München 2004, S. 274.

155 Trabant, Jürgen: *Die gebellte Sprache.* FAZ, 27.09.2007.

156 Er ist ein gespannter, glottaler egressiver Verschlusslaut, der bei Verschluss und plötzlicher Öffnung der Stimmlippen entsteht und im

Deutschen die Wort- und Silbengrenzen anzeigt. Dieser „feste Stimmeinsatz“ klingt z. B. für den Engländer hart und abstoßend und ist geradezu verpönt, auch wegen seines zunehmenden Gebrauchs, besonders im Cockney-English.
Im Übrigen gibt es Sprachen, wie z. B. das Arabische und das Hebräische, die für diesen glottalen Knacklaut sogar einen eigenen Konsonanten haben.

157 Auch klingen im Deutschen selbst stimmhafte Anlaute nicht völlig stimmhaft. So hört man z. B. einen deutlichen Unterschied bei der Aussprache des **b** in den Worten „**B**esen“ und „E**b**ene“. Das **b** in E**b**ene klingt, weil durch den klingenden Vokal vorbereitet, viel weicher als das anlautende **b** in **B**esen. Andere Sprachen (u. a. das Englische) haben dagegen rein stimmhafte Anlaute.

158 Hahn, Herbert (1890–1970): *Vom Genius Europas.* Stuttgart a. a. O., Bd. 2, S. 546 f.

159 Das *Hildebrandslied,* Internet: http://www.google.de/webhp?nord=1#nord=1&q=der+althochdeutsch+text+des+hildebrandslied, *25. 03. 2014.* Zwei Kurzzeilen werden hier jeweils durch Alliteration zu einer längeren Verszeile verbunden. Es „staben“, wenn vorhanden, die beiden Hebungen der ersten Halbzeile und die erste Hebung der zweiten Halbzeile durch gleiche Anlaute („Stäbe“, hier fett gedruckt). Übersetzung H .L.

160 Goethe: *Ein Andres.* Sämtliche Gedichte, dtv-Gesamtausgabe, a. a. O., Bd. 1, S. 80.

161 Paarformeln, auch Zwillingsformeln genannt, bestehen immer aus zwei Wörtern derselben Wortart, die durch Konjunktion oder Präposition miteinander verbunden sind. (Drillings- oder gar Vierlingsformeln sind im Deutschen selten.)

162 In: *Sprache und Musik*: Beiträge der 71. Jahrestagung der Deutschen Gesellschaft für Sprach- und Stimmheilkunde e. V. Berlin 12. – 13. 03. 1999. Hrsg. Johannes Pahn u. a., ZDL Beihefte 107, Stuttgart 2000, S. 35 f.

163 Vgl. Roelcke, Thorsten: *Sprachtypologie des Deutschen,* Berlin 1997, S. 70.

164 Vgl. http://www.glottopedia.org/index.php/Menzerath-Altmann-Gesetz. Internet , 03. 05. 2015.

165 Steiner, Rudolf: *Eurythmie als sichtbare Sprache,* Dornach, 2. Vortrag, 25.06.1924.

166 Vgl. auch zur Charakteristik der Vokale Steiner, Rudolf: *Eurythmie als sichtbare Sprache,* GA 279, 3. Vortrag, Dornach, 26. 06. 1924.

167 Siehe Zinke, Johanna f.: *Luftlautformen sichtbar gemacht.* Sprache als plastische Gestaltung der Luft, hg. von R. Patzlaff. Die Dokumenta-

tion ist durch erläuternde Beiträge u. a. des Herausgebers, des Arztes Armin J. Husemann, und Johanna f. Zinke ergänzt, Stuttgart 2001.

168 Twain, Mark: *The Awful German Language*. a. a. O., p. 27. Übersetzung H. L.

169 *Song* hat auch die Bedeutung *poetical composition, poetry*. Vgl. z. B. Collins English Dictionary ^{3}1991, S. 1473.

170 Brentano, Clemens: *Wiegenlied*. In: Gedichte. Von den Anfängen bis zur Gegenwart, Stuttgart 1989, S. 141. Zur editorischen Problematik: Freiburger Anthologie Lyrik und Lied. Digitale Dokumentation von lyrischen Kurztexten.http://www.lyrik-und-lied.de/ll.pl?kat=typ.show. poem.histcomm&ds=2665&start=0. Internet 08.07.2015.

171 Mündlich überliefert von Waltraud Munz-Bennoui, Winterbach.

172 Enzensberger, Hans Magnus: Allerleirauh, Frankfurt 1974, S. 199.

173 The Oxford Nursery Rhyme Book, assembled by I. and P. Opie, OUP ^{3}1960, S.111.

174 Quelle unbekannt.

175 Mündlich überliefert von Brigitte Zahren-Urbantat, Mülheim a. d. Ruhr.

176 Victor Hugo. Mündlich überliefert von Gabriele Schomers-Milbrath, Oberhausen.

177 Mündlich überliefert von Marie Pierrette Robert, Paris.

178 Mündlich überliefert von Jazmin Ytier, Santiago de Chile.

179 Mündlich überliefert von Sabina Farmanova, Essen.
Umschrift: Trynzy, brynzy, bubjenzy, Rasswanilisj udaljzy, Digidigi, digi-don, Wychadi skarjeje won. Gusi, gusi, ga-ga-ga, Jestj chatitje? Da, da, da. Tak ljetitje sche damoj! Sjeryj wolk pad garoj. Nje puskajet nas damoj! Nu ljetitje, kak chatitje, Toljka lapki bjerjegitje! Siwa, iwa, Duba, kljon, Schuga-juga, Wyschel won! Schischel-myschel, Wsjal, da wyschel. Kady, bady, naljej wady. Karowje pitj, tjebje waditj. (Umschrift nach eigener, der deutschen Aussprache weiter angepassten Duden-Transkription.) H. L.

180 Mündlich überliefert von Ludmila Kucera, Essen.

181 Twain, Mark: *The Awful German Language*. a. a. O., p. 27. Übersetzung H. L.

182 Duden, *Grammatik der deutschen Gegenwartssprache*, Mannheim, Wien, Zürich, ^{4}1984, S. 730:
Eine Grammatik der Klanggestalt des Deutschen kann es freilich nicht geben. In der lebendigen Rede verbinden sich darstellende Mittel der Sprache aus Wortschatz und Grammatik mit solchen des Sprachklangs. Jene vermitteln objektive Bedeutungen, diese subjektive Einstellungen zu ihnen.

183 Duden, *Grammatik*, a. a. O., S. 731.

184 Vgl. Roelcke, Thorsten: a. a..O., S. 25. Beispiele zur fallenden und steigenden Satzmelodie:
Aussagesatz (fallende Satzmelodie): *Faust bekommt einen Zaubermantel.*
Fragesatz_(steigende Satzmelodie): *Kann Faust einen Zaubermantel brauchen?*
Rhetorische Frage:(fallende Satzmelodie):*Wer hätte nicht gerne einen Zaubermantel?*
Aufforderungssatz (fallende Satzmelodie): *Nimm dich in Acht, Faust!*
Ausrufesatz (fallende Satzmelodie): *O, herrlich wäre ein Zaubermantel!*
Wunschsatz (fallende Satzmelodie): *Ach, wäre doch ein Zaubermantel mein!*

185 Essen, Otto von: *Grundzüge der hochdeutschen Satzintonation.* Ratingen/Düsseldorf ²1964.

186 Duden, *Die Grammatik*, a. a. O., S. 95.

187 Die Rede stellt die Einheit einer Äußerung in der Gestalt eines *Spannbogens* dar. […] Der Spannbogen erscheint vornehmlich als Tonhöhenbewegung der Äußerung. Diese wird jedoch durch Gliederung und Schwereabstufung vielfältig ausgestaltet, Duden, *Grammatik der deutschen Gegenwartssprache*, Mannheim, Wien, Zürich, ⁴1984, S. 730.

188 Ebd.

189 *Die deutsche Sprachmelodie.* Matthias Pöhm, Rhetorik Netz http://punkt-punktum.blogspot.de/2009/05/die-deutsche-sprachmelodie.html. Gepostet vor 7th May 2009 von Wir Labels: Auf den Punkt gebracht. Internet, 05.06.2015.

190 Vgl. Gunnar Bartsch, *Sprache beginnt mit dem ersten Schrei.* G. B. ist Redakteur in der Stabsstelle Öffentlichkeitsarbeit der Universität Würzburg. http://www.uni-wuerzburg.de/sonstiges/meldungen/single/artikel/sprache-be. Internet, 07.05.2015.

191 Wermke, Kathleen u.a.: Newborns› Cry Melody Is Shaped by Their Native Language.
http://www.uni-wuerzburg.de/sonstiges/meldungen/single/artikel/sprache-be/.05.11.2009. Internet: 07.05.2015.

192 Blühdorn, Hardarik: *Intonation im Deutschen – nur eine Frage des schönen Klangs?* In: Pandaemonium, Sao Paulo, v. 16, n. 22, Dez/2013, p 243. http://www.scielo.br/pdf/pg/v16n22/v16n22a13.pdf, Internet 05.07.2015.

193 Zitiert nach H. Weydt: *Abtönungspartikel.* Die deutschen Modalwörter […], Bad Homburg 1969.

194 Vgl. Waltereit, Richard: *Abtönung.* Beihefte zur Zeitschrift für romanische Philologie; 338. Tübingen 2006.

195 Vgl. Keller, Diane E. *Die Abtönungspartikeln im System der deutschen Sprache.* Heidelberg 1994, S. 14.
https://www.google.de/?gws_rd=ssl#q=Diane+E.+Keller:+Die+Abt%C3%B6nungspartikeln+im+System+der+deutschen+Sprache, Internet 06.10.2016.

196 U. a. *vielleicht* aus der Wortklasse der Adverbien oder *ruhig, schon* aus der Wortklasse der Adjektive.

197 Reiners, Ludwig: *Deutsche Stilkunst,* München 1944, zitiert nach Helbig, Gerhard, *Lexikon deutscher Partikeln,* Leipzig, Berlin, München [3]1994, S. 14.

198 Vgl. Degener, Janna: *Wären Sie wohl so freundlich?* Copyright: Goethe-Institut e. V., Online-Redaktion Juli 2010. Internet 04.10.2016:
http://www.goethe.de/ins/es/lp/prj/rum/ale/ueb/de12765390.htm.

199 Von der Gabelentz, Georg: *Die Sprachwissenschaft,* Leipzig 1891, zitiert nach Weydt, Harald: *Abtönungspartikel.* Berlin 1969. Internet 06. 10. 2016. http://www.rhetorik-netz.de/rhetorik/partikel.htm.

200 Von den neuhochdeutschen Abtönungspartikeln lassen sich *denn, doch* und *ja* bereits im Althochdeutschen und sogar im noch älteren Gotischen [...] in zumindest abtönungsähnlicher Funktion nachweisen. Hentschel, Elke: Funktion und Geschichte deutscher Partikeln: *ja, doch, halt* und *eben,* Tübingen 1986, S. 6.

201 Burkhardt, Armin: *Abtönungspartikeln im Deutschen. Bedeutung und Genese.* In: Zeitschrift für Germanistische Linguistik 22, 1/1994, S. 129 ff.

202 Nämlich: aus alten (adversativen) Konjunktionen (*doch, aber*), aus Temporaladverbien (*denn, eben, einmal, etwa, halt, mal, noch, schon, jetzt*), aus alten Satzadverbien (*schließlich, vielleicht, gefälligst*), aus *echten* Adverbien (*fein, hübsch, langsam, schlicht, irgendwie, zufällig*), aus alten Prädikativa (*ruhig* u. a.), aus alten Gradpartikeln *(nur, bloß).*

203 [...] *das solche leichtfertige Leute sollen ein Geschwetz und Narrenwerck aus jrer weisheit machen. Es sind Sew vnd bleiben Sew, für die man ja nicht solt Berlen werffen.*
Luther: Äsop-Bearbeitung, [1530] WA 50, 454.24 ff. Zitiert nach Gerd Fritz: *Einführung in die historische Semantik,* Berlin 2005, S. 222.

204 Diewald, Gabriele: *Abtönungspartikel.* In: Handbuch der deutschen Wortarten, hrsg. Ludger Hoffmann, Berlin 2007, S. 122 f. Genaueres im Anhang.

205 Weydt, H.: *Abtönungspartikel,* S. 98. Zit. nach Simon, H. J.: *Zur Problematik einer Geschichte der deutschen Abtöungspartikeln.* In: Sprachwissenschaft 21, 1996, S. 265.

206 Vgl. Helbig,Gerhard: *Lexikon deutscher Partikeln.* Leipzig [3]1994.

207 Die betonte Form kann auch als adversatives Adverb angesehen werden. Vgl. Weydt, Harald (Hg.): *Partikel und Interaktion,* Tübingen 1983, S. 9.

208 Hausmann, Manfred: *Martin.* Gütersloh 1951, S. 6 f.) Kürzung H. Lt.

209 Martin ist ein etwa 4 bis 5 Jahre alter Junge.

210 Lenz, Siegfried: *Das Feuerschiff.* In: Gesammelte Erzählungen, Hamburg ^{8}1979, S. 273.

211 http://www.bundestag.de/dokumente/textarchiv/2012/rede_ranicki/250616. Internet 06.11.2016. Der Text ist hier stark gekürzt. Längere partikellose, aber inhaltlich notwendige Abschnitte sind als Fließtext geschrieben. Der partikelhaltige Text wird wiederum auch noch einmal ohne Abtönungspartikeln wiedergegeben:

212 Aus Reich-Ranitzkis Autobiografie wissen wir, dass dem jungen Ehepaar Reich-Ranitzki die Flucht aus dem Ghetto in den Warschauer Untergrund gelang, wo sie ein Jahr später durch die Rote Armee befreit wurden.

213 *Die quantitative Analyse von Abtönungspartikeln in literarischen Texten kann […] einen wertvollen Beitrag zur Gesamterfassung und –interpretation eines Werkes leisten.* So Elke Hentschel in ihrem Beitrag *Partikelprofile literarischer Texte.* In: 40 Jahre Partikelforschung, hrsg. Theo Harden/Elke Hentschel, Tübingen 2010, S. 116.

214 Vgl. Von der Gabelentz, Georg: *Die Sprachwissenschaft,* a. a. O.

215 Vgl. Göttert: *Deutsch,* a.a. O., S. 18: *In Belgien und Dänemark etwa gibt es* Enklaven, *wo deutsch gesprochen wird, in Italien gehört Südtirol dazu. In Russland lag die Zahl der Russlanddeutschen (Wolgadeutsche, Krimdeutsche usf.) 2002 bei 800 000. In den USA und Kanada hat sich das Pennsylvania Dutch der frühen Einwanderer bis heute behauptet und wird mit 250 000 Sprechern angegeben. In Afrika zählt Namibia (früher Südwestafrika) zu den Enklaven, in Australien Queensland – um nur die wichtigsten* Beispiele *zu nennen. Auch lebt bzw. lebte das Deutsche in manchen Regionen Deutschlands selbst ganz selbstverständlich mit anderen Sprachen in der Form von Mehrsprachigkeit zusammen, wie etwa in der Lausitz mit dem Sorbischen, in Schleswig-Holstein mit dem Dänischen und im Elsass noch vor zwei Generationen mit dem Französischen.* Vgl. auch Steinfeld, a. a. O., S. 93 f.: Selbst *an den Universitäten der skandivavischen Länder* wie auch *in den Amtsstuben des nördlichen Livland* wurde das Deutsche gesprochen.

216 Steinfeld, Thomas: a. a. O., S. 91.

217 Goethe, Johann Wolfgang: *Italienische Reise,* Erster Teil. dtv-Gesamtausgabe, München 1962, Bd. 25, 11. 09. 1786, S. 20. Hervorhebung H. L..

218 Olt, Reinhard: Tzimbar Lentak – Das Zimbrische lebt. FAZ 30.08.2006. Internet: 21.03.2016 http://www.sprachinseln.it/de/press-reader/

tzimbar-lentak-das-zimbrische-lebt-beitrag-von-reinhard-olt-in-faz-vom-30.08.06.html.
Vgl. auch Heller, Karin (hrsg. u. a.): *Lebendige Sprachinseln,* übers. Claudia Manica u. Paula Weiss, Lusérn 2004, S. 170: Die zimbrische Sprache entspricht dem Mittelhochdeutschen mit bayrischer Prägung und ist vermutlich um 1000 n. Chr. durch bayrische Siedler auf die Hochebene von Lusérn gelangt.

219 Steinfeld, Thomas: a. a. O., S. 92.

220 Grimm, Jacob und Wilhelm: Deutsches Wörterbuch. Berlin 1854, Bd. 1, Vorwort, S. LXVIII.

221 Göttert:*Deutsch,* a. a. O., S. 17.

222 Goethe, Johann Wolfgang: *Faust* Eine Tragödie, dtv-Gesamtausgabe, a. a. O., Band 9, S. 107 und S. 350.

223 Vgl. Burschell, Friedrich: *Friedrich Schiller in Selbstzeugnissen und Bilddokumenten.* Hamburg [13]1974, S. 41.Düsseldorf 2006.

224 Erhalten sind uns aus dem Bairischen der *Abrogans* (um 770), aus dem Ostfränkischen die *Hamelburger Marktbeschreibung* (777), aus dem Altsächsischen eine *Taufformel* (etwa vor 790), aus dem Alemannischen die *St. Galler Hermeneumata,* das *Vaterunser* und das *Credo* (vor 800), aus dem Rheinfränkischen ein *Taufgelöbnis* und der *Weißenberger Katechismus* (um 800) und aus dem Mittelfränkischen die *Trierer Capitulare* (um 820).

225 Vgl. Gössmann, Wilhelm: *Deutsche Kulturgeschichte im Grundriss.* Düsseldorf 2006. Internet http://www.grupello.de/dateien/C045.pdf, S. 20.

226 Wie z. B. der A.C.I., der Ablativus absolutus und das Participium coniunctum. Vgl. Moser, Hugo: Annalen der deutschen Sprache. Stuttgart 1961, S. 16.

227 Göttert: *Deutsch,* a .a .O., S. 56.

228 In der Literatur wird ein Wortschatz von ca. 2000 Wörtern angegeben. Vgl. Göttert: *Deutsch,* a. a. O., S. 74.

229 Vgl. Gero von Wilpert: *Sachwörterbuch der Literatur.* Stuttgart [8]2001, S. 522.

230 Walther von der Vogelweide: *Under der linden,* Gedichte, Frankfurt 1998. Zitiert nach *Der große Conradi,* Düsseldorf 2008, S. 113.

231 Mechthild von Magdeburg: *Das fließende Licht der Gottheit.* Zitat und Übersetzung nach Lothar Jahn, www.minnesang.com. Internet 18. 08. 2015.

232 Heinrich von Veldeke: *Des Minnesangs Frühling,* nach K. Lachmann u.a. neu bearb. von Carl Kraus, Stuttgart, [32]1959, S. 87, Übers. H.L

233 *Das St. Trudperter Hohelied,* 1998, 11,5 ff. Herausgegeben und übersetzt von Friedrich Ohly. Zitiert nach Schmidt, Wilhelm, a. a. O., S. 113.

234 235Göttertt: *Deutsch,* a. a. O., S. 107.
235 Ebd.
236 Vgl. Göttert: *Deutsch,* a. a. O., S. 108: Mechthild von Magdeburg war schon mit vierzehn Jahren Begine geworden.
237 Mechthild von Magdeburg: *Das Fließende Licht der Gottheit,* 1. Buch, XLIV, Text und Übertragung von Volmann-Profe, Gisela, Frankfurt 2003, S. 64 f.
238 Dietmar von Aist, Aus: *Deutsche Lyrik des Mittelalters.* Ausgew. und übers. v. M. Wehrli, Zürich: Manesse 1955. Zitiert nach Der große Conradi, Düsseldorf 2008, S. 99.
239 Walther von der Vogelweide: *Linder der Linden,* Gedichte, Frankfurt 998. Zitiert nach Der große Conradi, Düsseldorf 2008, S. 113.
240 Meister Eckhart: Die deutschen Werke, Ausgabe Largier 1993, Bd. III, S. 174.
241 Zitiert nach Martini, Fritz: *Deutsche Literaturgeschichte,* Stuttgart [17]1991, S. 94.
242 Meister Eckhart: *Die deutschen Werke,* Ausgabe Largier), Bd: I, S. 110. Zitiert nach Wenzlaff-Eggebert, Friedrich -Wilhelm: Deutsche Mystik zwischen Mittelalter und Neuzeit, Berlin 1944, S. 95. Übersetzung H. L.
243 Vgl. Martini, Fritz: *Deutsche Literaturgeschichte,* a. a. O., S. 94.
244 Tauler, Johannes: *Von der Nachfolge des armen Lebens Jesu Christi.* Vollständige, neudeutsche Ausgabe, Regensburg 1855, I, 7, S. 15.
245 *Die Predigten Taulers,* hg. von Ferdinand Vetter. Berlin 1910. Nr. 62 S. 337.
246 Martini, Fritz: *Deutsche Literaturgeschichte,* a. a. O., S. 95.
247 Die Predigten Taulers, hrsg. von Ferdinand Vetter, a. a. O., Nr. 48, S. 218. Dazu die Übertragung von Georg Hofmann in: Tauler, *Johannes: Predigten,* übertragen und herausgegeben von Georg Hofmann, Einsiedeln 1979, Bd. 11, Nr. 78, S. 603.
248 Martini, Fritz: *Deutsche Literaturgeschichte,* a. a. O., S. 95.
249 Seuse, Heinrich: *Das Büchlein der ewigen Weisheit* in: Deutsche Schriften. Im Auftrag der Württembergischen Kommission für Landesgeschichte, hrsg. Karl Bihlmeyer, Stuttgart 1907 (Nachdruck Frankfurt a. M. 1961). Digitales Mittelhochdeutsches Textarchiv (www.mhgta.uni-trier.de), Kap. 1X, 233, 21-234,8. Übertragung Oda Schneider in: *Das Büchlein der ewigen Weisheit,* Stein am Rhein [2]1987, Kap. 9, S. 75 f.
250 Vgl. Göttert: *Deutsch,* a. a. O., S. 121.
251 Vgl. Göttert: *Deutsch,* Ebd.
252 Schmidt, Wilhelm: *Geschichte der deutschen Sprache,* a. a. O., S. 119: Neue Wortschöpfungen durch Abstrakta:heit (-keit) u. a. mit Bildun-

gen aus Substantiven: *gotheit, güete, kintheit, manheit, menschheit, nihtheit, vaterheil, wesenheit, wunderheit, zitheit,*

aus Adjektiven: *blözheit, einformicheit, erberkeit, ersticheit, geisticheit, gerehticheit, gevellicheit, gitecheit, gropheit, grözheit, grundelösicheit, innicheit inwendicheit, isticheit, itelkeit, kleinlicheit, lebelicheit, materielicbeit, nemelicheit, sunlicbeit, ursprunclicheit, veterlicheit, vilheit, wârheit, wesenlicheit, widerwerticheit, wîsheit,*

aus Partizipien: *abegescheidenheit, beslozzenheit, entgozzenheit, genantheit, geschaffenheit, gewordenheit, îngedrucketheit, îngeslozzenheit, îngevlozzenheit, ungewordenheit, untoetlicheit, unverstandenheit, unwandelbercheit, ûzgeursprungetheit, verborgenheit, vergezzenheit, verworfenheit.*

aus Pronomina: *dinesheit, iresheit, selbesheit, sinesheit,*

aus Zahlwörtern: *drîheit, einheit,*

-unge-Bildungen: Durch dieses Abstraktsuffix wird alles Tun, Werden und Geschehen entkonkretisiert: *anhaftunge, anschouwunge, begrîfunge, behaltunge, beroubunge, besitzunge, betrahtunge, bewegunge, bildunge, entbloezunge, entgeistunge, ent-giezunge, erfüllunge, îindrückunge, înbildunge, inblîbunge, însliezunge, invliezunge, inwertwürkunge, schouwunge, zesamenbindunge, zuosammenhellunge.*

252a WA Werke 51. Zitiert nach Friedhelm Debus: *Luther als Sprachschöpfer* in: Kleinere Schriften 1997, S. 35.

253 Zitert nach Besch, Werner: *Die Rolle Luthers für die deutsche Sprachgeschichte,* ‹bb› 111-1/2005. Internet: *www.arpm.org/_publikationen/download/pdf/Besch_111.pdf. S. 2 20.10.2015.*

254 Aus *mîn niuivez hûs* war *mein neues Haus,* aus *lieben guoten brüedern* war *liebe gute Brüder* geworden. Und aus *bote* oder *fater* mit kurzem *o* bzw. *a* waren *Bote* und *Vater* mit langem Vokal geworden. Vgl. Göttert: *Deutsch,* a. a. O., S. 125.

255 Vgl. nähere Angaben bei Göttert: *Deutsch,* a. a. O., S. 133.

256 Besch, Werner: A. a. O., S. 4.

257 http://www.luther.de/legenden/ws.html. Internet 05.01.2016.

258 Luther, Martin: *Sendbrief vom Dolmetschen,* Internet 20.10.2015: http://www.bibel-in-gerechter-sprache.de/wp-content/uploads/sendbrief.pdf, S. 4 ff.

259 *Josten, Dirk: Sprachvorbild und Sprachnorm im Urteil des 16. und 17.Jhs.* Sprachlandschaftliche Prioritäten, Sprachautoritäten, sprachimmanente Argumentation. Frankfurt a. M., Bern 1976, S. 106.

260 D. Martin Luthers Werke, Weimar 1883-1929, (WA) WA TR 1, 524.21f., 525,15-20.

261 Luther, Martin: WA Briefe 4, 484 – lat. Original

262 WA·DB 10/1, 94.2-7. Internet: http://www.bibelwissenschaft.de/wi-

bilex/das-bibellexikon/lexikon/sachwort/anzeigen/details/luther-martin-at/ch/096b73dea059367db64121980f613a25/#h0. 02.01.2016.

263 So bedeutet z. B. (Aleph) als erster Buchstabe des hebräischen Alphabets nicht nur **1,** sondern auch **Anfang/ Ursprung/ der Eine** und (Beth) als zweiter Buchstabe des Alphabets nicht nur **2,** sondern auch **Haus, Gemeinschaft.**

264 Besondere Vokalzeichen wurden allerdings später (ca. 6. – 10. Jh. n. Chr.) um der besseren Lesbarkeit der Texte willen als ergänzende Punkte und Striche zur Darstellung der Vokale in den sog. Masoreten-Schulen entwickelt.

265 Winckelmann, Johann Joachim: *Geschichte der Kunst des Altertums,* 1764. Zitiert nach Wolters, Friedrich: Der Deutsche, I. Bd.: Das Bild der Antike bei den Deutschen, 2014.

266 Curtius, Ernst: Griechische Geschichte, Paderborn 1887, Band I, S. 21.

267 Cochlaeus, Johannes (1479-1552), Humanist, katholischer Theologe und erbitterter Gegner Luthers.

268 Cochlaeus, J: *Commentaria de actis et scriptis M. Lutheri Saxonis.* Zitiert nach Friedhelm Debus: *Luther als Sprachschöpfer,* Luthers bleibende Bedeutung, Husum 1983, S. 36.

269 Vgl. Besch Werner: *Die Rolle Luthers für die deutsche Sprachgeschichte,* a. a. O., Anlage 3./ Göttert: *Deutsch,* a. a. O., S. 150.

270 Luther, Martin: Sendbrief vom Dolmetschen, a. a. O., S. 4.

271 Luther, Martin: WA Tischreden 1, 524, Nr. 1040. Zitiert nach Friedhelm Debus: *Luther als Sprachschöpfer,* a. a. O., S. 46.

272 Vgl. Stolt, Birgit: *Lieblichkeit und Zier, Ungestüm und Donner. Martin Luther im Spiegel seiner Sprache.* In: Wolf, Herbert, Luthers Deutsch, Frankfurt 1996, S. 333.

273 Seine Bedeutung besteht darin, dass er entschieden weiterführt, was schon seit Jahrhunderten stetig im Gange war, nämlich dass er seine ostmitteldeutsche Sprache noch ein Stück näher an die Sprache des Südostens rückt, so Werner Besch: *Die Entstehung der neuhochdeutschen Schriftsprache. Die Rolle Luthers,* in: Wolf, Herbert, Luthers Deutsch, Frankfurt 1996, S. 91.

274 Arndt, Erwin: *Luther im Lichte der Sprachgeschichte.* In: Beiträge zur Geschichte der deutschen Sprache und Literatur 92, Halle 1970. Zitiert nach Wolf, Herbert (Hg.): Luthers sprachliche Leistung, Frankfurt 1996, S. 87.

275 https://www.ekd.de/vortraege/2013/89929.html, Internet 10.01.2016.

276 Arndt, Erwin: a. a. O., siehe Anm. 274.

277 Grimm, Jacob: *Deutsche Grammatik,* hrsg. W. Scherer, Hildesheim 1967; reprografischer Nachdruck der Ausg. Berlin 1870. *Vorrede,* Bd. I, S. XI.

278 Vgl. Büchmann, Georg: *Geflügelte Worte.* München [22]1996.

279 Welch peinliche Blüten die Verehrung des großen Bibelübersetzers allerdings z. T. auch getrieben hat, ist einer Aussage aus dem Vorwort der (in Lateinisch verfassten) Grammatik des deutschen Pädagogen, evangelischen Theologen und Grammatikers Johannes Clajus (1535-1592) zu entnehmen. [Clajus, Johannes: Grammatica Germaniae Linguae. Übersetzt und nach dem ältesten Druck von 1578, herausgegeben von Friedrich Weidling, Straßburg 1894, S. 3 f. Hier zitiert nach Friedhelm Debus: *Luther als Sprachschöpfer,* a. a. O., S. 47.]:

Diese [die deutsche Sprache] habe ich in diesem Buch in grammatischen Regeln zusammengestellt, gesammelt aus der Bibel und anderen Schriften Luthers, die ich nicht als Bücher eines Menschen, sondern vielmehr des Heiligen Geistes, der durch den Menschen gesprochen hat, anerkenne, und ich bin gänzlich der Meinung, dass der Heilige Geist, der durch Moses und die übrigen Propheten rein hebräisch und durch die Apostel griechisch gesprochen hat, auch gut deutsch gesprochen hat durch sein auserwähltes Werkzeug Luther.

280 Korff, H. A.: *Geist der Goethezeit,* Leipzig [8]1966, Bd. I, S. 4.

281 Ernst, Peter: *Die sprachliche Leistung und Wirkung der deutschen Klassik.* In: Sprachgeschichte. Ein Handbuch zur Geschichte der deutschen Sprache und ihrer Erforschung, hrsg. Werner Besch u. a., Berlin, New York 2004, S. 3075.

282 Herder war später (seit 1776) durch Goethes Vermittlung als Generalsuperintendent in Weimar tätig.

283 *Der Mensch erfand sich selbst Sprache. […] Und was ist also die ganze Bauart der Sprache anders, als eine Entwicklungsweise seines Geistes, eine Geschichte seiner Entdeckungen!* Siehe: Herder, Johann Gottfried: *Abhandlung über den Ursprung der Sprache.* Stuttgart, 1997, Kap. 8. *http://gutenberg.spiegel.de/buch/-2013/8.*

284 Herder, Johann Gottfried: *Ideen zur Philosophie der Geschichte der Menschheit.* Herders Werke, a. a. O., Bd. IV, Buch XV, S. 248 ff.

285 Ebd. S. 253.

286 Goethe, Johann Wolfgang: *Urworte · Orphisch.* Sämtliche Gedichte, Zweiter Teil, dtv-Gesamtausgabe, a. a. O., Bd. 2, S. 157.

287 Goethe, Johann Wolfgang: *Winckelmann und sein Jahrhundert.,* a. a. O., Bd. 33, S. 265.

288 Goethe, Johann Wolfgang: *Maximen und Reflexionen Nr. 660,* a .a. O., Band 21, S. 79. Hervorhebung H. Lt.

289 Goethe, Johann Wolfgang: *Faust,* Der Tragödie zweiter Teil, I, 1, a. a. O., Bd. 9, S. 141.

290 Vgl. u. a. Platon: Πᾶν δὴ τὸ ἀγαΘὸν καλόν – Nun ist das Gute schön. *Timaios* 87c. Werke in acht Bänden, WB Darmstadt ^{2}1990, Bd. 7.) Und Aristoteles: τοὺς δὲ πολλοὺς ἀδυνατεῖν πρὸς καλοκαγαθίαν προτρέψασθαι· – aber sie [die Reden?] vermögen nicht die Menge für das Schöne und Gute zu gewinnen. Aristoteles, *Nikomachische Ethik*, Buch X, 1179 b. Αρχαία Ελληνικά Φιλοσοφικός Λόγος, http://users.sch.gr/symfo/sholio/arhea/c.aristotelis-nikomahia.px.pdf, Internet 23.03.2016, und Philosophische Schriften, Hamburg 1995. Übersetzung E. Rolfes/G. Bien.

291 Goethe, Johann Wolfgang: Sämtl. Gedichte, a. a. O., Bd. 1, S. 287 f.

292 Goethe, Johann Wolfgang: *Winckelmann und sein Jahrhundert*. Schriften zur Kunst · Erster Teil, dtv-Gesamtausgabe, a. a. O., Bd. 33, S. 266.

293 Goethe, Johann Wolfgang: *Über Laokoon*, a. a. O., Bd. 33, S. 98.

294 Goethe, Johann Wolfgang. *Winkelmann und sein Jahrhundert*, a. a. O., Bd. 33, S. 266.

295 Schiller, Friedrich: *Brief an Goethe, 23.08.1794.* Briefwechsel zwischen Schiller u. Goethe, hrsg. Philipp Stein, Leipzig o. J. Bd. I, S. 24.

296 Goethe, Johann Wolfgang: *Brief an Schiller, 27.08.1794:* Briefwechsel zwischen Schiller u. Goethe, a. a. O., Bd. I, S. 27.

297 Schiller: *Brief an Goethe, 23.08.1794:* Briefwechsel zwischen Schiller und Goethe, a. a. O., S. 24.

298 Goethe: *Brief an Charlotte von Stein, 24.03. oder Anfang Mai. 1776.* J. W. von Goethe: Briefe an Charlotte von Stein, Bd. I, Kap. 4, http://gutenberg.spiegel.de/buch/briefe-an-charlotte-stein-bd-1-3653/1Projekt Gutenberg, Internet 05.02.2018.

299 Goethe, Johann Wolfgang: *Antik und Modern*, dtv-Gesamtausgabe, a. a. O., Bd. 34, S. 154.

300 Goethe, Johann Wolfgang: *Iphigenie auf Tauris*, dtv-Gesamtausgabe, a. a. O., Bd. 10, V, 3. S. 131. Hervorhebungen H. L..

301 Widmung an Georg Wilhelm Krüger, der am 31. März 1827 in einer Aufführung der *Iphigenie auf Tauris* den Orest gespielt hatte. Hervorhebung H. L.

302 Schiller, Friedrich: *Über die Iphigenie auf Tauris*. Goethes Schriften. Bd. 3, 1787. http://www.literaturkritik.de/public/rezension.php?rez_id=8134, Internet 18.03.2016.

303 Goethe: *Elegie XI. Römische Elegien.* dtv-Gesamtausgabe, a. a. O., Bd. 1, S. 149.

304 Goethe: *Iphigenie auf Tauris.* dtv-Gesamtausgabe, a. a. O., III,1, Bd. 10, S. 111.

305 Goethe: *Hermann und Dorothea.* dtv-Gesamtausgabe, a. a. O., 9. Gesang, Bd. 6, S. 200, Z. 232.

306 Goethe: *Faust II.* dtv-Gesamtausgabe, a. a. O., Bd. 9, S. 205, Z. 7022.

307 Goethe: *Hermann und Dorothea.* dtv-Gesamtausgabe, a. a. O., 1. Gesang, Bd. 6, S. 140, Z. 94 f.
308 Goethe: *Elegie VII. Römische Elegien.* dtv-Gesamtausgabe, a. a. O., Bd. 1, S. 148.
309 Goethe: *Hermann und Dorothea.* dtv-Gesamtausgabe, a. a. O., 9. Gesang, Bd. 6, S. 194, Z. 94.
310 Goethe: *Hermann und Dorothea.* dtv-Gesamtausgabe, a. a. O., 1. Gesang, Bd. 6, S. 139, Z. 82.
311 Goethe: *Hermann und Dorothea.* dtv-Gesamtausgabe, a. a. O., 9. Gesang, Bd. 6, S. 193, Z. 32.
312 Goethe: *Hermann und Dorothea.* dtv-Gesamtausgabe, a. a. O., 1. Gesang, Bd. 6, S. 140, Z. 109.
313 Goethe: *Hermann und Dorothea.* dtv-Gesamtausgabe, a. a. O., 4. Gesang, Bd. 6, S. 158, Z. 40 f.
314 Goethe: *Venezianische Epigramme.* dtv-Gesamtausgabe, a. a. O., Nr. 5, Bd. 1, S. 196.
315 Goethe: *Faust II,* dtv-Gesamtausgabe, a. a. O., Bd. 9, S. 141.
316 Z. B. Metzler Goethe Lexikon, hrsg. B. Jeßling, B. Lutz, Inge E. Lutz, I. Wild, Stuttgart · Weimar 2004.
317 *Wir haben in den Griechen eine Nation vor uns, unter deren glücklichen Händen alles, was, unserem innigsten Gefühl nach, das höchste und reichste Menschendasein bewahrt, schon zu letzter Vollendung gereift war ... Ihre Kenntnis ist nicht bloß angenehm, nützlich und notwendig, nur in ihr finden wir das Ideal dessen, was wir selbst sein und hervorbringen möchten.* Wilhelm von Humboldt, 1807. Internet: 18.03.2016: http://ideale-der-westlichen-welt.de/index.php/de/humanismus-renaissance/wilhelm-von-humboldt.
318 Goethe, Johann Wolfgang: *Faust II,* dtv-Gesamtausgabe, a. a. O., Bd. 9, Verse 8485 f., S. 146.
319 Goethe, Johann Wolfgang: *Faust II,* dtv-Gesamtausgabe, a. a. O., Bd. 9, Verse 9356 ff., S. 271.
320 Goethe, Johann Wolfgang: *Faust II,* dtv-Gesamtausgabe, a. a. O., Bd. 9, Verse 9362 ff., S. 271 f.
321 Nietzsche, Friedrich: *Menschliches, Allzumenschliches.* Werke in 3 Bänden, hg. K. Schlechta, Darmstadt 1994, Bd. 1, S. 829.
322 Eckermann, Johann Peter: *Gespräch am* 14.03.1830. Gespräche mit Goethe in den letzten Jahren seines Lebens, hrsg. Gustav Moldenhauer, Leipzig 1884, Bd. 3, S. 223.
323 Eckermann, Johann Peter: *Gespräch Anfang März 1832.* Gespräche mit Goethe, a. a. O., Bd. 2, S. 245.
324 Goethe, Johann Wolfgang: *Deutscher Nationalcharakter.* Xenien von Goethe und Schiller, Nr. 96. Sämtliche Gedichte·Vierter Teil. dtv-Gesamtausgabe, a. a. O., Bd. 4, S. 116.

325 Das Wort Welt-Literatur taucht bei Goethe erstmalig in einer Tagebuchnotiz vom 15.01.1827 auf. Siehe *Goethes Leben von Tag zu Tag,* bearb. von R. Steiger u. a. Reimann, Zürich 1995, Bd. 7, S. 693.

326 Eckermann, Johann Peter: *Gespräch am 31.01.1827.* Gespräche mit Goethe, a. a. O., Bd. I, S. 232.

327 Lavater, Johann Caspar (1741-1801), reformierter Pfarrer, Philosoph und Schriftsteller, Zürich.

328 Basedow, Johann Bernhard (1724 – 1790), führender Vertreter der Aufklärungspädagogik, Hamburg, Magdeburg und Dessau.

329 Goethe, Johann Wolfgang: *Zwischen Lavater und Basedow.*dtv-Gesamtausgabe, a. a. O., Bd. 2, S. 91. Hervorhebung H.L.

330 Goethe, Johann Wolfgang: *Brief an J. L. Büchler, 14.06.1820.* Werke, Weimarer Ausgabe, IV. Abt., Bd. 33 (1905), S. 180.

331 Goethe, Johann Wolfgang: *Brief vom 27. Jan. 1827 an Adolph Friedrich Carl Streckfuß.* Hier zitiert nach Goethes Werke, Hamburg ^{2}1956, Bd. 12, S. 362.

332 Goethe, Johann Wolfgang: *Dichtung und Wahrheit,* I, I. dtv-Gesamtausgabe, a. a. O., Bd. 22, S. 38 ff.

333 Goethe, Johann Wolfgang: Sämtliche Gedichte, dtv-Gesamtausgabe, a. a. O., Bd. 2, S. 157.

334 Goethe, Johann Wolfgang: *Dichtung und Wahrheit,* dtv-Gesamtausgabe, a. a. O., Bd. 22, S. 38.

335 Goethe, Johann Wolfgang: *Wilhelm Meisters Wanderjahre,* dtv-Gesamtausgabe, a. a. O., Bd. 17, S. 136 ff.

336 Eckermann, Johann Peter: *Gespräch am 11.03.1832.* Gespräche mit Goethe, hg. Richard Müller-Freienfels, Berlin 1848, Bd. III; S. 295.

337 Goethe, Johann Wolfgang: *Wilhelm Meisters Wanderjahre,* dtv-Gesamtausgabe, a. a. O., Bd. 17, S. 143 f.

338 Goethe, Johann Wolfgang: Sämtliche Gedichte, a. a. O., Bd. 1, S. 287.

339 Schillers Jugendfreund und Studiengenosse J. P. Petersen berichtet sogar: Der Freund *ergoß sich oft in Gebete und hielt auch in Gesellschaft Andachtübungen.* Zitiert nach W. v. d. Cammer, *Schiller und das Christentum,* München 1934, S. 2. https://archive.org/details/Cammer W.V.D.-Schiller und Das Christentum: Internet, 03.05.2016.

340 Schiller, Friedrich: *Die Räuber,.* Sämtliche Werke, a. a. O., Bd. I, S. 553.

341 Schiller, Friedrich: *Über naive und sentimentalische Dichtung,* Sämtliche Werke, a. a. O., Bd. 5, S. 704.

342 Schiller: *Brief an Goethe, 17.08.1795.* Briefwechsel zwischen Schiller und Goethe, a. a. O., Bd. I, S. 122.

343 Schiller, Friedrich: *Über die ästhetische Erziehung des Menschen, in einer Reihe von Briefen.* Sämtliche Werke, a. a. O., Bd. 5, 23. Brief. S. 642.

344 Schiller, Friedrich: *Mein Glaube.* Tabulae votivae von Schiller und Goethe. Sämtliche Werke, a. a. O., Bd. I, S. 307.

345 Schiller, Friedrich: *Über den Gebrauch des Chors in der Tragödie.* Die Braut von Messina. Sämtliche Werke, a. a. O., 1959, Bd. 2, S. 823.

346 Schiller, Friedrich: *Über die ästhetische Erziehung des Menschen,* Sämtliche Werke, a. a. O., Bd. 5, S. 602.

347 Schiller Friedrich: A. a. O., S. 603:

348 Schiller, Friedrich: *Die Worte des Wahns.* Sämtliche Werke, a. a. O., Bd. I, S. 216.

349 Schiller, Friedrich: *Brief an Friedrich Zelter, 16.07.1804.* Internet: http://www.wissen-im-netz.info/literatur/schiller/briefe/1804/180407161.htm.

350 Schiller, Friedrich: *Die Schaubühne als moralische Anstalt betrachtet.* Sämtliche Werke, a. a. O., Bd. V, S. 823

351 Schiller, Friedrich: A. a. O., S. 824.

352 Schiller, Friedrich: A. a. O., S. 826.

353 Schiller, Friedrich: A. a. O., S. 827.

354 Schiller, Friedrich: A. a. O., S. 828.

355 Schiller, Friedrich: *Die Künstler.* Sämtliche Werke, a. a. O., Bd. 1, S. 174.

356 ***Die Räuber*** (1781) in Deutschland und in den böhmischen Wäldern; ***Die Verschwörung des Fiesco zu Genua*** (1783) in Italien; ***Kabale und Liebe*** (1784) in Deutschland; ***Don Carlos*** (1787/88) in Spanien; ***Wallenstein***-Trilogie (1799) in Böhmen; ***Maria Stuart*** (1800) in England; ***Die Jungfrau von Orléans*** (1801) in Frankreich; ***Die Braut von Messina*** (1803) in Sizilien; ***Wilhelm Tell*** (1803/04) in der Schweiz; ***Demetrius*** (unvollendet, 1805) in Russland.

357 Schiller, Friedrich: *Was heißt und zu welchem Ende studiert man Universalgeschichte. Eine akademische Antrittsrede.* Sämtliche Werke, a. a. O., Bd. 4, S. 762.

358 Schiller. Friedrich: *Don Carlos.* Sämtliche Werke, a. a. O., Bd. 2, S. 81.

359 Humboldt, Wilhelm von: *Über Schiller und den Gang seiner Geistesentwicklung,* Stuttgart 1958, S.10 f.

360 Schiller, Friedrich: *Brief an Fichte vom 03.08.1795.* Internet: http://www.wissen-im-netz.info/literatur/schiller/briefe/1795/179508034.htm

361 Schiller, Friedrich: *Der Spaziergang.* Sämtliche Werke, a. a. O., Bd. I, S. 228 ff.

362 Schiller: *Brief an Wilhelm von Humboldt, 29. 11. 1795:.* Sämtliche Werke, Bd. 6, S. 379 f.

363 Als oberste der drei Stilebenen der Rede (genus elocutionis) galt im Altertum der genus grande – ἁδὸν γένοζ = erhabener, pathetischer Stil [magna (alta) graviter dicere] (bes. um zu erschüttern: movere). Internet: 17. 07. 2016, http://www.gottwein.de/Stilistik/Stil02.php.

364 Mehr als 30 bei 200 Versen.

365 Der *Musenalmanach* wurde von Schiller in den Jahren 1796-1800 als eine jährlich erscheinende poetische Sammlung herausgegeben.

366 Goethe: *Brief an Schiller, 28.06.1797*. Briefwechsel zwischen Schiller und Goethe, a. a. O., Bd. 2, S. 81 f. Hervorhebungen H. Lt.

367 Goethe ist bekanntlich u. a. dem Phänomen der *Urpflanze* auf die Spur gekommen, hat den *menschlichen Zwischenkieferknochen* entdeckt und hat eine *Farbenlehre* geschrieben, die von einem qualitativen Farbbegriff ausgeht.

368 Goethe. Johann Wolfgang: *Faust II, 1,* dtv-Gesamtausgabe, a. a. O., Bd. 9, S. 141.

369 Vgl. Riecke, Jörg: *Geschichte der deutschen Sprache.* Eine Einführung. Reclam 2016.

370 Vgl. Schmidt, Wilhelm: *Geschichte der deutschen Sprache,* a. a. O., S. 155.

371 Vgl. u. a. Langen, August: *Sprachgeschichte vom Barock bis zur Gegenwart.* In: Aufriss 1966.

372 Vgl. hierzu und zu den an anderer Stelle genannten Beispielen besonders Ernst, Peter: *Die sprachliche Leistung und Wirkung der deutschen Klassik,* a. a. O., S. 3076 ff.

373 Goethe-Wörterbuch, erscheint seit 1978.
Schiller-Wörterbuch, erscheint seit 1997.

374 Mattausch, Josef: *Die Sprachwelt Goethes.* In: Beiträge zur Erforschung der deutschen Sprache 2, Leipzig 1982, S. 220.

375 W. v. Humboldt war Bildungsreformer im Geiste des Neuhumanismus und war betraut mit der Leitung der Sektion des Kultus und Unterrichts in Preußen.

376 Prill, Ulrich: Dante, Stuttgart/Weimar 1999, S. 9.

377 Kluge, Friedrich: Sprachreinheit und Sprachreinigung geschichtlich betrachtet. In: Unser Deutsch. Leipzig [3]1914, S. 142 f.

378 Goethe, Johann Wolfgang: *Deutsche Sprache.* dtv-Gesamtausgabe, a. a. O., Bd. 31, S. 184.

379 Vgl. Schmidt, Wilhelm: *Geschichte der deutschen Sprache,* a. a. O., S. 164.

380 Morgenstern, Christian: *Aphorismen,* Werke und Briefe, hg. Reinhardt Habel, Stuttgart 1987, Bd. 5, S. 157.

381 Sonderegger, Stefan: Althochdeutsche Sprache und Literatur: Eine Einführung in das älteste Deutsch, Berlin [3]2003, S. 375.

382 Klein, Wolfgang: *Von Reichtum und Armut der deutschen Sprache,* hg. von der Deutschen Akademie der Sprache und Dichtung und der Union der deutschen Akademien der Wissenschaften. Berlin 2013, S. 53.

383 Schreiber, Mathias: *Deutsch for Sale.* In: Der Spiegel 02.10.2006.

384 Moser, Hugo: *Annalen der deutschen Sprache,* a. a. O., S. 1.

385 Autorengruppe Bildungsberichterstattung: *Bildung in Deutschland 2016.* Ein indikatorengestützter Bericht mit einer Analyse zu Bildung und Migration, S. 13.

386 Ebd. S. 13 f.

387 Autorengruppe Bildungsberichterstattung: *Bildung in Deutschland.* 2016, a. a. O., S. 206.

388 Benn, Gottfried: *Worte.* Gesammelte Werke in 4 Bänden, hg. Dieter Wellershoff, Bd. 3, Gedichte, S. 299.

389 *Leichte Sprache* rückt in Deutschland zunehmend ins öffentliche Bewusstsein mit dem Ziel, im Sinne der UN-Behindertenrechtskonvention (UN-BRK) Menschen mit Leseschwierigkeiten die Teilhabe an Gesellschaft und Politik zu ermöglichen.
2009 wurde in Kooperation mit Menschen aus 8 Ländern (Deutschland, Finnland, Frankreich, Irland, Litauen, Österreich, Portugal und Schottland) ein umfassendes Regelwerk zu Leichter Sprache erstellt. Inzwischen existieren nicht nur Nachrichten, Wörterbücher, regelmäßig erscheinende Zeitungen in *Leichter Sprache* (u.a.. *Klar & Deutlich),* sondern zunehmend auch *Übersetzungen* namhafter Literatur, dazu die Webseite *nachrichtenleicht.de,* (seit 2011), die seit 2013 wöchentlich Online-Nachrichten veröffentlicht.
Anders als bei der *Leichten Sprach*e gibt es für die *Einfache Sprache* kein Regelwerk. Sie wurde von Verbänden aus dem Bibliotheks- und Verlagswesen initiiert und ist durch einen komplexeren Sprachstil gekennzeichnet. Bei ihr geht es um das Recht auf Lesen und dessen Bedeutung für die Teilhabe an der Gesellschaft.
Vgl. Kellermann, Gudrun: *Leichte und Einfache Sprache – Versuch einer Definition*, Erlangen-Nürnberg, 19.2.2014.
http://www.bpb.de/apuz/179341/leichte-und-einfache-sprache-versuch-einer-definition. Internet 29.01.2017.

390 Z. B. am Institut für Übersetzungswissenschaft und Fachkommunikation der Universität Hildesheim. Auch die Universität Leipzig z. B. berichtete bereits 2015 von ihrem Forschungsprojekt *Leichte Sprache im Alltagsleben.* (LeiSA).

391 Ebd.

392 *Längst nicht nur die Zielgruppe schaut „Logo!" Die Nachrichtensendung für Kinder, in der das Wichtigste vom Tage verständlich, einprägsam und ohne Fremdwörter, dafür mit bunten Illustrationen präsentiert wird, schätzen insgeheim auch viele Erwachsene. Inzwischen aber müssen sie sich nicht mehr heimlich vor den Kinderkanal schleichen, um Weltpolitik basal erklärt zu bekommen: Eine neue Sprache hält Einzug in Deutschland, die sich nicht anders als „Logo!" anschickt, unsere komplizierte Welt in leichte*

Syntax zu zerlegen. Inzwischen ist sie in aller Munde. Kegel, Sandra: *Das sagt sich so leicht.* FAZ, 22.12.2016, Nr. 299, S. 6.

393 Ebd.

394 Zitiert nach Kegel, Sandra: *Das sagt sich so leicht.* FAZ 22.12.2016, Nr. 299, S. 6.

395 Vgl. Spitzer, Manfred: *Digitale Demenz,* München 2012, S. 8.

396 Spitzer, Manfred: a. a. O. S, 14.

397 Spitzer, Manfred: a. a. O., S. 14 f. und S. 37.

398 Vgl. Language 2.0: www.zukunftsinstitut.de/language-20-die-sprache-der-. zukunft *Die Sprache der Zukunft.* Zukunftsinstitut Trend Update 12/2013.

399 Herbold, Astrid: *Kommunikation: Chats belegen das Gegenteil von Sprachverfall.* In: Die Zeit Online, 14. Januar 2013.

400 http://www.bipolarforum.de/search.php?5,search=,author=7145,page=106,match_type=USER_ID,match_dates=0,match_forum=ALL,match_threads=

401 Schlobinski, Peter: *„*knuddel – zurueckknuddel – dich ganzdollknuddel*.* In: Zeitschrift für germanistische Linguistik, 2001, Nr. 29.2., S. 192.

402 Inflektive sind möglicherweise eine relativ junge Erfindung in der deutschen Sprache, die u. a. auf die Chefredakteurin der deutschen Mickey Mouse – Hefte aus den 50er Jahren des vergangenen Jahrhunderts zurückgehen. Vgl. auch Schlobinski, Peter *„*knudel – zurueckknuddel – dich ganzdollknuddel**. Inflektive und Inflektivkonstruktionen im Deutschen". In Zeitschrift für germanistische Linguistik, 2001, Nr. 29.2. S. 192 ff.

Hahn, Ulla: *Aufbruch.* München ^{3}2009, S. 82.

403 Patzlaff, Rainer: *Wort(w)ende,* a. a. O., S. 90.

404 Hahn, Ulla: *Aufbruch.* a. a. O., S. 82.

405 Hahn, Ulla: *Das verborgene Wort.* Stuttgart/München 2001, S. 10 f.

406 Vgl. Digitales Wörterbuch der deutschen Sprache. Internet 01.04. 2017, https://www.dwds.de/wb/Zischlaut: **zischen** Vb. 'einen scharfen Ton hervorbringen', auch 'flüstern', lautnachahmende Bildung […] (1. Hälfte 16. Jh. Dazu die Iterativbildung **zischeln** Vb. 'zischend flüstern, tuscheln' (2. Hälfte 17. Jh.). **Zischlaut** m, in der Phonetik Bezeichnung des S- und Sch-Lautes, 'Sibilant' (1. Hälfte 18. Jh.).

407 Wagner, Jan: *Regentonnenvariationen,* Berlin 2014, S. 7.

408 Im Slant-Reim sind die Endkonsonanten ähnlich, die Endvokale aber verschieden.

409 Das Dinggedicht ist ein auf objektive Beschreibung eines Seienden gegründetes Gedicht, zu finden z. B. bei Mörike, C. F. Meyer und Rilke.

410 *Jahrbuch der Lyrik von 2017*, hg. von Christoph Buchwald und Ulrike Almut Sandig, Frankfurt a. M. 2017.

411 *Lyrik von Jetzt* I und II, hg. von Björn Kuligk und Jan Wagner, Köln 2003 und Berlin 2008.

412 Rilke, Rainer Maria: *Der Fremde.* Der Neuen Gedichte andrer Teil · Sämtliche Werke in 6 Bänden, hg. vom Rilke-Archiv, Leipzig 1955, Bd. I, S. 626 f.

413 Sachs, Nelly: *In der Flucht*. Fahrt ins Staublose · Die Gedichte der Nelly Sachs, Frankfurt a. M. 1961, S. 262.

414 Sachs, Nelly: *Diese Kette von Rätseln.* Noch feiert Tod das Leben · Die Gedichte der Nelly Sachs, a. a. O., S. 385.

415 Sachs, Nelly: *Lange haben wir das Lauschen verlernt.* In den Wohnungen des Todes · Die Gedichte der Nelly Sachs, a. a. O., S. 19.

416 Sachs, Nelly: *O die Schornsteine.* In den Wohnungen des Todes · Die Gedichte der Nelly Sachs, a. a. O., S. 8.

417 Sachs, Nelly: *In der Flucht.* Fahrt ins Staublose · Die Gedichte der Nelly Sachs, a. a. O., S. 262.

418 Sachs, Nelly: *Diese Kette von Rätseln.* Noch feiert Tod das Leben · Die Gedichte der Nelly Sachs, a. a. O., S. 385.

419 Domin, Hilde: *OffenerBrief an Nelly Sachs.* In: Autobiographische Schriften, Franfurt 1993, S. 168.

420 Domin, Hilde: *Unter Akrobaten und Vögeln.* Gesammelte autobiografische Schriften · *Fast ein Lebenslauf*, Frankfurt 1993, S. 21 f.

421 Domin, Hilde: *Ziehende Landschaft*. Gesammelte Gedichte, Frankfurt a. M. [5]1987, S. 13.

422 Angelus Silesius: *Der Cherubinische Wandersmann*. München 1949, 3. Buch, Nr. 232, S. 103.

423 Domin, Hilde: *Mit leichtem Gepäck.* Gesammelte Gedichte, a. a. O., S. 210.

424 Angelus Silesius, *Der Cherubinische Wandersmann*, a. a. O., I. Buch Nr. 289, S. 39.

425 Domin, Hilde: *Nur eine Rose als Stütze.* Gesammelte Gedichte, S. 113.

426 Hartling, Harald: *Die Mutmacherin: Zum Tode von Hilde Domin.* FAZ 23.02.2006.

427 Domin, Hilde: *Wozu Lyrik heute?* München 1968, S. 16.

428 A. a. O., S. 17.

429 Reich-Ranicki, Marcel:http://www.faz.net/aktuell/feuilleton/buecher /marcel-reich-ranicki-hilde-domin-ausserhalb-jeder-regel-1304881.html.Internet, 28.05.17.

430 Domin, Hilde: *Leben als Sprachodyssee.* Gesammelte autobiographische Schriften, a. a. O., S. 32 ff.

431 https://www.deutschelyrik.de/index.php/domin.html. Internet 02. 06.2017.

432 Eckermann, Johann Peter: *Gespräch am 31. 01. 1827*. In: Gespräche mit Goethe in den letzten Jahren seines Lebens, hg. R. Müller-Freienfels, 4 Bde, Berlin o. J., Bd. I, S. 246.

433 *Brief an Thomas Carlyle, 20. Juli 1827*. Goethes Briefe in 4 Bänden, hg. L. R. Mandelkow, Hamburg 1967, Bd. IV, S. 236.

434 Chiellino, Gino: *Heimat,* Sehnsucht nach Sprache, München 1987, S. 34.

435 Cumart, Nevfel: *zwei welten*. Zwei Welten · Gedichte. Düsseldorf 1996, S. 6.

436 Ein Teil der Türkei gehört zu Asien, ein anderer zu Europa. Anm. H.L.

437 Cumart, Nevfel: *nach hause*. Zwei Welten · Gedichte, a.a. O., S. 32.

438 Bodrožić, Marica: *Das Auge hinter dem Auge,* Salzburg/Wien 2015, Klappentext.

439 Bodrožić, Marica: *Sterne erben, Sterne färben Meine Ankunft in Wörtern,* Frankfurt a.M. 2007, S.11.

440 Bodrožić, Marica: A. a. O., S. 67.

441 Bodrožić, Marica: A. a. O., S. 84 f.

442 Bodrožić, Marica: A. a. O., S. 91.

443 Bodrožić, Marica: A. a. O., S. 95.

444 Steiner, Rudolf, Die Fragen der menschlichen Willensfreiheit und der Unsterblichkeit im Lichte der Geisteswissenschaft. In: Das Ewige in der Menschenseele, GA 67, Vortrag in Berlin vom 20.04.1918, S. 328.

445 Vgl. Steiner, Rudolf: *Wege der geistigen Erkenntnis und der Erneuerung künstlerischer Weltanschauung,* a. a. O., S. 197.

446 *Vielfalt und Einheit der deutschen Sprache.* Zweiter Bericht zur Lage der deutschen Sprache, hg. Deutsche Akademie für Sprache und Dichtung/ Union der deutschen Akademien der Wissenschaften, Tübingen 2017, S. 12.

447 Ebd.

448 Vgl. *Vielfalt und Einheit der deutschen Sprache,* a. a. O., S. 10 f.

449 Morgenstern, Christian: *Aphorismus 671*. In: Werke und Briefe, hg. Reinhardt Habel, Stuttgart 1987, Bd. V, S. 157.

450 Morgenstern, Christian: *Aphorismus 672,* Werke und Briefe, a. a. O., S. 157.

451 Morgenstern, Christian: *Aphorismus 49,* Werke und Briefe, a. a. O., S. 21.

452 Morgenstern, Christian: *Aphorismus 168.* Werke und Briefe, a. a. O., Bd. V, S. 50.

453 Vgl. Steiner, Rudolf: *Wege der geistigen Erkenntnis und der Erneuerung künstlerischer Weltanschauung, a. a. O.*, S. 197.